半契约情景下的
客户终生价值研究

齐佳音 刘慧丽 等 著

科学出版社

北 京

内 容 简 介

CLV 是国际营销领域研究的持续热点和难点，本书主要针对半契约型交易情景下的 CLV 建模及营销决策进行研究，取得以下主要成果：①半契约型交易情景下的客户行为特征研究，②半契约型交易情景下基于客户交易行为预测的 CLV 建模，③半契约型交易情景下考虑客户风险的 CLV 模型修正，④半契约型交易情景下基于 CLV 的营销决策优化。学术界对 CLV 的研究主要集中在非契约型交易情景和契约型交易情景，随着数字经济的发展，半契约型交易情景将越来越普遍，本书丰富了 CLV 研究的理论体系，是半契约型交易情景下 CLV 研究的开创性探索。

本书可作为国内各高等院校市场营销以及其他经济管理类本科生、研究生教材，也可以作为从事工商管理实践的管理人员和相关研究者的参考书目。

图书在版编目(CIP)数据

半契约情景下的客户终生价值研究 / 齐佳音等著. —北京：科学出版社，2025.3
　ISBN 978-7-03-078374-5

Ⅰ.①半…　Ⅱ.①齐…　Ⅲ.①企业管理－销售管理－研究　Ⅳ.①F274

中国国家版本馆 CIP 数据核字(2024)第 072077 号

责任编辑：郝　悦　/责任校对：贾娜娜
责任印制：张　伟　/封面设计：有道设计

科 学 出 版 社 出版
北京东黄城根北街 16 号
邮政编码：100717
http://www.sciencep.com

北京中科印刷有限公司印刷
科学出版社发行　各地新华书店经销
*
2025 年 3 月第 一 版　开本：720×1000　1/16
2025 年 3 月第一次印刷　印张：17 1/4
字数：349 000
定价：190.00 元
(如有印装质量问题，我社负责调换)

前　　言

天真未解分，混沌一团铁

　　客户终生价值（customer lifetime value, CLV）是客户关系管理领域的一个重要研究内容，也是多年来学术界持续关注的热点和难点问题，CLV 的测量对企业处理客户关系至关重要。本书针对半契约型交易情景下的 CLV 进行建模及决策研究，丰富了 CLV 研究的理论体系，填补了本领域在半契约型交易情景下 CLV 建模研究的不足，具有较好的理论价值和应用价值。

　　本书得到国家自然科学基金研究项目 "半契约情景下的客户终生价值建模及营销决策研究"（71171023）、北京邮电大学-中国移动研究院联合创新中心课题"6G 关键趋势及风险、价值评估分析及产业生态构建研究"（CMYJY-202300186）联合资助。主要研究成果如下。

　　研究成果一：半契约情景及客户行为特征研究。

　　（1）半契约情景的论述：首先对 "完全契约型交易情景"、"半契约型交易情景" 和 "非契约型交易情景" 相关概念进行定义，从 "客户行为角度—企业行为角度—客户与企业关系角度" 分析三种不同交易情景的特征，对半契约型交易情景进行细化分类，为今后的研究者提供分清不同交易情景的依据，从而有助于更准确、更具针对性地开展 CLV 建模工作。

　　（2）不同交易情景下客户行为规律刻画：分别从数学性质角度和行为特征角度分析出各项假设中使用各种分布的差异以及转换条件，并总结得到各项假设中选择分布的衡量标准，从而帮助建模者理解和区分各种分布所适合的刻画情景。

　　研究成果二：半契约情景下基于客户交易行为预测的 CLV 建模。

　　（1）截断时长构建 c/t 型子情景 CLV 模型：基于具有 "人为截断" 客户交易情景建立了弱合约情形下客户离散购买行为的 CLV 模型并通过某电信运营商的数据得到了验证。本书的 CLV 模型严格按照实证场景中客户行为特征而建立，保证了模型的适用性，并且最后还通过分析结果证明了模型的有用性，为电信运营商制定更加科学合理的业务交易规则提供建议。

　　（2）结合客户承诺度构建 c/T_0 型子情景 CLV 模型：最短期限合约情形下，在流失行为方面，客户受到 "最短期限" 的约束，即在某段约定时长内，客户不能流失，而期限过了之后，客户可以自主选择是否流失，流失行为发生时企业能够察觉。将 CLV 拆分成"最短期限内"和"预期期限外"两个部分，并使用"客户承诺度"作为客户在最短期限外仍然保留的一个指标，来预测客户未来交易行为。使用离散巴斯（Bass）模型完成各时刻累计用户数量的预测，将半契约型客户保留措施的收益引入目标决策的损失函数中，考虑了不同客户对保留措施积极反应的异质性，并用随机梯度提升算法来优化损失函数。

（3）结合客户承诺度构建 $C_0 + c/T_0 + t$ 型子情景 CLV 模型：创造性地将客户承诺作为影响因子引入 CLV 研究，构建了基于客户承诺度的最低消费金额-最短期限半契约子情景（$C_0 + c/T_0 + t$ 型）的 CLV 模型。

研究成果三：半契约情景下考虑客户风险的 CLV 模型修正。

（1）半契约情景下的客户风险识别及度量：基于客户行为，系统识别半契约情景下的客户风险；基于 β 系数思想，提出客户风险及其风险因子的量化方式；通过改良的贝叶斯网络，构建客户风险的度量预测模型。研究成果为企业合理分配资源进行客户风险管理提供量化依据。

（2）半契约情景下考虑客户风险的 CLV 模型修正：借鉴金融领域对资产进行风险修正的方式，通过贝叶斯网络输出的风险得分，计算客户的 β 风险，对传统的 CLV 模型进行风险修正，并利用半契约情景下的客户行为数据进行模型仿真和验证，证明所建立模型在半契约情景下的合理性和应用价值。

研究成果四：半契约情景下基于 CLV 的决策支持。

该部分研究根据建立的 CLV 模型，提出了基于 CLV 的电信业务截断时长最优决策和客户承诺度优化决策，可以帮助企业制定更加科学合理的业务规则，在实际操作中为企业的经营决策提供理论依据。

这本书的研究工作从 2010 年就开始，至今已经过去十多年了。我的诸多博士研究生和硕士研究生都参与了研究工作。中国移动通信研究院刘慧丽博士参与了较多的研究工作，特别是将客户承诺度与半契约 CLV 建模结合起来，完成了博士学位论文。除此之外，刘慧丽博士还协助完成了整体研究成果的整理。蔡瑞是最早参与这一研究选题的学生之一，2010 年 10 月他就进入了这一课题的研究工作中，对最核心的半契约 CLV 建模部分做了四年左右的研究，为团队的整体工作奠定了良好基础。肖丽妍与蔡瑞同时进入这个课题，对交易情景与客户风险之间的关系进行了四年的研究。除了上述三位重要研究成员之外，我的博士研究生王冕、硕士研究生马君等也在研究团队中发挥了重要的作用。王冕在这一研究上和我相处的时间最长，师生情谊深厚，在研究中做了很多探索。硕士研究生马君当时虽年龄最小，但思虑周全，总是扮演着组织者的角色，在研究工作中完成了半契约情景下考虑客户风险的 CLV 模型部分。

我的博士学位论文以 CLV 建模为研究对象，深知这一领域研究的艰辛，一方面要将研究的主要精力用于客户行为的数学建模，对于研究者的数学功底要求较高；另一方面对实证数据的要求也很高，需要特定交易情景的较长时间周期的、较大量的客户交易行为数据。这两方面的要求都为研究设置了较多困难，有的研究虽然理论模型已经构建，但是没有合适的数据，不得不放弃；有的研究苦于难以从数学方面实现理论推演，长时间停滞不前。参与这个研究选题的研究生都是极为勇敢的学生，他们在研究过程中经受了很大的煎熬，甚至痛苦。

美国华盛顿大学商学院周永频教授是这一研究的国际合作者，在这个研究的进展中，周教授和我有无数次的学术探讨，也共同给学生的研究工作做了大量指导。博士研究生刘慧丽以访问学生的身份在美国华盛顿大学商学院开展研究工作，合作导师就是周教授，合作研究的内容就是这个选题中的部分工作。在此，也要感谢周永频教授无私而热情的付出。

中国移动通信集团有限公司在研究过程中不仅给予了项目合作资助，还提供了非常宝贵的数据支持，为研究工作的持续开展创造了难得的产业条件。感谢中国移动通信集团有限公司及相关分公司的大力协助。

由于各种原因，这一工作从研究到书稿整理，历时十多年，在书稿的最后编辑中，我的学术助理张钰歆老师做了大量的编辑工作，对于这本书稿的最终完成起到重要作用，在此感谢。

这本书的完成凝聚了诸多学生的工作，鉴于人员较多，在书的封面上不能一一呈现，现根据参与本研究以及本书撰写工作人员的贡献，将所有人员的完整名单列出，他们是：齐佳音、刘慧丽、蔡瑞、肖丽妍、马君、周永频、王冕、张钰歆。

尽管我们的团队在半契约情景下的 CLV 建模方面做了一些推动工作，但是这些工作还是远远不够的，不仅仅是指在国内的研究十分有限，国际上在这一方面的研究也是不多的。我们的研究工作只是尽可能地对这一领域的研究做一点推进，对半契约情景下的个别情景的 CLV 建模做了些尝试，但是对于这一领域更为深入的研究还是需要更多的学者一起来探索。

虽然我们的研究工作还有很多未尽之处，但作为这一领域为数不多的、花了十年左右时间专注研究半契约情景下的 CLV 建模的团队，我们承担的国家自然科学基金项目在后评估中同行也给出了"优"的评价，我想将这一并不完善的研究工作出版出来，可以让更多的学者了解这一领域已有研究的进展，我们没有想到的"点子"，其他学者可能就想到了，我们没能做到的，就有学者可能做到了。本着这样的初衷，我们诚恳地希望得到同行的批评指正，更衷心希望半契约情景下的 CLV 建模研究能够有更多的学者来参与。

　　随着互联网商业模式的不断创新，完全的非契约交易情景以及完全的契约交易情景已经越来越少，更多的商业实践越来越具有半契约交易情景的特征。因此，半契约交易情景下的 CLV 建模具有广泛的商业实践基础，学者在这一领域的学术研究有充分的现实需求。如果从学术创新的角度，我坚信半契约情景的 CLV 建模是一个大有作为的学术领域；如果从商业实践的角度，我坚信学术研究工作能够在商业实践上产生巨大的应用成效。

齐佳音

2023 年 12 月于广州

目　　录

第 1 章 绪 论

1.1 研 究 背 景

从 20 世纪中后叶至今，客户终生价值 (customer lifetime value, CLV, 也有文献将其缩写为 LTV, 本书采用 CLV) 一直是客户关系管理 (customer relationship management, CRM) 乃至营销管理研究的热点和前沿 (Abe,2009)。尽管在 CLV 的建模及决策方面，现有研究已经取得了一些成果 (详见国内外研究现状)，并且也有研究表明基于 CLV 的企业营销决策比基于其他决策变量的营销决策更有效果 (Kumar et al., 2006a, 2006b)，但是，从企业的实践来看，目前学术界关于 CLV 的理论研究成果还难以在操作层面得到广泛的应用 (Verhoef et al., 2007; Chang and Wu, 2011)，除了理论研究模型的复杂性，模型的适用条件限制也是影响模型应用的重要原因。

同所有运用数学建模解决管理问题的研究一样，CLV 建模首先要对现实中的客户购买 (流失) 行为作出基本的假定，在此基础上运用数学工具进行变量建模及参数确定。因此，CLV 模型能否有效实现预测，关键取决于研究者在建模之初关于客户购买 (流失) 行为的假定是否具有现实概括性。

CLV 建模中关于客户购买 (流失) 行为的假定即限定了模型的适用范围。遵循先易后难的一般规律，CLV 建模关于客户购买 (流失) 行为的假定目前主要分为两种情形：一种是假定客户购买 (流失) 行为的简单随机性；另一种是假定客户购买 (流失) 行为的完全约定性。对于客户购买 (流失) 行为部分随机性部分约定性这种比较复杂的行为特征，到目前为止相应的 CLV 建模研究还非常少。

基于客户购买 (流失) 行为的简单随机性的假定，可以处理非契约情景下的 CLV 建模；基于客户购买 (流失) 行为完全约定性的假定，可以实现契约情景下的 CLV 建模；基于客户购买 (流失) 行为部分随机性部分约定性的假定，可以抽象为半契约情景下的 CLV 建模。从当前国内研究来看，非契约情景下的 CLV 建模研究相对丰富，契约情景下的 CLV 建模逐步兴起，但是半契约情景下的 CLV 建模却是凤毛麟角。

半契约情景下的 CLV 建模及营销决策是当前 CLV 理论研究的空白，因此，本书从学术意义上具有开创性，将推动 CLV 建模及决策研究从非契约情景、契约情景，发展到相对较为复杂的半契约情景，从而形成非契约、半契约、契约三种管理情景下的 CLV 理论体系，拓展 CLV 理论研究的深度和广度。

　　半契约情景下的 CLV 建模及营销决策不仅推进了 CLV 的理论研究进程，也为 CLV 理论成果在更广泛层面的实践提供了可能。因此，本书从实践意义上讲，为半契约情景下的企业客户关系管理提供了基于 CLV 预测的营销决策参考。长期以来，CLV 研究主要是在非契约情景下展开的，2005 年以后也有一些契约情景下的 CLV 理论研究，但是对于半契约情景下的 CLV 理论却鲜有研究，这直接影响了 CLV 的学术成果在更广阔范围内的应用。因此，本书对于 CLV 在企业实践层面的应用具有促进作用。

1.2　问题提出

　　半契约交易情景在电信通信服务中普遍存在。例如，一名消费者如果打算成为某一运营商的手机用户，首先需要在该运营商的营业厅或者代售点购买一张唯一编号的 SIM(subscriber identity module，客户识别模块) 卡，该 SIM 卡同时对应着一个唯一编号的手机号，以便运营商识别不同用户。之后，这名消费者就可以享受到该运营商所提供的各项服务，并按月支付相应费用。如果这名消费者想终止与该运营商的交易关系，则有两种途径：一种是用户主动销号，即用户到营业厅主动办理退网手续；另一种是用户被动销号，即用户长期处于欠费停机状态，在超过运营商规定的期限内仍未缴费，则运营商自动终止交易关系。运营商采取被动销号政策的原因主要在于，欠费停机的用户长期占有着手机号这个有限资源而未利用，运营商希望能够将其尽快释放，等回收之后再作为新号发放给新进入的用户。

　　分析手机业务中运营商与用户之间的交易关系，这一业务场景就属于半契约情景，并且由于用户存在两种不同的退网途径，半契约情景的特征也有所不同。如果只存在第一种途径，那么交易情景就与 Borle 等 (2008) 所提的半契约情景相同，用户每个月可以自主选择消费或者不消费，若想离开该运营商就去办理主动销号，这样运营商也能在用户流失的第一时间察觉到。如果只存在第二种途径，那么交易情景就属于全新的另一种半契约情景了。当用户欠费停机 (即不消费) 的期限没有超过运营商规定的上限时，用户每个月仍然可以自主选择是否消费，一旦超过上限，用户将被迫离网。如果把用户欠费停机的时期看作 "冬眠期"，那么这两种半契约情景最大的差别在于，前一种的冬眠期可以无限长，而后一种的冬眠期存在上限 (被故意截断)。

　　调查发现，具有 "人为截断" 特征的交易情景普遍存在，如银行储蓄业务、百货或者娱乐场所会员业务等，并且还没有学者研究过，因此聚焦 "人为截断" 的特征，研究截断时长对客户资产的影响，就可以帮助具有该类特征的企业制定更合理的业务交易规则，以使客户资产最大化。

再以电信运营商的服务套餐为例，来理解不同类型的客户交易契约情景。图 1-1 为美国一家大型运营商 AT&T(American Telephone & Telegraph Company，美国电话电报公司) 提供的套餐实例，套餐中规定了每分钟语音、每条短信息、每兆数据流量等的价格，客户根据自己的实际消费付费，实际上这种套餐可以看作一种非契约型交易情景，运营商并没有对客户的存在时长和消费金额做出固定限制。这种套餐在 21 世纪初的运营商服务中是十分普遍的，国内的运营商也都提供这种非契约型交易情景的套餐服务。

AT&T Pay-as-You-Go Plans

Per Min	Per SMS	Per MMS	Per MB	Int. SMS In/Out	Int. MMS In/Out
$0.10	$0.20	$0.20	$2.04	/ $0.25	$0.25 / $0.50

图 1-1　运营商提供的非契约型套餐

图 1-2 为 AT&T 提供的另一种套餐，套餐中客户可以根据自己所需要的有线电视频道数目需求和消费时长 (这里提供了 12 个月和 24 个月) 选择对应的套餐，如客户 A 选择第一个套餐，155 个频道每月消费 $35，套餐时长为 12 个月；客户 B 可能选择第三个套餐，185 个频道每月消费 $45，套餐时长为 24 个月。这种套餐对客户的消费时长和消费金额都做出了限制，是一种契约型交易情景。

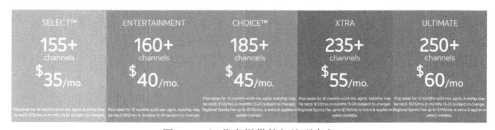

图 1-2　运营商提供的契约型套餐

随着消费场景的丰富，逐渐出现了半契约型交易情景，在这种交易情景中既有契约型交易情景的特征 (企业对客户的消费时长和消费金额做出一定的框架性限制)，又有非契约型交易情景的特征 (客户消费具有一定的自由，客户加入初始期无法判断消费时长和消费上限)。如表 1-1 所示为运营商提供的半契约型套餐，在交易期初企业和客户约定了每月最低消费金额 (128 元、158 元、198 元) 和最低合约时长 (24 个月)，这部分特征类似于契约型交易情景，每个月赠送了免费的流量和通话时长；在超出每月最低消费金额所提供的服务内容时，客户需要为超出部分付费，在超出最低合约时长时，客户依然可以自由选择是否继续和企业的交易关系，这部分特征类似于非契约型交易情景。这类新型的交易关系具有契约型交易情景和非契约型交易情景的双重特性，企业和客户的交易关系受框架性合约限制，企业设定了消费金额和消费时长的下限，对于上限客户可以自由选择，这种新出现的交易情景称为半契约型交易情景。

表 1-1   运营商提供的半契约型套餐

方案序号	月最低消费金额	合约期	每月免费流量	每月免费通话时长	套餐外资费
1	128 元	24 个月	30GB	500 分钟	流量每 5 元 1 GB，用满 3 GB 后每 3 元 1 GB，不足部分按照 0.03 元/MB 收费，不使用不收费；国内通话 0.15 元/分钟，国内点对点短信 0.1 元/条
2	158 元	24 个月	40GB	600 分钟	
3	198 元	24 个月	60GB	1000 分钟	

在共享单车的套餐中同样出现了半契约型交易情景，如图 1-3 所示为某共享单车提供的一种半契约型套餐，其中月卡为 18 元，每天可免费骑行 20 次，每次行程前 5 小时免费，5 小时后正常计费 (每小时一元)，在月卡期限结束后，客户可以选择继续续费月卡，或者按每小时一元结算。这种套餐也规定了客户的最低消费金额 (月卡 18 元) 和最短生存时长 (30 天)，这部分特征类似于契约型交易情景；在超出最低消费提供的服务内容之外 (月卡有效期内每天免费骑行 20 次，每次行程前 5 小时免费)，客户需要为超出部分付费 (月卡有效期内第 21 次及以后骑行，或者每次行程 5 个小时以后的骑行)，在超出最低合约时长后，客户依然可以自由选择是否继续和企业的交易关系，这部分特征类似于非契约型交易情景。共享单车的套餐企业设定了消费金额和消费时长的下限，对于上限客户可以自由选择，符合半契约型交易情景的特征。

图 1-3   共享单车提供的半契约型套餐

现如今高速发展的竞争市场中，企业迫切需要获取客户并建立与客户的关系，在很长一段时间内保留客户，而不仅仅是追求客户的单次购买。互联网的发展为企业发展客户的这种迫切需要提供了便利。传统的非契约型交易情景在互联网的发展中开始具有契约的形式，发展成为一种新型的半契约型交易情景。例如，购物时，商家会建议客户用手机扫描二维码加入电子会员进行结算，未来商家也会通过电子会员系统为客户推荐更多的促销信息，客户通过电子会员系统进行结算时也会有一定的积分优惠，电子会员系统增强了企业和客户的联系，使传统的非契约型交易情景购物增加了契约型交易情景的特征，转化为一种新型的半契约型交易情景。

在电子商务平台购物时，也存在同样的情况，客户通过注册平台的账户进行消费，这种电子账户具有会员的性质，可以为客户的消费进行积分，企业也可以通过电子账户为客户推荐促销信息，企业可以通过电子账户的注销观测到客户的流失，使传统的非契约型交易情景增加了契约型交易情景的特征，呈现出一种半契约型交易情景的变化趋势。通过互联网电子商务平台，客户不仅可以购物，还可以通过评论等参与到与企业的关系构建中，在不断的购物评论反馈闭环中产生客户承诺，进而促进客户的购买行为，客户与企业的关系不再是非契约型的，而呈现了半契约型交易情景的特征。

在现实交易中，越来越多的交易情景符合半契约型交易情景的特点，在这种情景下应该如何构建 CLV 模型来进行营销决策？目前为止，多数学者针对契约型交易情景和非契约型交易情景展开的 CLV 模型并不能解决半契约型交易情景中所存在的实际问题，因此本书针对半契约型交易情景对 CLV 建模进行尝试和探索。

1.3　研 究 意 义

1.3.1　理论意义

CLV 研究是客户关系管理领域的一个重要研究内容，也是近年来学术界持续关注的热点和难点问题，CLV 的测量对企业处理客户关系至关重要。半契约型交易情景是现实生活中随着经济发展和互联网扩张逐渐丰富的一个交易场景，但是学术界对半契约型交易情景的研究仍然比较空缺。本书针对半契约型交易情景下的 CLV 建模可以帮助今后的学者深入认识和了解半契约型交易情景，丰富了 CLV 研究的理论体系，扩展了 CLV 理论研究的深度和广度，为今后的学者进行 CLV 的研究提供了一个可拓展的方向。

1.3.2　实践意义

在 CLV 建模时存在不同的交易情景，如果直接采用现有的契约型或者非契约型交易情景下的成熟模型来模拟预测半契约型交易情景，会导致结果的误差，进一步导致以此为依据的企业决策失误。本书为了提高模型的适用性，在建模时分析了实际情景中的客户行为特征，以此构建 CLV 模型，模型有效性通过实证数据得到了验证。

本书针对半契约型交易情景研究 CLV 建模及营销资源分配决策, 能够为企业在半契约情景下的市场营销活动提供更为科学的决策参考与管理建议。

1.4　研究内容

本书对半契约情景下的 CLV 展开研究, 研究技术路线见图 1-4。

本书中包含的研究成果如下。

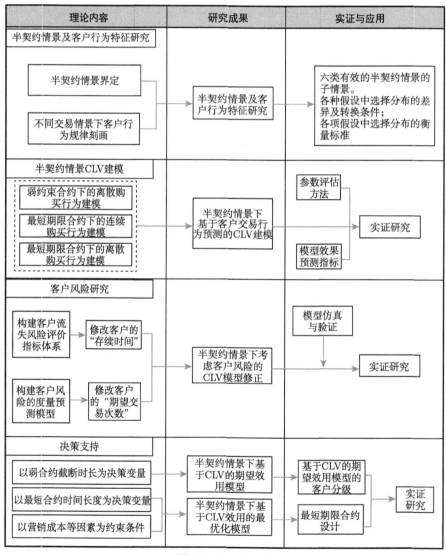

图 1-4　研究内容

研究成果一：半契约情景及客户行为特征研究。

(1) 半契约情景界定：首先对 "完全契约型交易情景"、"半契约型交易情景" 和 "非契约型交易情景" 相关概念进行定义，从 "客户行为角度–企业行为角度–客户与企业关系角度" 分析三种不同交易情景的特征，对半契约情景进行细化分类，为今后的研究者提供分清不同交易情景的依据，从而有助于更准确、更具针对性地开展 CLV 建模工作。

(2) 不同交易情景下客户行为规律刻画：分别从数学性质角度和行为特征角度分析各项假设中使用各种分布的差异以及转换条件，并总结得到各项假设中选择分布的衡量标准，从而帮助建模者理解和区分各种分布所适合的刻画情景。

研究成果二：半契约情景下基于客户交易行为预测的 CLV 建模。

(1) 截断时长构建 c/t 型子情景 CLV 模型：基于具有 "人为截断" 客户交易情景建立了弱合约情形下客户离散购买行为的 CLV 模型并通过某电信运营商的数据得到了验证。本书建立的 CLV 模型严格按照实证场景中客户行为特征建立，从而保证了模型的适用性，最后通过分析结果证明了模型的有用性，为电信运营商制定更加科学合理的业务交易规则提供建议。

(2) 结合客户承诺度构建 c/T_0 型子情景 CLV 模型：最短期限合约情形下，在流失行为方面，客户受到 "最短期限" 的约束，即在某段约定时长内，客户不能流失，而期限过了之后，客户可以自主选择是否流失，流失行为发生时企业能够察觉。将 CLV 拆分成 "最短期限内" 和 "预期期限外" 两个部分，并使用 "客户承诺度" 作为客户在最短期限外仍然保留的一个指标，来预测客户未来交易行为。使用离散巴斯模型完成各时刻累计用户数量的预测，将半契约型客户保留措施的收益引入目标决策的损失函数中，考虑了不同客户对保留措施积极反应的异质性，并用随机梯度提升算法来优化损失函数。

(3) 结合客户承诺度构建 $C_0 + c/T_0 + t$ 型子情景 CLV 模型：创造性地将客户承诺作为影响因子引入 CLV 研究，构建了基于客户承诺的最低消费金额–最短期限半契约子情景 ($C_0 + c/T_0 + t$ 型)CLV 模型。

研究成果三：半契约情景下考虑客户风险的 CLV 模型修正。

(1) 半契约情景下的客户风险识别及度量：基于客户行为，系统识别半契约情景下的客户风险；基于 β 系数思想，提出客户风险及其风险因子的量化方式；通过改良的贝叶斯网络，构建客户风险的度量预测模型。研究成果为企业合理分配资源进行客户风险管理提供量化依据。

(2) 半契约情景下考虑客户风险的 CLV 模型修正：借鉴金融领域对资产进行风险修正的方式，通过贝叶斯网络输出的风险得分，计算客户的 β 风险，对传统的 CLV 模型进行风险修正，并利用半契约情景下的客户行为数据进行模型仿真和验证，证明所建立模型在半契约情景下的合理性和应用价值。

研究成果四：半契约情景下基于 CLV 的决策支持。

根据建立的 CLV 模型，提出了基于 CLV 的电信业务截断时长最优决策和客户承诺度优化决策，可以帮助企业制定更加科学合理的业务规则，在实际操作中为企业的经营决策提供理论依据。

1.5　章节安排

本书主要针对半契约型交易情景下的 CLV 展开研究，旨在为企业在半契约型交易情景下的客户关系管理决策提供理论支撑和模型基础。本书章节安排如下。

第 1 章：绪论。从研究背景、问题提出、研究意义、研究内容、章节安排等五个方面对全书的整体内容进行简要阐述。

第 2 章：文献综述与理论基础。通过对文献的回顾，进一步表明了本书在半契约型交易情景下对 CLV 展开研究的必要性和创新性。

第 3 章：交易情景与企业客户关系风险的关系。从购买行为和流失行为两个维度对半契约情景进行细分，得到了六类有效的半契约情景的子情景。同时，对半契约情景下的企业客户关系分析进行了分类研究。

第 4 章：不同交易情景下客户行为规律刻画。针对客户购买行为和流失行为，分别从数学性质角度和行为特征角度分析各项假设中使用各种分布的差异以及转换条件，并总结得到各项假设中选择分布的衡量标准，为半契约情景的 CLV 建模做铺垫。

第 5 章：自然截断型半契约子情景 CLV 建模。基于电信市场中具有"人为截断"客户交易情景建立了弱合约情形下客户离散购买行为的 CLV 模型并通过某电信运营商的数据得到了验证。

第 6 章：互联网型半契约子情景 CLV 建模。结合客户承诺度构建了最短期限情形下 CLV 模型，丰富了半契约情景下的 CLV 理论模型，为符合该情景的 CLV 计算提供了理论依据。

第 7 章：最低消费约束型半契约子情景 CLV 建模。构建了基于客户承诺度的最低消费金额-最短期限半契约子情景 $(C_0 + c/T_0 + t$ 型$)$CLV 模型。

第 8 章：半契约型交易情景下考虑客户风险的 CLV 模型修正。对传统的 CLV 模型进行风险修正，并利用半契约型交易情景下的客户行为数据进行模型仿真和验证，证明所建立模型在半契约型交易情景下的合理性和应用价值。

第 9 章：半契约型交易情景下基于 CLV 的决策支持。针对半契约型交易情景下基于 CLV 的决策支持，构建在实际操作中优化企业营销资源配置的决策支持模型。

第 10 章：总结与展望。

本书的各章节之间的逻辑关系见图 1-5。

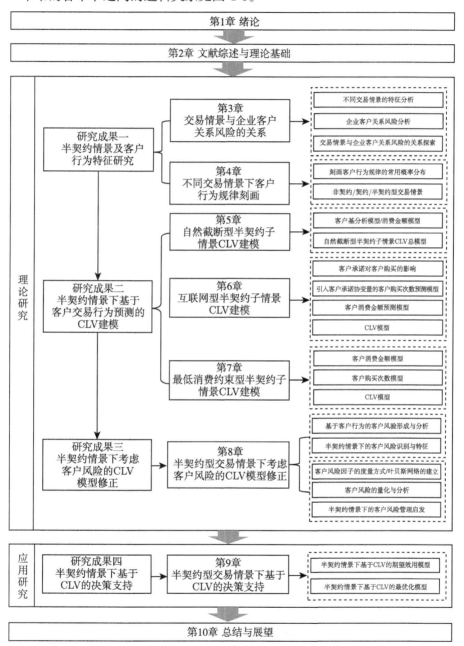

图 1-5 各章节逻辑关系图

1.6　本章小结

本章对整体研究的研究背景、核心概念、研究问题、研究内容、章节安排等进行介绍，为后续各章提供了概要性铺垫。

第 2 章　文献综述与理论基础

2.1　交 易 情 景

从客户和企业之间是否建立契约关系来说，一般将交易情景划分为非契约型交易情景、契约型交易情景和半契约型交易情景三类。

2.1.1　非契约型交易情景

在非契约型交易情景 (non-contractual transaction setting) 下，客户的购买行为随机发生，生命周期时间不确定，即客户何时流失企业并不知晓，没有契约约束企业与客户之间的关系。商场购物是典型的非契约型交易情景。

2.1.2　契约型交易情景

在契约型交易情景 (contractual transaction setting) 下，客户的购买行为受契约约束，企业能够提前知晓客户的流失时间点，但不确定到期客户是否续约，契约约束了企业和客户之间的关系。报刊订阅、付费有线电视、预付费移动通信服务等都是典型的契约型交易情景。

2.1.3　半契约型交易情景

在半契约型交易情景 (semi-contractual transaction setting) 下，客户的购买行为和流失行为受下限约束，客户可以自由选择上限，企业无法确定客户是否续约，框架协议 (framework agreements) 约束了企业和客户间的关系。移动通信中具有最低消费–最短时限的套餐服务是典型的半契约型交易情景；随互联网发展而兴起的具有电子会员的客户购买是一种新型的半契约型交易情景。

Borle 等 (2008) 认为在半契约型交易情景中，客户行为兼具非契约型和契约型交易情景下的特点。在半契约型交易情景中，客户和企业之间具有框架契约的限制，在最低消费方面，客户的购买金额和生存时长具有最低限额，这部分消费在契约期初企业便可以预知金额和时长，类似于契约型交易情景；同时超出最低限额，客户依然可以自由消费，客户需要支付给企业额外费用，这部分消费由客户自身意愿决定，企业无法提前预知金额和时长，类似于非契约型交易情景。电信套餐业务为典型的半契约型交易情景。

可以从客户行为建模的角度出发，用购买金额和生存时长两个维度对半契约型交易情景进行进一步细分。这种分类方法具有完备性，可以涵盖所有的半契约型交易情景的子类，不重不漏，并且同一子类下的客户行为特征相同，能够被同一概率模型刻画。分类方法具体如下所示。

根据半契约情景的定义，在客户购买行为方面，客户在半契约期限内为企业创造的收入金额存在下限，即客户存在最小金额的花费，将客户的最小金额花费记为 C_0，超出下限的额外金额花费为 c，客户花费的总费用则为 $C = C_0 + c$；在客户流失行为方面，客户的生存时长同样存在下限，即客户存在最短时间的生存时长，将客户的最短生存时长记为 T_0，超出下限的额外时长记为 t，客户总的生存时长则为 $T = T_0 + t$。图 2-1 描述了半契约情景下确定分类维度的流程。

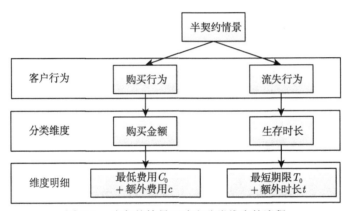

图 2-1　半契约情景下确定分类维度的流程

在购买金额维度中可能存在两种特殊的情况，即 $C_0 = 0$ 或者 $c = 0$，前者表示当前情景中没有规定客户的最低消费金额，客户的购买行为不受约束，与非契约情景相同；后者表示当前情景中客户的花费是固定的，与契约情景相同。在生存时长维度中同样存在两种特殊情况，即 $T_0 = 0$ 或者 $t = 0$，前者表示当前情景中没有规定客户的最短生存期限，客户的流失行为不受约束，与非契约情景相同；后者表示当前情景中客户的生存时长是固定的，与契约情景相同。由于两类维度分别都有三种取值，购买金额为 $C_0 + c$、C_0 和 c，生存时长为 $T_0 + t$、T_0 和 t，所以半契约情景可以被这两种分类维度最终划分为九种子情景，如表 2-1 所示。

表 2-1　基于客户行为的半契约情景分类

购买金额	最短期限 T_0 + 额外时长 t	最短期限 T_0	额外时长 t
最低费用 C_0 + 额外费用 c	$C_0 + c/T_0 + t$	$C_0 + c/T_0$	$C_0 + c/t$
最低费用 C_0	$C_0/T_0 + t$	C_0/T_0	C_0/t
额外费用 c	$c/T_0 + t$	c/T_0	c/t

1. $C_0 + c/T_0 + t$ 型交易情景

这是一种最典型的半契约型交易情景，客户的购买金额和生存时长都受到了下限的制约。在客户购买金额方面，有一定的下限金额费用限制 C_0，包含一定的服务内容，客户使用少于或等于这部分服务内容，都需要支付下限金额费用 C_0。当客户使用的服务内容超出下限金额 C_0 所提供的服务量后，客户还需支付额外的费用 c，这部分费用与购买次数呈正相关。在客户生存时长方面，客户与企业的合约关系存在一个最短期限 T_0，超出最短期限外，在额外时长 t 客户仍然可以根据自己的意愿维持与企业的合约关系。这意味着客户和企业建立合约关系时，只约定了关系维持的下限时长而没有规定上限时长，只要客户继续使用企业的产品和服务，客户与企业的合约关系将继续维持，客户不存在续约行为。

2. $C_0/T_0 + t$ 型交易情景

这一交易情景在现实情况中不存在，原因在于，客户在契约期内支付给企业一定量的金额费用，但是契约期的上限不定，由客户单方面决定何时终止契约关系。这种情景设定导致的后果是，企业收取的费用固定，提供的产品或服务时长却可以随客户意愿延长，这对企业大大不利。因此没有企业愿意制定这种子情景下的契约。

3. $c/T_0 + t$ 型交易情景

在这种子情景下，客户的购买行为与非契约型交易情景下的购买行为类似，客户没有受到下限金额的消费限制，支付给企业的金额只与购买次数相关。

4. $C_0 + c/T_0$ 型交易情景

在这种子情景下，客户的生存时长受契约限制，具有与契约情景下类似的流失行为，当契约到期时，客户若想继续维持与企业的合约关系，则需要进行续约。

5. C_0/T_0 型交易情景

这种子情景为契约型交易情景，客户在契约期内的购买金额固定，生存时长固定。可以看出，契约型交易情景是半契约型交易情景的一种特殊情况。

6. c/T_0 型交易情景

在这种子情景下，客户的购买行为与非契约型交易情景类似，流失行为则与契约型交易情景类似。客户与企业的契约中只规定了生存时长，并没有规定购买金额的下限。

7. $C_0 + c/t$ 型交易情景

在这种子情景下，客户的流失行为与非契约型交易情景类似，客户可以根据自己的意愿自主决定何时结束与企业的合约关系。

8. C_0/t 型交易情景

这种子情景也不存在于现实情况中，原因与 C_0/T_0+t 型交易情景相同。在这种交易情景的设定下，客户的生存时长可以被无限延长，但是客户的购买金额却不发生变化，对企业是一种不利的设定。因而没有企业愿意制定这种子情景的契约。

9. c/t 型交易情景

在这种子情景下，客户的购买行为和流失行为与非契约型交易情景下的客户行为相同，但是这种子情景不等同于非契约型交易情景，原因在于随着互联网的发展，企业可以通过电子会员系统和客户在电子平台的参与，观察到客户的流失，同时客户在电子平台的参与增强了企业和客户之间的联系，转化为一种新型的半契约型交易情景。半契约型交易情景下的客户与企业具有框架契约，非契约型交易情景下不存在契约，由于框架契约的存在，客户流失可以被企业观察到，这将导致模型的输出结果与非契约型交易情景有一定的差别，因而不能将这种子情景与非契约型交易情景看作一样的。

综上，虽然利用购买金额和生存时长两个维度对半契约型交易情景进行了比较完备的细分，但并不是每一种子情景都有研究的必要。其中，C_0/T_0+t 型交易情景和 C_0/t 型交易情景在现实情况中不存在，因而不需要研究；同时 C_0/T_0 型交易情景为契约型交易情景，是半契约型交易情景的一种特殊情况，可以根据契约型交易情景的模型进行研究。所以，在半契约型交易情景中，实际的子情景可以划分为六种类型：C_0+c/T_0+t 型、c/T_0+t 型、C_0+c/T_0 型、c/T_0 型、C_0+c/t 型、c/t 型。由于 C_0、c、T_0、t 四个量都可以取等于零的特殊情况，则 C_0+c/T_0+t 型交易情景可以在变量等于 0 的特殊情况下蜕化为其他五种交易情景，因而 C_0+c/T_0+t 型交易情景为最典型的半契约型交易情景。本书主要研究 c/t 型即新型互联网型半契约交易情景和典型的具有最低消费和最短时长限制的 C_0+c/T_0 型及 C_0+c/T_0+t 型半契约交易情景。

2.2 CLV 建模方法

2.2.1 非契约型交易情景

1. NBD 模型

Ehrenberg(1959) 提出了 NBD(negative binomial distribution，负二项式分布) 模型，在对客户购买非耐用日常生活用品的总量拟合时首次使用了负二项分布。该模型假设的合理性和适用的广泛性，在营销领域众多学者的广泛引用和改进创新中得到了验证。

至于为何选择负二项分布, Ehrenberg(1959) 认为, 泊松分布刻画个体客户购买次数 (购买率为 λ), 卡方分布刻画客户间的异质性 (形状参数为 r, 率参数为 α), 负二项分布正是这两种概率分布的结合。

2. CNBD 模型

CNBD(condensed NBD) 模型由 Chatfield 和 Goodhardt(2012) 在 NBD 模型的基础上改进而来。Chatfield 和 Goodhardt(2012) 保留了 NBD 模型的第二个假设, 即用伽马分布刻画客户间购买率的异质性, 改进了第一个假设, 将购买率服从泊松分布替换为二阶爱尔兰分布 (Erlang-2 distribution)。Condensed 意为在使用二阶爱尔兰分布后, 通过模型形状参数的增加来修改变量的尺度比例。

Chatfield 和 Goodhardt(2012) 意识到客户购买行为的规律性可以较好地被二阶爱尔兰分布所反映, 因此作此替换。在实际生活中, 客户通常会在使用完上一次购买的非耐用品之后进行再一次购买, 前后两次购买行为存在一定的时间差。然而 NBD 模型用泊松分布刻画个体客户的购买次数, 即用指数分布刻画个体客户购买时间间隔。无记忆性和众数为 0 是指数分布的最大特点, 即前后两次购买时间无关联性和前后两次购买时间差为零可能性最大, 这与实际情况相左, 因此 NBD 模型需要改进。

3. Pareto/NBD 模型

Pareto/NBD 模型由 Schmittlein 等 (1987) 提出, 因此又称为 SMC(Schmittlein, Morrison, Colombo) 模型。Pareto/NBD 模型在刻画客户行为规律的研究中具有重要意义。近年来, 随着 CLV 研究的持续受关注, Pareto/NBD 模型因为能够协助计算 CLV 逐渐得到了更多的关注。

与 NBD 模型和 CNBD 模型只描述客户购买行为不同, Pareto/NBD 模型还刻画了客户流失行为, 提高了模型预测的准确度。在现实情况中客户不会一直保持和企业的关系, 在某一时间终将流失, 客户满意度的下降、客户个人财产的改变、客户住址的变更等都有可能导致客户流失。因此, Schmittlein 等 (1987) 在建模过程中考虑了客户的流失行为。

Pareto/NBD 模型共有五个假设, 如下所示。

(1) 泊松购买: 当客户存活时, 每个客户按照购买率为 λ 的泊松过程购买。

(2) 指数生命周期: 每个客户存活周期服从指数分布, 流失率为 μ。

(3) 个体客户购买率伽马分布: 群体中不同客户的购买率 λ 异质性服从伽马分布。

(4) 流失率伽马分布: 群体间客户流失率 μ 服从不同的伽马分布。

(5) λ 和 μ 独立: 购买率 λ 和流失率 μ 彼此独立分布。

　　Pareto/NBD 模型保留了 NBD 模型对客户购买行为的假设，假设 2 和假设 4 增加了对客户流失行为的刻画，Pareto 分布表示指数分布与伽马分布的组合，假设 5 用来描述客户购买行为和客户流失行为之间的关系。

　　只需要两种输入数据就可以完成 Pareto/NBD 模型的参数估计：个体客户的购买频率 (frequency) 和最后一次购买时间 (recency)。由于这两种数据的易获得性使模型的可实施性得到显著提高。此外，Pareto/NBD 模型的输出结果对决策者具有重要意义。

　　在估计方法方面，Schmittlein 和 Peterson(1994) 对 Pareto/NBD 模型进行了改进，增加了客户未来每次交易平均量的预测，进而得到了任一个体客户在未来某段时间内交易量的期望值，并通过实证数据验证了模型。Reinartz 和 Kumar(2003) 直接利用 Pareto/NBD 模型预测客户生命周期。郑浩 (2006) 在 Pareto/NBD 模型中引入了马尔可夫链来计算个体 CLV。张会荣和陈云 (2011) 利用 Pareto/NBD 模型计算了航空公司常旅客户的活跃度和乘机期望次数。

　　4. BG/NBD 模型

　　Fader 等 (2005a) 研究发现，Pareto/NBD 模型的输出结果虽然可以指导企业的决策分析，但是其模型的数学公式较为复杂，参数估计需要太大的计算量，因此少有学者利用 Pareto/NBD 模型进行实证应用。针对 Pareto/NBD 模型的计算复杂性，Fader 等对模型进行了改进，并提出了 BG(beta-geometric)/NBD 模型。

　　BG/NBD 模型改进了 Pareto/NBD 模型中对客户流失行为的假设，将客户流失行为的连续型简化为离散型进行处理，将连续型概率分布替代为离散型概率分布，简化了计算复杂度。

　　BG/NBD 模型的五个假设如下。

　　(1) 当个体客户存活时，购买次数服从泊松过程，购买率为 λ，这等价于假设购买时间间隔服从指数分布。

　　(2) 购买率 λ 在客户间的异质性服从伽马分布，其形状参数为 r、率参数为 α。

　　(3) 在任意购买后，个体客户变为不活跃的概率为 p，因此客户流失的时间点在不同购买中服从几何分布。

　　(4) 流失率 p 在客户间的异质性服从贝塔分布，参数为 a 和 b。

　　(5) 购买率 λ 和流失率 p 在不同客户间独立变化。

　　在对 BG/NBD 模型的客户流失行为做了离散化改进之后，数学公式的计算复杂性得到了有效降低，可以利用 Excel 等软件工具进行参数估计，提高了模型的可操作性。在模型对数据的有效拟合和精准预测方面，绝大多数场景下实证结果表明，BG/NBD 模型得到了与 Pareto/NBD 模型非常相近的结果，因此 BG/NBD

模型成为替代 Pareto/NBD 模型的很好选择。

　　吴昊等 (2013) 利用 BG/NBD 模型验证了客户在手机阅读领域的付费意愿和付费次数，并预测了客户价值，帮助手机阅读业务关注者定位忠诚用户。张顺全等 (2014) 利用 BG/NBD 模型预测了台湾版 CDNOW 在线音乐商店的线上消费行为，并结合金额数据得到了 CLV。

　　5. MBG/NBD(CBG/NBD) 模型

BG/NBD 模型虽然改进了 Pareto/NBD 模型数学计算复杂、在实际中得不到有效应用的缺陷，但是其自身对客户流失行为的假设仍然存在不足之处。在客户流失的时间点选择方面，BG/NBD 模型假设在客户任意购买之后可以流失，也就是说没有任意购买的客户没有流失机会，这有悖于实际购买中的客户流失规律。如果零次购买的客户在所有的客户群中占有较大的比例，那么 BG/NBD 模型的计算准确度将大大降低。针对 BG/NBD 模型的这个问题，Batislam 等 (2007) 改进了模型假设，将新的模型命名为 MBG/NBD 模型，M 即 Modified 的首字母缩写。

　　与 BG/NBD 模型类似，MBG/NBD 的模型假设也是五个，不同之处在于 BG/NBD 模型的假设 3 关于客户流失时间节点的选择，MBG/NBD 模型修改为：客户在零时刻和任意次购买之后可以流失，流失概率为 p。Batislam 等 (2007) 的实证结果发现，在对假设 3 进行修改后，MBG/NBD 模型具有比 BG/ NBD 模型略好的拟合效果。

　　CBG/NBD 模型由 Hoppe 和 Wagner(2007) 提出，C 为 Centralvariant 的首字母缩写，对 BG/NBD 模型中的假设 3 进行了同样的改进，因此将 CBG/NBD 模型与 MBG/NBD 模型视为相同模型的不同表述。

　　6. BG/BB 模型

BG/BB(beta-geometric/beta-Bernoulli) 模型对 BG/NBD 模型的假设进行了进一步优化，由 Fader 等 (2010) 提出。泊松分布常用来假设购买行为可以发生在任意时间节点，有些非契约的行为是必然离散的，有些非契约的行为可以有效离散。Fader 等 (2005b) 认为用泊松分布来建模这类行为的购买次数是完全错误的，对给定时间购买次数的拟合采用伯努利过程更合适。

　　BG/BB 模型基于以下六个假设。

　　(1) 一个客户与企业的关系分为两个阶段：客户存活一段时间后转为永久不活跃 (流失)。

　　(2) 当客户存活时，在任意给定的购买机会，客户购买率为 p，这意味着客户存活时，i 次购买机会中购买次数服从 (i,p) 二项分布。

(3) 每个存活客户在每次购买机会的开始流失率为 θ，这意味着未观察到的客户生命周期服从几何分布。

(4) 购买率 p 的异质性服从贝塔分布，参数为 α 和 β。

(5) 流失率 θ 的异质性服从贝塔分布，参数为 γ 和 δ。

(6) 购买率 p 和流失率 θ 在客户间独立变化。

假设 2 和假设 4 产生了 BB(beta - Bernoulli) 模型，假设 3 和假设 5 产生了 BG(beta - geometric) 分布，因此作者将修正的模型称为 BG/BB 模型。

相对于 BG/NBD 模型的假设 3：客户流失行为发生在每次客户重复购买行为之后，BG/BB 模型对此做出了改进：假设客户流失行为发生在每次购买机会的开始。

7. PDO 模型

在改进 Pareto/NBD 模型的假设时，上述模型 [包括 BG/NBD 模型、MBG/NBD(CBG/NBD) 模型、BG/BB 模型] 的相同之处在于，都假设客户流失与客户购买行为相关联，客户的流失发生在零时刻或者每次重复购买行为的前后，即客户流失机会正向关联购买次数，购买越多越容易流失，这样假设所导致的后果是大大降低了模型的预测准确性。

PDO(periodic death opportunity，周期性的死亡机会) 模型由 Jerath 等 (2011) 提出，在假设客户流失时采用了新的建模思路：假设客户流失与是否具有购买机会无关，相隔一段固定的时间会出现一次流失机会。

PDO 模型基于以下六个假设。

(1) 每个客户和特定企业的关系可以描述为存活一段时间后转为永久不活跃 (流失)。

(2) 当客户存活时，购买次数服从均值为 λ 的泊松过程，这等价于假设购买时间间隔独立同分布为概率为 λ 的指数分布。

(3) 客户间购买率的异质性服从伽马分布，形状参数为 r、尺度参数为 α。

(4) 用随机变量 Ω 代表未观测到的客户流失时间点。客户流失过程构建为：每 τ 时间单位 (时间从零开始)，客户可以流失，概率为 θ，θ 独立于客户已经存活的时间。

(5) θ 异质性服从贝塔分布。

(6) 购买率 λ 和流失率 θ 在不同客户间独立变化。

PDO 模型用一种新的方式来理解和刻画客户流失过程，相对于 Pareto/NBD 模型更加灵活。Pareto/NBD 模型中客户可以随时流失，NBD 模型中客户不会流失，这是两个极端。PDO 模型假设客户流失行为可以处在两个极端值的中间某点，通过新增变量 τ 来调节，Pareto/NBD 模型为 $\tau=0$ 时 PDO 模型特例，NBD

模型为 τ 为无穷时 PDO 模型特例。通过实证结果发现，相对于 Pareto/NBD 模型和 NBD 模型，PDO 模型在选取恰当的 τ 值时可以取得更好的数据拟合效果，客观反映了客户流失在实际场景中的规律性。

2.2.2　契约型交易情景

在刻画客户行为规律时，不同于非契约型交易情景，契约型交易情景下客户购买行为被契约所限定而带给企业基本确定的收益，建模的重点在于预测客户在契约期末是否会续约。因此，在契约型交易情景中，企业比较关注对客户流失行为的刻画，相对忽略了对客户购买行为的刻画。契约的设置限定了契约型交易情景建模的发挥空间，因此相应的研究应用也较少，sBG(shifted-beta-geometric) 模型和 PHM 模型 (proportional hazard model) 是两种典型的契约型交易情景模型。

1. sBG 模型

Fader 和 Hardie(2007) 指出回归模型的本质是曲线拟合，在建模时很容易出现对客户历史数据过拟合而导致对客户未来行为的预测率失准，作为替代方法，他们提出了 sBG 模型，即基于客户行为故事的概率模型来预测客户流失过程。

Fader 和 Hardie(2009, 2010) 构建契约情景下的客户行为故事模型如下。

(1) 在每个契约期末，客户掷硬币：正面取消契约，反面续约。

(2) 对于特定的客户，硬币正面朝上的概率永远不变。

(3) 对于不同客户，硬币正面朝上的概率不同。

虽然客户流失的概率会随着时间变化，但为了简化模型设定假设 2 中流失概率为常数。将以上故事模型转化为数学语言，即 sBG 模型对客户生命周期的估计基于以下两个假设。

(1) 个体客户以固定保留概率 $1 - \theta$ 保持和企业的关系，等同于假设客户生命周期服从偏几何分布。

(2)θ 的异质性服从贝塔分布。

实证结果表明，尽管 sBG 模型并没有比经典的回归模型更复杂，但是精心构建的故事更能够梳理客户行为，因此在预测客户流失的关键要素时取得了更准确的结果。

2. PHM 模型

1972 年，Cox 第一次提出了 PHM 模型，这是一个统计模型，可以描述购买时间数据的众多特性，如固有时间购买模式和营销变量的效果等，在研究事件时间中应用广泛。在用 PHM 模型描述家庭在产品目录中进行购买的行为时，构建 PHM 模型的重点在于刻画购买行为的固有瞬时条件概率 (基于上次购买的时间)。条件概率，也称为风险函数，可以因式分解为两部分：基准风险 (baseline hazard)

函数，描述固有瞬时购买模式；协变量函数 (covariate function)，描述营销变量的影响作用。也就是说，基准风险刻画营销变量效果控制之后家庭购买时间的分布。

　　Jamal 和 Bucklin(2006) 利用 PHM 模型来预测客户流失率，基准风险函数采用潜分类韦布尔参数风险模型，使得风险函数在不同分层具有异质性，且随生存时间平稳递增；协变量函数为：客户服务经历 (customer service experience，即客户对企业售后服务的评价)、修复故障 (failure recovery，即客户对企业售后服务失败后所付出修复努力的评价)、公平支付 (payment equity，即客户感知成本效益协定的公平)。对基准风险函数和协变量函数异质性的假设使该模型对客户流失预测准确性有了显著提高。

2.2.3　半契约型交易情景

　　Rossiter(1908) 最早提到了 "半契约"，他指出随着无技能移民的流入，出现了一种区别于契约劳工的形式，归为半契约型劳工。之后，在公共服务管理中也有学者提到了 "半契约" 的概念。Stewart 和 Walsh(1992) 指出公共服务管理部门通过合约来实现分层管理，其中管理者充当大众代理角色，在没有正式合约时，代理会签订半契约协议，这是一种框架协议。但是，他们并没有明确定义 "半契约"，只是用来描述介于 "契约" 和 "非契约" 之间的一种中间态。

　　学者对营销领域半契约型交易情景下客户行为建模的关注比较少，文献数量也相对稀少。

　　Borle 等 (2008) 首先在 c/t 型半契约型交易情景中展开研究，指出客户行为的特殊性在于：客户流失行为类似于契约型情景，可以被企业观察到；客户购买行为类似于非契约型情景，购买次数和金额不受限定。Borle 等 (2016) 基于分层贝叶斯模型，通过联合建模购买时间、购买量、流失率构建了 CLV 模型，主要假设为：①购买时间以周为测量单位，假定它为负二项分布过程；②假定购买量为对数正态过程；③生命周期风险用来描述客户在 i 次购买时流失概率，假定为离散风险过程；④多元正态分布描述购买时间、购买量、流失率的相关性。除此之外，Borle 等 (2016) 还假设某些参数服从正态分布以体现客户间异质性，并添加了时不变的协变量。Wübben 和 Wangenheim(2008) 用 "半契约情景" 定义 Borle 等 (2008) 所研究的情景。

2.3　客户终生价值

2.3.1　CLV 的定义

　　CLV 的研究被冠以多个名字，如客户资产 (customer equity, CE)、生命价值 (lifetime value, LTV)、净现值 (net present value, NPV)、客户营利能力 (customer profitability, CP)、客户价值 (customer value, CV)，不同命名之间的区别很小，在此不赘述，只综述不同学者对 CLV 的不同定义。CLV，顾名思义，即评价客户对企业的长期价值。

Kotler(1974) 将 CLV 首先定义为在给定的时间范围内和客户交易的未来利益流的现值。Dwyer(1997) 将 CLV 定义为客户和企业整个生命周期中，自客户获取以后，每个客户带来的利益净现值减去因市场、销售、产品和服务过程中对每个客户付出的增量成本。Berger 和 Nasr(1998) 将 CLV 定义为在客户生命周期中产生的所有现金流的折现值。Kumar 等 (2004) 将 CLV 定义为客户与企业关系存活周期所有净利益流的折现值。Pfeifer 等 (2005) 将 CLV 定义为客户带来的未来现金流的现值。CLV 测量了由于客户行为的改变 (如增加购买次数、流失等) 影响客户给企业带来的未来利益。

陈明亮 (2003) 将 CLV 定义为企业在与客户保持关系的全过程中从客户身上获得的全部利润的现值。田广等 (2014) 将 CLV 定义为客户生命周期中为产品和服务而付给企业费用的折现值。

Jain 和 Singh(2002) 认为 CLV 是一个前向的概念，正确的定义和建模应该考虑概念的精髓而不仅仅是严格的定义。Fader 等 (2005b) 认为对于 CLV 的定义来说，测量应该侧重未来而不是过去。Kumar 和 George(2007) 认为客户带给企业的价值不仅仅是每次交易中的利益，而是客户在企业关系存续期间带来的所有利益。

从价值形态的角度可以将学术界对 CLV 的定义划分为两类：第一类关注企业从客户获取的现金流 (cash flow)；第二类关注企业从客户获取的利益流 (profit flow)。两类定义的不同之处是，利益流既包含直接收益，又包括口碑效应等间接收益。限于间接收益数据的难以获得性，针对 CLV 的数学建模主要采取 CLV 的现金流定义。

现金流视角下，根据计算价值所涉及的时间范围又可以将 CLV 分为两类：第一类关注客户与企业关系存续的整个生命周期；第二类只关注未来的生命周期。由于当前时间之前的 CLV 是固定的，在 CLV 预测时一般采用第二类定义。本书的 CLV 亦采用这种定义，即 CLV 是客户在未来生命周期内所产生净现金流的折现值。

2.3.2　CLV 的计算公式

1. 经典的 CLV 模型

$$\text{CLV} = \sum_{i=0}^{m} \frac{v_i}{(1+r)^i} \tag{2-1}$$

其中，m 为客户生命周期长度即存在时长；$v_i = R_i - C_i$ 为某客户在 i 时期给企业带来的利润；R_i 为该客户带来的收益；C_i 为该客户的当前成本；r 为行业基准收益率。经典的 CLV 模型基本思想很简单，本质在于把客户未来利润转化为现值，简单易懂，后续很多 CLV 模型以此为基础进行改进。不足之处在于，该模型建立在客户与企业之间具有稳定不变的关系的基础上，忽略了客户流失。

2. 考虑客户保留率的 CLV 模型

$$CLV = v \times 1/(1 + i - r) \tag{2-2}$$

其中，v 为每期单个客户带来的利润 (收益减去客户保留成本及变动成本)；i 为折现率；r 为客户保留率。

进一步细化每个客户带来的利润，可以将公式 (2-2) 改写为

$$CLV = \sum_{t=0}^{T} \frac{(P_t - C_t)r_t}{(1+d)^t} - AC \tag{2-3}$$

其中，P_t 为在 t 时间客户支付的价格；C_t 为服务客户的直接成本；r_t 为在 t 时间客户持续购买的概率；d 为折现率；AC 为吸引客户的成本；T 为估算 CLV 的时间区间。

汪涛和徐岚 (2002) 将 CLV 划分为客户购买价值 (purchasing value, PV)、口碑价值 (public praise value, PPV)、信息价值 (information value, IV)、知识价值 (knowledge value, KV)、交易价值 (transaction value, TV) 五个部分，并将 CLV 的公式修改为

$$CLV = \sum (PV_t + PPV_t + CV_t + KV_t + TV_t)(1+i)^{-t} + IV \tag{2-4}$$

其中，客户信息价值包括两部分，一部分是客户在与企业建立关系时无偿提供给企业的部分信息，即公式 (2-4) 中的 CV；另一部分是客户在与企业互动时，以抱怨、建议、要求等方式提供给企业的各类信息，即公式 (2-4) 中的 IV。

邵景波等 (2010) 指出口碑宣传和交叉购买是影响客户资产和 CLV 的重要因素，二者的发生皆源于客户的感知情况，构成影响客户资产和 CLV 的感知驱动要素。感知驱动要素与品牌驱动因素、价值驱动因素、关系驱动因素构成客户资产驱动要素的四维模型。邵景波等将 CLV 模型修改为

$$CLV = \sum_{t=0}^{T} (1+d)^{-t/f} V_t \pi_t B_t \tag{2-5}$$

其中，d 为折现率；f 为单位时间内客户的平均购买频次；V_t 为客户在时间 t 内购买的期望；π_t 为客户在时间 t 内可能给企业带来的边际贡献；B_t 为客户在时间 t 内购买的可能性；T 为计算 CLV 的时间区间。

2.4　客户承诺度相关研究

"承诺" 一词由英文单词 commitment 翻译而来，是基于行为而产生的对于将来继续某种行为的倾向，学术界对承诺的研究早期集中于社会学领域 (一般承诺) 和组织行为学领域 (组织承诺)，受此影响，营销领域开展了对客户承诺的研究。因此客户承诺的相关研究在很大程度上受到其他领域承诺研究，特别是组织承诺研究的影响。客户承诺在客户关系营销中是一个公认的关键变量，但是对概念的本质并没有达成一致。通常，客户承诺定义为客户维持与企业关系的意愿。王泽华等 (2003) 认为承诺是渠道成员之间期望维持关系的一种态度。

客户承诺是客户关系管理领域中公认的重要影响因素 (Shukla et al., 2016)，研究文献可以分为两个方面：承诺的影响作用和影响因素 (Elbeltagi and Agag, 2016)。影响作用方面，主要针对客户承诺对客户忠诚的作用展开研究。影响因素方面，Sääksjärvi 等 (2007) 从产品和企业两个层面分析了客户承诺的影响因素路径；Crosby 和 Johnson(2001) 从战略角度提出承诺对资产具有重要影响作用，承诺和资产可以看作同一个硬币的两面。大部分研究都定性研究了客户承诺在客户关系中所起的作用，很少有学者定量研究客户承诺对客户价值的直接影响。Aurier 和 N'Goala(2010) 研究了客户承诺对重复购买的影响作用，Gustafsson 等 (2005) 研究了客户承诺对客户保留的影响作用。由此可见，客户承诺能够影响客户价值，因此本书引入客户承诺来构建 CLV 模型。

2.4.1　客户承诺的影响因素及分类

Chang 等 (2012) 基于社会交换理论，研究了客户承诺的影响因素，发现依靠和信任是理解买卖双方复杂关系的中介变量，客户关系中特定投资、社会关系、关系中断成本和客户专业知识通过依靠和信任影响客户承诺。

Bijman 和 Verhees(2011) 在基于荷兰农民合作社研究中，通过对比农民作为投资者从合作社获取种子和农民作为客户从合作社购买种子两种情形发现，客户承诺由市场定位、客户关系、合作者特征和社交网络影响，客户承诺还被农民在合作社中的管理参与、退出成本、低价格感知和社交网络的部分因素影响。

Jussila 等 (2012) 在另一项关于合作社的研究中发现组织识别、基于组织的自尊、心理占有是影响客户承诺的三个重要因素。

Hsieh 等 (2005) 在跨越搜索-体验-信用商品/服务类的一项调查中发现，金融、社交、结构纽带对客户承诺具有正向影响。金融纽带对搜索类商品/服务比体验类或者信用类商品/服务的增强作用更有效；结构纽带对信用类和体验类商品/服务比搜索类商品/服务更重要；社交纽带对三类商品/服务具有同等重要的作用。

一些学者把 Allen 和 Meyer(1990) 多维度组织承诺的模型转移到客户承诺规则中。有时，组织行为研究者和产业组织心理学家意识到雇佣关系中的承诺是一个至少包含感知和持续组分的复杂构建 (Lewis, 2017)。他们也意识到不同形式的承诺在雇佣关系中具有不同的结果 (Vardaman et al., 2016)。类似地，营销学者采用了不同的角度和定义将客户承诺至少分为两个组分 (Liu and Mattila, 2015)。承诺的第一个组成成分是基于连接和识别，定义为感知承诺；承诺的第二个组成成分是基于依赖和转移成本，定义为持续承诺。也有学者提出了承诺的第三个组成成分，描述为义务的附件，定义为规范承诺。研究表明，产品质量影响正向和负向持续承诺。关系质量的社交维度 (如协作和信任) 正向影响感知和规范承诺，信任也影响正向持续承诺；关系质量的技术维度 (如知识转移和适应) 唯一的重要链接在适应和规范承诺之间。

2.4.2　客户承诺的影响作用

学术界对客户承诺的影响作用的研究多基于客户承诺对客户忠诚的影响作用。研究发现基于共享价值和识别的感知承诺对客户忠诚有统一的正向作用，基于转移成本和依赖的持续承诺对客户忠诚有复合作用，两种承诺模型对客户忠诚的作用有显著的互动关系，无论对于服务供应商还是客户，承诺都不是越多越好。一份针对金融服务、零售–杂货铺服务和电信服务三个行业服务的调查研究发现，承诺对服务质量–忠诚关系起片面中介作用，感知承诺对转换意图有负向影响，对支持意图有正向影响；持续承诺对转换意图有复合影响，对支持意图有负向影响；同时，两种承诺因子之间有交互作用，持续承诺降低感知承诺对因变量的正向影响 (Su et al., 2016)。研究发现，感知承诺和持续承诺是服务质量–忠诚关系的主要局部中介变量；对零售商的感知承诺对客户忠诚具有正向作用，营销关系中的持续承诺对客户忠诚具有有害作用 (Lai, 2015)。基于服务行业的结构方程分析模型表明，感知承诺是客户忠诚反应的最主要驱动，并中介作用于规范承诺和持续承诺的影响，这些影响视服务的类型而定 (Lariviere et al., 2014)。一项基于尼日利亚手机服务行业客户的调查结果表明，服务可靠性是客户忠诚的直接预测变量，而服务保障不是；感知承诺对客户忠诚有直接正向影响，对服务可靠性和客户忠诚之间的关系有片面中介作用；与此相对，感知和持续承诺对服务可靠性与客户忠诚之间关系的中介影响是正向但不显著的；感知承诺中介调节持续承诺对客户忠诚的影响 (Izogo, 2017)。

一些学者还研究了伦理判断领域客户承诺的作用，结果表明客户承诺的水平减弱感知公平的水平，承诺度高的客户会原谅企业的行为。当感知伤害低时，客户会随着感知伤害的增加逐渐变得不满意；如果企业行为被感知为不道德的，企业开始失去承诺度高的客户的支持，客户感知到的不道德行为越多，承诺度高的客户越疏远 (Jai et al., 2013)。

2.4.3　客户承诺对客户价值的作用

基于电信服务的客户满意、感知承诺和持续承诺对客户保留的影响作用研究发现，客户满意、持续承诺对客户保留具有一致性作用 (Sirdeshmukh et al., 2018)。基于银行数据库的客户满意、信任和客户承诺对客户购买行为影响作用的研究发现，关系承诺仅增强保留和占有，信任直接影响服务使用量和交叉购买，信任和关系承诺，满意是关系维系和发展的必要非充分条件；满意或更普遍来说服务评价，在提供商业结果之前必然带来信任和关系承诺，以此来构建客户承诺对客户购买行为的预测模型。在制度环境对客户关系管理作用的研究中发现，网络渠道增强客户倾向–客户信任/承诺–企业表现 (CTP) 因果链，在与政府代理的网络链接中，相对于高级和低级水平来说，企业发展中级承诺是最重要的。

Sääksjärvi 等 (2007) 在关系领域，从产品和企业两个维度构建了客户承诺的发展链路，结果表明客户承诺是客户–企业关系中深层次的影响因素。Lawrence (1980) 将承诺和资产看作一枚硬币的两个不同面，并构建了承诺的阶梯，层级越高，越容易对企业产生承诺。

客户承诺的影响作用多基于关系领域，研究客户承诺通过客户忠诚影响客户价值的间接定性作用，鲜有研究客户承诺对客户价值的直接定量效果。到目前为止，仅有少数研究探究了客户承诺对重复购买、客户保留和客户资产的影响作用，研究多以定性方式展开。客户承诺是客户关系管理中需要重视的一个关键因素，客户关系管理领域客户价值是衡量企业关系决策的重要指标，因此在客户价值模型中定量地引入客户承诺十分必要。

2.5　客户关系风险相关研究

2.5.1　风险

1. 风险的定义

风险 (risk) 概念最早出现在美国学者 Haynes(1895) 的著作 *Risk as an Economic Factors* 中，"风险一词在经济学和其他学术领域中并无任何技术上的内容，它意味着损害或损失的可能性。如果某种行为具有不确定性，则该行为就承担了风险"。此后，很多国内外学者在数学、心理学、经济学、管理学等不同的领域对风险定义进行了完善，但是，目前国内外学术界对风险的定义尚未达成共识。

首先，关于风险与不确定性的区别。尽管有部分学者认为风险与不确定性不完全相同，但大多数学者认同风险是一种不确定性。基于"风险是一种不确定性"的观点，总的来说，可以归纳为两种定义。

第一种定义：风险是事件未来可能结果发生的不确定性。该定义说明风险产生的结果可能带来损失、获利或无损失也无获利，属于广义风险，表 2-2 列举了第一种广义风险定义的相关描述。

表 2-2　广义风险定义的相关描述

时间	学者	定义描述
1985 年	Williams	在给定的条件和某一特定的时期，未来结果的变动
1992 年	March 和 Shapira	风险是事物可能结果的不确定性，可由收益分布的方差测度
1995 年	Mowbray	风险为不确定性

第二种定义：风险是损失发生的不确定性。该定义表明风险结果只能表现为损失，不存在从风险中获利的可能性，属于狭义风险，表 2-3 列举了第二种狭义风险定义的相关描述。

表 2-3　狭义风险定义的相关描述

时间	学者	定义描述
1931 年	Heinrich	风险发生具有类似倒塌的多米诺骨牌墙的特征，风险的发生分五步进行：系统和社会环境 → 人的过错 → 伴随机械和物理伤害的不安全行为 → 事故 → 危险或损失
1972 年	Rosenb	将风险定义为损失的不确定性
1984 年	Crane	风险意味着未来损失的不确定性
1992 年	Yates 和 Ston	将风险定义为：①损失的基础；②损失的重要性；③损失的不确定性
2002 年	朱淑珍	在总结各种风险描述的基础上，把风险定义为：在一定条件下和一定时期内，由于各种结果发生的不确定性而导致行为主体遭受损失的大小以及这种损失发生可能性的大小
2003 年	王明涛	风险是指在决策过程中，由于各种不确定性因素的作用，决策方案在一定时间内出现不利结果的可能性以及可能损失的程度

综合各学者的描述，本书采纳 Crane 的定义，即风险是指未来损失的不确定性。

2. 风险要件

风险因素 (hazard)、风险事件 (peril) 与风险结果 (result) 密切相关，它们构成风险存在与否的基本要件。

1) 风险因素

风险因素是促使或引起风险事故发生的条件，增加损失发生概率和损失程度的条件。一般将其分为有形风险因素和无形风险因素。有形风险因素是指看得见的、影响损失概率和损失程度的环境条件，如客户购买量的波动；无形风险因素是指观念、态度、文化等看不见的、影响损失概率和损失程度的因素，如客户的不满意情绪。

2) 风险事件

风险事件是指引起风险结果的直接或外在的原因，是使风险造成风险结果的可能性转化现实性的媒介。

3) 风险结果

风险结果是指行为主体承受风险事件导致的相应的现实的后果。根据本书所采纳的风险的定义，这里的风险结果即损失 (loss)，是指非故意、非计划、非预期的经济价值减少的事实，可以分为直接损失和间接损失。对于企业而言，最根本的损失即企业利润减少。

4) 风险因素、风险事件与损失的逻辑关系

在一定时间内，相应的风险因素为风险的必要条件，相应的风险事件为风险的充分条件，有关行为主体承受相应的风险结果 (即损失)。风险因素、风险事件和损失的逻辑关系如图 2-2 所示。

图 2-2　风险因素、风险事件和损失的逻辑关系

2.5.2　客户风险、客户感知风险与客户关系风险

1. 客户风险

企业由于外部环境和内部因素的限制，在激烈变化的市场竞争环境下，存在着大量的不确定性。这种由于各种事先无法预料的不确定因素所带来的影响，使企业的预期经营目标与实际目标发生一定的偏差，从而导致企业经营活动遭遇挫折甚至失败的可能性，即为企业风险。

在关系营销时代，客户是企业经营管理的重点和市场交易的参与者，客户不确定性是企业所面临的众多不确定性因素中的重要一环。客户风险是企业风险的一种形态，其有效管理是企业风险管理的重中之重。

从已阅读的文献发现，"客户风险" 在很多学者的研究中，实际上就是属于本书所定义的 "客户关系风险"，也有些学者将 "客户风险" 等同于 "客户感知风险"。

2. 客户感知风险

本书中，客户感知风险 (customer perceived risk) 与感知风险 (perceived risk) 实际是同一概念，统一采用 "客户感知风险" 这一术语。

客户感知风险最初由哈佛大学的 Bauer(1960) 从心理学延伸到消费者行为学领域中。Bauer 等 (2003) 认为 "消费者的所有行为都会产生其自身无法准确预见的后果，而且其中部分后果很可能是令人不愉快的，所以从这个意义上讲，消费者的行为涉及风险"。该学者引入这个概念时，特别强调主观风险，而不关注客观风险。此后，许多国外学者都对客户感知风险进行了研究，并对其定义不断完善(客户感知风险的相关定义见表 2-4)。国内学者多沿用国外的主流定义。

表 2-4　　客户感知风险的相关定义

时间	学者	定义描述
1960 年	Bauer	包括两个因素：决策结果的不确定性；错误决策后果的严重性，即可能损失的重要性
1964 年	Cox 和 Rich	消费者在考虑一项具体的购买决策时感知到的风险的性质和数量
1967 年	Cunningham	分为两个因素：不确定性；消费者对于某件事情是否发生的主观概率
1993 年	Stone 和 Grønhaug	对损失的主观预期，消费者对发生损失的预期越肯定，所感知到的风险就越大
1994 年	Grewal	损失发生的可能性

综合各学者的定义，本书采纳 Stone 和 Grønhaug(1993) 对客户感知风险的定义：客户感知风险是客户对损失的主观预期。

3. 客户关系风险

目前，对客户关系风险 (customer relationship risk) 的研究并不像客户感知风险那么系统，多数国外学者是在从事 CLV 建模研究中，提出应该考虑这一风险因素，从而提高 CLV 预测准确度，我国的学者则多是将客户关系风险 (一般都称为客户风险) 视为企业营销风险的一种。

基于表 2-5 所总结的相关定义描述，本书认为，客户关系风险是指企业在客户管理中，由于各种不确定因素带来的影响，从而有蒙受损失的可能性。

表 2-5　　客户关系风险的相关定义

时间	学者	定义描述
2002 年	Hogan 等	如客户的流失 (defection)、钱包份额的减少 (reduced share of wallet)、客户支出的减少 (reduced size of wallet) 以及服务成本的上升 (increased cost to serve)
2006 年	Ryals	是否实现业务或利润的风险
2008 年	Buhl 和 Heinrich	客户群未来营利能力的不确定性，如现金流量与预期的偏差
2010 年	刘永军和赵道致	经销商与客户合作的不确定性
2013 年	梁巧桥	指企业在客户管理中，由于各种不确定因素带来的影响，使企业从客户那里获得的实际收益与预期收益发生一定的偏差，从而有蒙受损失的可能性

4. 相关风险概念

1) 相关风险概念之间的关系

从上述对风险、企业风险、客户风险、客户感知风险和客户关系风险的定义描述可以归纳出,风险、企业风险、客户风险以及客户感知风险和客户关系风险存在包含和被包含的关系 (图 2-3),其研究范围逐渐缩小,所研究对象越来越具体。

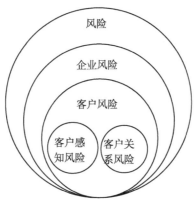

图 2-3 相关风险概念之间的关系

2) 客户感知风险与客户关系风险之间的关系

对于客户感知风险与客户关系风险,从已有的文献可以知道,目前的学者多数从这两个研究角度对客户风险进行研究。两者之间有明显的不同却又相互联系,本书总结如表 2-6 所示。

表 2-6 客户感知风险与客户关系风险的对比与联系

对比内容		客户感知风险	客户关系风险
风险因素	内在因素	客户	企业
	外部因素	主要为产品、渠道等	宏观环境、竞争者等
风险分析		个人主观感知	定性分析与定量测度
损失承担者		客户	企业

2.5.3 客户关系风险研究现状

1. 国外研究现状

从现有的关于客户关系风险的文献数量来看,国外对客户关系风险的研究十分有限,较为系统的研究主要有三篇,而且他们对客户关系风险研究都服务于 CLV 建模,都在思考如何在 CLV 建模中考虑客户风险这一有待深入研究的问题。

Ryals 和 Knox(2007) 认为由于未能充分考虑客户风险,目前 CLV 与股东价值未能真正衔接起来。本书通过实证研究,开发了一个客户关系记分卡用于确定客户关系的风险,通过调整 CLV 贴现率以反映个体客户风险,并提出其风险缓解策略和发展。

Ryals(2003) 提出了两种考虑风险的 CLV 建模的方法,分别对客户保持率和折现率进行修改。对于客户保持率,作者通过实证的方式,设计客户风险的评价指标体系,通过企业的经验将指标的得分与客户的保持概率相关联,并通过实证验证了其方法的效果。在修改折现率的方法中,Ryals 首先采用 CAPM(capital asset pricing model,资本资产定价模型) 的方法,计算每个客户的 β 风险,并与系统风险进行对比以调整这个客户的折现率,但是该方法往往需要五年以上的数据,在企业中难以实现。针对此问题,Ryals 同样采用了实证的方式,通过评价指标体系计算客户风险的分值,再采用 CAPM 理论中对组合投资风险调整的方式,对比个体客户风险和总体客户平均风险的分值,调整该客户的折现率。

Hogan 等 (2002) 认为要对客户的风险进行有效的管理,认为客户未来产生的现金流会受到很多因素的影响,但是目前的 CLV 模型认为企业所有客户的风险处于同一水平,并以单一的折现率体现客户风险,没有考虑客户之间风险水平的差异。该学者将客户组合作为企业的一种资产,用财务管理领域计算风险的思路 (CAPM),对客户的风险进行建模。

综上所述,国外研究目前多是通过某些较为简单的经验处理客户风险,然后与基本 CLV 计算模型的某些参数进行经验关联,并没有系统地识别客户关系风险的不同类型;或者,只是综合考虑客户风险与 CLV 对客户风险级别进行评估。总体看来,这一领域的国外研究成果数量较少、研究深度较浅,同时也缺乏对契约、非契约和半契约等交易情景的考虑。

2. 国内研究现状

近年来,有很多国内的学者开始了对客户关系风险的研究。目前在检索到的中文文献中,核心文献为以下三篇。

王海伟 (2007) 以 "行为—情感" 为主线研究了非契约条件下客户资产风险的形成及度量,将其细分为波动性风险、衰退性风险和流失性风险,并分析了导致客户资产风险的因素,建立了评价客户资产风险的模型。对契约型客户和非契约型客户进行了区分,但其目的只是排除契约型情景中的法律因素带来的风险。

梁巧桥 (2013) 研究了在营销领域企业面临的客户风险。认为客户风险分为客户选择风险、客户满意风险、客户信用风险、客户流失风险四种类型,并基于经济周期和经济增长理论、风险管理理论和客户关系理论分析其成因与建立客户风险评价指标,最后实证验证。该论文的参考价值较大。

田敏 (2004) 研究了 B2B(business to business，企业对企业) 情景下客户信用风险的评价指标体系，并通过已有的模型计算客户的 CLV，以客户的 CLV 和信用风险得分，将所有客户划分为四个群体，分别对四个群体的客户管理提出了管理意见。

可以看出，与国外学者不同，国内学者并未实质上涉及客户关系风险与 CLV 建模的关系研究，而集中于对某一领域某一客户关系风险的深入研究。突出的是，尽管研究层次参差不齐，但已有学者对客户关系风险进行细分，并分析其成因和影响。同样地，国内的研究也未真正涉及不同类型的交易情景。

2.5.4　客户风险识别及度量相关研究

1. 客户风险识别的研究现状

目前，对客户风险进行系统识别，而非基于某一特定的风险进行分析的文献并不多。学者从不同角度出发，系统分析了客户风险的类型。

Ryals(2003) 认为客户风险因子包括：客户业务的管理水平，客户经理对其客户的了解程度，客户可以接受或者发生转移时承受的风险以及企业与客户的关系。Ryals 和 Knox(2007) 将客户关系风险归纳为客户流失或客户钱包份额的减少，通过个人构建或关键事件分析设计访谈问题，对多个企业的管理者进行采访，最后获得契约数量、客户紧密程度、客户对企业的了解程度等 9 个风险因子及相应评分，并将其划分为整体关系因素、财务关系因素和客户知识三组。

王海伟 (2007) 系统地对非契约型客户的风险进行了细分，分别为波动性风险、衰退性风险和流失性风险，并分析了导致客户资产风险的因素。梁巧桥 (2013) 研究了在营销领域企业面临的客户风险。认为客户风险分为客户选择风险、客户满意风险、客户信用风险、客户流失风险四种类型。

除此之外，还有不少学者针对某一类的风险进行具体分析。目前，已识别的主要风险包括：客户流失风险，即客户终止与企业的交易关系的风险；客户信用风险，指在信用交易过程中，企业由于客户不能如期付款或不愿付款而带来的可能性损失，特别是在 B2B 中。

2. 客户风险度量的研究现状

在 "客户关系是一种资产" 的观点引导下，目前国内外学者除了从传统的管理学视角下进行研究外，也开始尝试使用金融学工具。本书基于这两种视角对文献进行分类。

1) 管理视角下的客户风险度量

客户风险作为一个企业管理问题，多数学者运用管理科学的方法来研究客户风险的度量，主要有统计学方法、风险记分卡以及以构建模型的定量研究为主结合定性风险的方法。

(1) 国外研究现状。

Chijoriga(2011) 采用 MDA(multiple discriminant analysis，多重判别分析) 研究风险评估中的变量是否能提高银行在客户分级、预测企业业绩和信用风险评估上的能力。作者选取某商业银行的 56 个不良资产客户及非不良资产客户为样本，多个财务比率为 MDA 模型及 MDA 修正模型的自变量，企业的绩效 Z 值为因变量，进行统计分析 (协方差分析等)。其中，以 Z 值反映客户风险，Z 值越大说明客户风险越小，反之也成立；并基于此对客户进行细分。

Ryals 和 Knox(2005) 以金融服务行业——保险业为研究对象，考察 CLV、成本、客户风险和股东利益的关系时，建立考虑 CLV 和客户风险的客户经济价值模型，并将客户风险划分为客户索赔风险和客户关系风险即客户关系维系的概率。然而，该研究的重点在于通过客户风险更好地将 CLV 和股东利益联系起来，并对具体客户风险度量进行研究。

(2) 国内研究现状。

多数国内学者普遍认为层次分析法结合定性与定量方法，能够较为全面和完整地对客户关系风险进行分析，如梁巧桥 (2013) 基于经济周期和经济增长理论、风险管理理论和客户关系理论分析其成因和建立客户风险评价指标，最后实证验证。

另外，数据挖掘也是国内学者主要使用的研究方法。例如，管绍贤 (2008) 利用决策树算法对保险业务数据进行了客户风险分析，并以重大疾病险种的索赔业务数据为基础，详细介绍了数据预处理过程，针对年龄、地域、收入因素，给出了基于 C4.5 算法的客户风险分析建模过程。

除此之外，还有不少相关研究所研究的行业、研究方法和客户风险类型都比较集中。例如，采用理论分析方法研究金融行业的客户信用风险对策、采用数据挖掘技术预警通信行业的流失风险、基于熵理论评估电力行业的客户风险和项目管理中的客户风险等。Zhang 和 Zhu(2009) 通过分析知识密集型服务业的特征，得到结论：该行业供应商的知识差距是最主要的客户关系风险，产生于信息不对称的过程，会导致客户关系风险，影响客户忠诚度。

2) 金融视角下的客户风险度量

客户风险在对个人客户价值和客户资产投资组合效益的测量和管理中扮演着重要的角色 (Ryals, 2003)，这一观点已被论证。一些国外学者认为，企业对客户关系的投资也可视为金融投资 (如股票)，那么金融风险理论及其工具也适用于对其风险进行分析和度量 (Tarasi et al., 2011)。该研究方向中，比较系统的研究文献如下。

Tarasi 等 (2011) 将金融投资组合理论 (financial portfolio theory) 运用于客户组合管理，将客户风险定义为客户现金流收益的变动，完全从现金流的角度出发，计算客户的相对风险系数 β 来度量客户关系风险。并以 β 为横轴、回报率 RR 为纵轴建立二维坐标系，选取高效的客户组合。

Buhl 和 Heinrich(2008) 提出了一个基于金融投资组合理论的定量模型：案例来自金融服务行业，用关键客户群体的年均收入作为现金流指标，考察发现最优组合比现在组合风险更低，收益更高。

Ryals(2003) 采用 CAPM 和 MPT(modern portfolio theory，现代投资组合理论) 两种金融学模型度量和管理客户风险与回报，通过一系列赋予权重的风险因子来估算每个客户的 β 风险值。计算得到客户 β 风险后，作者考虑与降低或提高风险相关的因素，运用类似于风险记分卡的工具来计算客户风险概率。实际上，这篇文章是将金融学工具与管理学工具相结合进行研究的。

3. 相关理论方法基础

1) 客户资产理论

1996 年，Blattberg 和 Deighton 正式提出客户资产 (customer equity) 这个概念。他们将客户资产定义为：企业中所有客户的 CLV 的贴现总和，而 CLV 就是客户在其全生命周期内，给企业创造的现金流收入价值的总和。由此可见，客户资产与 CLV 实际上都是研究客户的现金流收益，然而客户资产是以客户群体为研究对象，CLV 是以单个客户为研究对象。还有学者在 Blattberg 和 Deighton 的基础上，对客户资产的概念进行梳理。Blattberg 和 Deighton(1996) 认为，客户资产就是客户为企业创造的未来收入的总和，包括客户推荐价值 (老客户向潜在客户推荐产品/服务带来的利润)，还应该减去营销、生产、服务等成本。

随着客户资产研究的开展，客户资产涵盖的内容越来越丰富。目前对客户资产的构成研究将客户资产的成分归纳为价值资产、关系资产和品牌资产，而且三者之间具有相关性。

根据 Blattberg 和 Deighton(1996) 对客户资产的基本定义，客户资产最基本的计量模型如下：

$$CE = \sum_{t=1}^{N} \frac{X(t)}{(1+d)^t} \tag{2-6}$$

其中，$X(t)$ 为客户在 t 时期给企业带来的现金流收入；N 为客户全生命周期的周期数；d 为贴现率。

2) 金融投资组合风险

(1) 金融投资组合风险理论概述。金融投资组合理论，描述了投资者如何通过构建投资组合，以最大限度地获得在一定市场风险水平上的回报，它强调风险是更大的报酬的固有成分 (Markowitz, 1952)。在股票投资组合中，其总回报与单个股票相关性较弱，与特定的股票投资组合相关。例如，不同的国家、不同规模的公司受到的环境和经济变化不同，其股票的发展肯定非常不同。由于许多市场变化不能被预见，投资资产的多样化保证了正向的现金流的机会，同时也抚平潜在负现金流。在每个资产的可变性和回报的前提下，最佳 (有效) 的组合被认为是一个具有最低风险回报的组合。

本书认为，金融资产组合理论可以提供用于评估和管理客户组合 (客户群体) 的一个重要框架，特别是被服务的客户来自不同行业的企业或不同领域的个人。

(2) 客户资产的金融特性。一个企业，其基于市场的资产中包括了不同的客户资产类别，其特点是不同程度的现金流量变化和脆弱性。客户资产所代表的细分市场构成了企业的现有客户基础，这一基础体现了企业与客户之间关系发展的结果。投资组合决策涉及股票和债券的不同资产类别之间的选择，而客户投资组合决策中涉及不同的客户资产类别，如治理类型、规模、行业等，涵盖新的和现有的客户，他们为企业呈现出不同的风险收益。Gupta 和 Lehmann(2005) 断言，客户确定是一种资产，因此与客户相关的支出"应被视为投资而不是开支"。

在考虑风险的基础上调整客户组合，有利于实现企业利润目标，提升企业价值。由于投资者青睐较稳定的利润率波动及现金流量，更稳定和可预测地减少营运资金需求，企业可以通过降低客户投资组合的脆弱性和波动性提升股东价值。总之，客户就像股票一样，具有金融风险资产的基本特性，可以尝试使用金融投资组合的风险研究方法来解读客户群体的风险性质。

3) β 系数法

(1) β 系数的定义。β 系数 (beta coefficient) 起源于 CAPM，是度量金融风险的传统方法之一。β 系数，用来衡量单个金融投资产品 (如股票、证券、基金等) 或金融投资组合相对于整个金融投资市场的收益波动情况，或单个金融投资产品或金融投资组合的风险在整个市场风险中的贡献份额，以此来度量单个金融投资产品或金融投资组合的风险程度。

(2) β 系数的数学推导。从单个金融投资产品 i 在其金融投资组合 p 中的风险贡献比例出发，单个金融投资产品的收益率为 r_i，金融投资组合的收益率为 r_p，

$$r_p = \sum_{i=1}^{n} w_i r_i \tag{2-7}$$

$$\sigma_p^2 = \mathrm{cov}\,(r_i, r_p) = \sum_{i=1}^{n} w_i \mathrm{cov}\,(r_i, r_p) \qquad (2\text{-}8)$$

由此可见，单个金融投资产品 i 对金融投资组合 p 的方差 σ_p^2 的贡献比例为 $\mathrm{cov}\,(r_i, r_p) / \sigma_p^2$。其中，$w_i$ 为单个金融投资产品 i 在金融投资组合 p 中的权重。那么，将金融投资产品 i 放在整个金融投资市场 M 来说，

$$r_i = \alpha_i + \beta_i r_M + \varepsilon_i \qquad (2\text{-}9)$$

其中，$E\,(\varepsilon_i) = 0$，$\mathrm{cov}\,(r_M, \varepsilon_i) = 0$，那么就可以推出金融投资产品 i 的 β 系数：

$$\beta_i = \mathrm{cov}\,(r_i, r_M) / \sigma_M^2 \qquad (2\text{-}10)$$

(3) β 系数的含义。由上述推导可以看出，β 系数可以用来度量市场中某一个金融投资产品或组合的风险程度。当 $\beta > 0$ 时，金融投资产品与市场的收益率同向涨跌；当 $\beta < 0$ 时，金融投资产品与市场的收益率的涨跌方向相反，即市场的收益率上涨时，金融投资产品的收益率反而下降。当 $\beta = 1$ 时，金融投资产品的收益率与市场平均收益率以相同的比例同向变化，其风险情况也就与所在市场的风险相同；当 $\beta > 1$ 时，金融投资产品的收益率比市场收益率更高，其风险情况也就大于所在市场的风险；当 $\beta < 1$ 时，情况则与上述情况相反。

4) 贝叶斯网络

(1) 贝叶斯网络的定义。贝叶斯网络 (Bayesian network) 是一种概率网络，是基于概率推理的图形化网络，其基础是贝叶斯公式。

从结构上来说，一个贝叶斯网络是一个有向无环图 (directed acyclic graph, DAG)，包括节点有向边。节点表示变量，节点之间的有向边代表节点间的相互作用。另外，节点用条件概率表达关系强度，没有父节点 (如图 2-4 所示，节点 A 是节点 B 和节点 C 的父节点，节点 B 和节点 C 是节点 A 的子节点) 的节点则用先验概率表示。

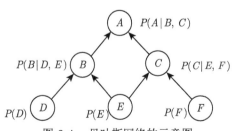

图 2-4　贝叶斯网络的示意图

(2) 贝叶斯网络的优势与不足。贝叶斯网络主要具有三个优点，因此，本书选择贝叶斯网络进行建模。

①更切合实际地表示节点变量之间的相关性 (如因果关系、条件相关关系)。它将多元变量通过图形表示，将变量之间的概率及推理可视化为图例模型。

②处理不确定性问题的强大能力。条件概率是贝叶斯网络表达各个节点之间的相关关系的途径；即使在信息具有不确定性、不完整性或有限性的前提下，也能发挥作用。

③有效地融合及表达多源信息。贝叶斯网络可以把诊断、预测和决策等相关信息都融合到贝叶斯网络结构中，将其视为节点进行处理分析。

然而，传统的贝叶斯网络也存在两个不足，本书采用贝叶斯网络建模时，需要对其进行改进，从而克服不足之处。

①不能表示各类数据的理论机理。通过学习得到的节点之间的相关性直接来源于大量客观数据的挖掘，并不能将数据所表示的节点之间的潜在机理表示出来。

②只能处理静态且离散的数据，无法处理动态或连续的数据，如时间序列数据。然而，本书所研究的客户风险实际上是基于时间序列的购买数据计算而来的，因此，需要对贝叶斯网络进行改进。

(3) 贝叶斯网络的应用。预测和诊断是贝叶斯网络的两个基本作用 (Jaakkola and Globerson, 2010)。

预测是运用贝叶斯网络，从原因推导结果的过程。从数学上举例，假设当 A 事件发生时，可能导致 B 事件发生，那么贝叶斯网络的作用在于：当知道 A 事件发生且发生概率为 $P(A)$，计算 B 事件发生的概率 $P(B|A)$。

诊断与预测是相反的过程，诊断是运用贝叶斯网络从结果推理到原因的过程。从数学上举例，假设当 A 事件发生时，可能导致 B 事件发生，那么贝叶斯网络的作用在于：当知道 B 事件发生且发生概率为 $P(B)$ 时，计算 A 事件发生的概率 $P(A|B)$。

5) 风险管理理论

在现代风险管理理论中，风险管理包括风险分析、识别、度量以及应对处理等过程，其意义在于通过一系列过程，及时预防或处理风险，使得企业的损失发生可能性降低到最小，或者损失程度最小。

风险管理的内容 (或步骤) 主要包括风险识别、风险度量和风险处理。

(1) 风险识别，是风险管理的首要步骤，其目标在于明确企业所面临的风险类型及其风险因子，进行定性分析。风险识别是风险度量的基础。目前，风险识别的常见方法是：从企业的生产、财务、人力、市场等方面全面分析，列举各个环节可能面临的风险类型和风险因子。

(2) 风险度量，是对风险进行量化分析的过程。目前的学术研究和企业管理中，主要对风险可能性 (风险发生的概率) 和风险程度 (风险发生时，给企业带来损失的程度和影响范围) 两个方面进行量化度量。

(3) 风险处理，包括对风险未发生时的预防措施，以及风险发生后挽救对策，其目标是降低风险发生的可能性，或者降低风险的影响范围和程度。风险处理的策略与许多因素相关，包括企业管理者的风险偏好、企业对风险的承受力和不同风险类型等。

4. 研究范围界定

依据前面的分析，本书的研究范围界定如下。

1) 关于客户的研究范围界定

(1) 本书研究与企业建立半契约关系的客户，包括前面定义的六种子情景。

(2) 只考虑已经与企业建立交易关系的客户，不考虑潜在客户，或者在观察期开始前已经流失的客户。

(3) 本书研究的客户应该属于某个客户群体，在客户群体中的单个客户层面进行分析与比较，不研究不同客户群体的客户之间的关系，或者不同客户群体的关系。

2) 关于客户风险的研究范围界定

(1) 本书只考虑客户行为不确定性直接带来的风险，不考虑其他因素造成的客户风险，也就是假设企业所在的外部宏观环境、企业内部因素、企业竞争对手是稳定的。

(2) 本书只研究客户给企业创造的现金流收入产生的风险，不考虑其他客户价值带来的风险。

5. 总结

国内外企业客户关系风险的研究从营销角度和客户资产角度分析与评估客户风险，对本书的研究具有启发性。

(1) 不同的交易情景在企业的管理运营中有很大的影响，是企业价值预测的关键背景，如何正确地界定不同的交易情景是对企业价值进行更精准预测的重要步骤。

(2) 企业客户关系风险的存在是不容质疑的，正确识别风险类型、风险因素和风险后果，建立客户风险体系，推动了企业预测和企业损失预防的研究。

但该领域仍存在很多可以进一步研究之处。

(1) 研究什么情景下的客户风险？不同的交易情景在企业的管理运营中有很大的影响，目前对客户风险的研究针对某一类交易情景的很少，仅有的研究集中于非契约和契约情景。然而，对于半契约情景这种不确定性更大的交易情景，其风险研究的价值更大。

(2) 客户风险的定义与风险因子是什么？现有研究主要集中于客户流失风险

和收入波动性这两个风险类型，在半契约情景下的客户作为一种资产，其风险的表现是否有其特有的特征，风险因子有哪些？现在尚无学者对其做系统的分析。

(3) 客户风险的量化度量方式是什么？将客户视为一种资产时，其与金融风险具有一定共性，因此可以将金融风险度量方法试用于客户风险，定性分析与定量数据结合起来，对客户风险进行度量，而非纯粹数据挖掘或分析得到客户风险程度。

总的来说，在半契约情景下的客户风险研究方向上，本书的思考和探索是前沿的、创新的。

2.6　本章小结

首先，对契约型、非契约型、半契约型三种交易情景进行了界定，从购买金额和生存时长两个维度对半契约型交易情景进行了划分，并详细介绍了九种半契约型交易情景的子情景，指出了本书将要研究的三种子情景。其次，从定义和计算公式两方面对 CLV 进行了综述，并明确了本书所用到的 CLV 定义。接着，从三种交易情景的角度回顾了 CLV 的建模方法，发现学者对半契约情景下的 CLV 建模相对较少，值得继续展开研究。最后综述了客户承诺度的相关研究，发现客户承诺度在客户关系管理中是十分重要的因素，但之前研究多以定性研究方式展开，并没有定量测量客户承诺对客户价值的影响作用，因此本书将客户承诺定量地引入 CLV 的建模过程中。

第 3 章　交易情景与企业客户关系风险的关系

3.1　研究过程设计

在以客户为中心的关系营销时代，企业与客户通过约束力强弱的契约 (规范契约、半契约或不签订契约) 确定其交易关系，并希望能长期维持。在这种背景下，越来越多的研究证明，客户/客户关系是企业最重要的资产之一。企业通过积极的客户关系管理，能提高客户为其创造的现金流价值或非现金流价值。交易环境、企业内部和客户的不确定性使客户/客户关系风险客观存在，也必然存在。这种风险带来的 "破坏" 警示企业管理者有效管理非客户关系刻不容缓，但是由于缺乏成体系、有深度的客户关系风险理论支持，客户关系风险也只是作为一种概念模糊地存在于管理者的脑海中，未能真正有效地实施管理措施。进一步考虑交易情景对客户行为、企业行为和双方关系的影响，尽管目前对该领域的研究处于空白，但它们对客户关系风险因素产生的作用应该是不容忽视的，其研究成果很可能为企业更有效地管理客户关系风险提供一个崭新视角。这种研究创新价值和管理需求正是本书研究的动力。

本书首先针对现有研究未明确定义完全契约型交易情景、半契约型交易情景和非契约型交易情景相关概念的现状，对三者进行了定义，从客户行为角度—企业行为角度—客户与企业关系角度分析三者的特征，并进行对比。其次，对风险、企业风险、客户感知风险和客户关系风险等术语进行疏导，通过关系状态-关系管理活动-客户关系风险识别框架和存在依据-风险因素-风险事件-风险后果分析框架，建立以客户获取风险、客户满意风险、客户信用风险、客户流失风险、客户挽留风险和客户信息沟通风险为主的客户关系风险体系，并详细分析其风险因素、风险事件和风险后果。最后，基于交易情景特征研究成果和客户关系风险初步体系，初步探索两者之间的关系。

3.2　不同交易情景的特征分析

3.2.1　交易情景特征分析框架

本书为了更全面地研究不同交易情景的特征，建立交易情景特征的分析框架。该框架包括企业、客户、企业与客户的交易关系三个角度，九个特征要素，如图 3-1 所示。

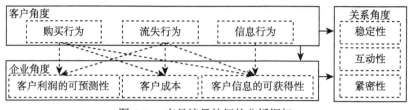

图 3-1　交易情景特征的分析框架

1. 客户角度

1) 购买行为

本书采用 RFM 模型对客户购买行为的基本特征进行分析。包括 R、F、M 三个维度。

(1) R(recency)，最近购买期，指客户最近一次从公司购买商品的时间。

(2) F(frequency)，购买频率，指某一特定时期内客户购买的次数。

(3) M(money)，货币价值，指某一特定时期内客户从公司购买商品所消费金额。

2) 流失行为

Stewart(1998) 提出了客户流失过程的理论框架，根据本书分析的需要，将其简化为图 3-2 所示模型。下面将从以下四个方面来刻画客户的流失行为。

(1) 客户流失行为的制约因素 (如转移成本、主观规范等)。

(2) 流失倾向。

(3) 挽留可能性。

(4) 流失时间 (企业能否确切地察觉客户发生流失的时间)。

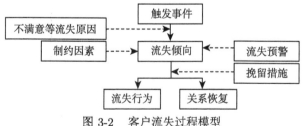

图 3-2　客户流失过程模型

3) 信息行为

本书从信息内容和信息行为两方面来刻画客户信息行为，如图 3-3 所示。

(1) 客户与企业在交易过程中，不仅需要向企业提供自身的信息，即信息内容提供；也要求获取企业的相关信息，即信息内容需求。

图 3-3　客户信息行为

(2) 客户信息行为的主动程度。

2. 企业角度

1) 客户信息的可获得性

企业进行客户信息管理，需要获得客户基本信息 (如需求、偏好、人口统计信息、资信信息等)、客户交易信息 (包括购买行为信息和流失行为信息)，从而为企业进行客户管理提供信息支撑。

2) 客户利润的可预测性

CLV 预测和客户流失率预测一直是客户关系管理理论研究和管理实践的重点。考察这两者的可预测性，在一定程度上可以用客户为企业创造的收入以及客户生命周期长度的预测难易程度和准确程度来衡量。

3) 客户成本

按照企业成本发生价值链，企业发生的总成本可以分为采购成本、产品成本和客户成本。本书是在客户关系管理领域的研究，因此，主要分析企业的客户成本，即企业为吸引客户，向客户销售、服务客户及保留客户而花费的各类资源，包括花费在宣传促销、经营、计划、服务以及营销部门的某些销售等活动上的费用，目前多数学者将客户成本分为客户获取成本和客户维系成本两大类。

本书在电信大客户的作业成本要素基础上，结合客户成本的概念，将客户现金流成本要素归纳为三类，如图 3-4 所示。

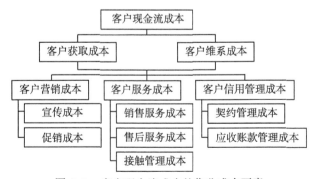

图 3-4　客户现金流成本的作业成本要素

(1) 客户营销成本，包括为吸引客户花费在宣传、促销等活动上的费用。

(2) 客户服务成本，包括客户销售服务成本 (针对销售工作为客户展开服务所付出的成本，如导购人员薪酬)；客户售后服务成本 (在为客户提供售后服务中付出的成本，如业务培训)；客户接触管理成本 (建立客户经理队伍，并通过一系列活动维系与客户的良好关系所付出的成本)。

(3) 客户信用管理成本，包括：企业与客户签订契约和管理契约一系列活动所付出的成本；赊销业务中的应收账款管理成本。

3. 关系角度

1) 稳定性
从总体角度，刻画企业与客户的关系状态。

(1) 企业从客户获得的现金流收入的波动程度：波动程度越小，客户关系越稳定。

(2) 客户关系状态的跳跃程度：客户关系跨越多个状态 (如 "建立 → 休眠" 的跳跃程度 >"建立 → 终止" 的跳跃程度)，跳跃程度越大，客户关系越不稳定。

(3) 预期关系的可持续性：契约约束性越强，客户关系越稳定；客户续约可能性越大，客户关系越稳定；客户违约可能性越小，客户关系越稳定。

2) 互动性
从行为角度，刻画企业与客户的关系动态。以在观察期内企业与客户之间发生沟通互动行为的次数，即互动频率来表示。互动频率越高，说明双方的互动性越强。

3) 紧密性
从情感角度，刻画企业与客户的关系质量。这里的 "情感" 主要指信任。信任是关系建立及关系强化的一项重要驱动因子，能驱使交易双方愿意承担风险，因为其伙伴预期对方将不会产生投机行为。

3.2.2　契约型交易情景的特征分析

1. 客户角度

1) 购买行为
完全契约型交易情景下，客户由于契约约束而保持稳定的购买行为。

客户与企业按照契约的规定进行交易，客户的总支出金额一定是固定的。Reinartz 和 Kumar(2000) 指出购买商品/服务的种类或数量也是固定的。例如，大多数采购合同的购买行为发生在合约期内，在合约期内发生购买行为的时间和频率可能是确定的 (如固定订货契约模型) 也可能是不确定的 (如经济订货契约模型)。此外，一般情况下客户需求变化、企业促销活动等因素对客户的购买行为几乎不造成影响。

2) 流失行为

在完全契约型交易情景下，客户流失表现在以下方面。

(1) 契约到期且不再续约。

(2) 契约未到期时，某一方出现违约行为而终止契约。

因此，当客户发生流失行为时，客户通过明确的行为 (不再续约；提前终止合约) 告知企业。

企业与客户的关系建立在契约基础上，来自契约的约束力成为制约客户随意流失的首要因素；而且对某一商品/服务或业务，客户通常只与很少数 (甚至一个) 企业签订交易合约，还有订约时信息公开、交易成本投入等使得完全契约型客户的转移成本高 (冯兵等，2006)；从情感上来说，高质量的交易关系会使客户对企业有强烈的信任知觉，引起长期持续关系的渴望，这种信任是相互的，也驱使双方更愿意承担风险。因而在完全契约型交易情景下，客户的流失倾向较小。

反之，若客户决定不再维持双方的交易关系，则企业一般难以挽留。

3) 信息行为

为了促使契约的顺利履行，客户倾向于主动与企业进行信息沟通，如客户需求信息的表达、变更和确定。客户为了获得更符合需求的产品/服务，要求企业提供更详尽的产品/服务信息和企业的其他重要信息 (信誉、财务状况等)，并根据获得的信息进行评价选择。

另外，不仅企业要求客户提供，大多数信用级别比较高的客户都愿意而且主动提供注册信息 (企业性质、名称、地址、电话、法人代表、股东情况、经营范围、经营年限、注册资本等)、经营信息 (管理水平、经营能力、营利能力、产品优势、市场竞争、行业特点等)、财务信息 (资产负债表、损益表等)、信用信息 (企业负责人和经办人的品德、付款习惯、拖欠记录、违约记录、诉讼记录、银行信用等)等信息。

2. 企业角度

1) 客户信息的可获得性

根据对完全契约型客户的信息行为的描述，由于客户信息沟通的主动性，企业可以较容易地获得客户的个性特征信息 (注册、经营、信用信息等)。

对于客户购买信息，企业通过其信息系统可以掌握客户的交易额、交易价格、交易趋势等信息，而且在契约中，客户支付金额也已经明确。

由于客户流失与完全契约型客户契约终止的等同性，在客户与企业终止契约的时间点即为客户流失的时间，这个时间是企业可及时察觉的。

2) 客户利润的可预测性

由于完全契约具有强约束力,客户的购买行为具有稳定性,企业可以通过对历史数据的分析较为精准地预测。

企业可以精确地预测客户的预期收入,设定固定的值表示客户使用服务带来的价值,重复累加,得到客户在全生命周期获得的利润。另外,由于客户明确的流失行为使得企业能及时得知客户状态,从而确定客户全生命周期。

3) 客户成本

如图 3-5 所示,首先,客户营销成本方面,在获取客户阶段,企业需要采取市场营销组合来吸引客户,在其他阶段并不需要重复成本 (反复促销等) 来诱使客户购买;其次,客户服务成本,在整个客户关系过程中,企业都需要为客户提供长期持续的客户服务 (如建立和维持客户经理队伍、定期客户关怀和客户考察等活动),从而较稳定地支出一定的成本;最后,对于完全契约型交易情景,最特殊的是企业需要与客户签订 (解除) 契约和管理契约,这些活动都需要企业配置资源。

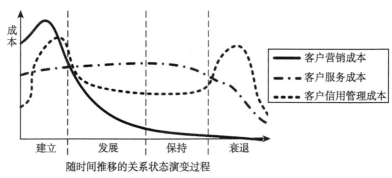

图 3-5　完全契约型交易情景的客户成本特征

3. 关系角度

1) 稳定性

总的来说,完全契约型交易情景下,客户与企业的关系稳定性很高。

首先,一般情况下,客户支付金额是固定的,因此企业从客户获得的现金流收入几乎没有波动。其次,从客户关系的状态跳跃程度来看,建立在契约订立合理和履约顺利的基础上,客户关系的状态一般按照"试探 → 建立 → 发展 → 保持 (→ 终止)"演变,跳跃程度较小。最后,从预期关系的可持续性进行分析,尽管客户是否续约是未知的,但如果前一次交易双方关系友好,那么客户在对产品/服务有需求的前提下,仍会与原来的企业建立关系,即双方预期关系的可持续性较高。例如，汽车厂商的零部件供应商在无特殊事件的情况下，总是倾向于由固定的一个供应商提供某一零部件，从而使生产质量保持稳定。

2) 互动性

如果以契约期为互动行为的观察期，那么完全契约型交易情景下，客户与企业的关系互动性如图 3-6 所示。在企业与客户进行签约/解约/续约活动时，双方的互动沟通频率比较高，如企业为吸引客户所进行的营销沟通以及必要的商务沟通。在履约的过程中，除了稳定长期的服务沟通和信用管理沟通，并不需要重复的营销活动，故在此期间的互动频率较为稳定但不高。

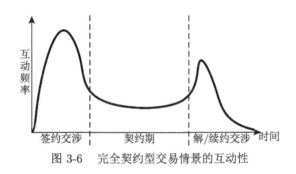

图 3-6　完全契约型交易情景的互动性

3) 紧密性

契约交易情景下，客户与企业相互信任的程度比较高，这种信任是以契约的法律约束力为保障的，也是以长期的交易关系中双方相互了解和合作良好为基础的。因此，本书认为一般情况下，契约型客户的关系较为紧密。

4. 典型应用

从完全契约型交易情景的定义及其特征的分析可以看出，识别客户与企业的交易关系是否属于完全契约型，关键在于满足以下三点。

(1) 客户与企业的交易关系通过规范契约建立，契约的约束性强。

(2) 客户在契约期内的支付金额是固定的。

(3) 客户与企业的交易关系在契约到期时结束。

在实际交易活动中，可以发现许多完全契约型交易情景的典型应用，如报刊订阅、保险、银行 (储蓄业务)、大多数 B2B 交易、信用卡、健身房年卡会员制、固定电话业务等。本书将以报刊订阅和健身房年卡会员制为例进行具体分析。

目前，报刊订阅的方式主要有电子杂志订阅、邮局订购、网上订购和杂志社订购 (本书主要讨论的是纸质报刊的订阅，故不考虑电子杂志订阅)。中国邮政报刊订阅网，是中国最大的邮发杂志、报纸订阅第三方服务平台。普通订阅用户通过中国邮政报刊订阅网向各个注册刊社用户订阅报刊，是完全契约型交易。普通订阅用户、刊社用户、中国邮政报刊订阅网和邮局之间的交易关系如图 3-7 所示。

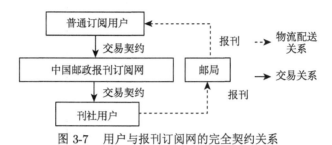

图 3-7　用户与报刊订阅网的完全契约关系

(1) 规范的订阅流程体现其契约型的强约束性。该平台规定了严格的订阅流程，如图 3-8 所示。另外，在 "用户须知" 里，规定了退订申请方法、退订手续、付款方式 (包括网上支付、邮局汇款和银行汇款) 等。

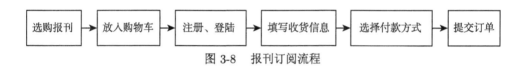

图 3-8　报刊订阅流程

(2) 明确的支付定额费用和订阅起止期限体现其契约型客户的购买行为和流失行为特征。用户在订阅所需要的报刊时，必须确定起止订阅期 (用户自己确定订阅的起始月份和终止月份) 和订阅数量。同时，每份报刊订阅单价是固定的。根据中国邮政报刊订阅网的计费方式，有

$$\text{订阅某报刊的费用 } M = \text{订阅费 } m + \text{邮寄费 } + \text{挂号费} \tag{3-1}$$

其中，邮寄费和挂号费按网站规定收取。

用户参与优惠活动时，根据不同的优惠情况支付费用。用户未参与优惠活动时，

$$\text{订阅费 } m = \text{订阅期数 } D \times \text{订阅数量 } N \times \text{订阅单价 } P \tag{3-2}$$

因此，用户订阅 D 期 N 份某报刊的费用 M 是固定的，符合完全契约型交易情景特征。

(3) 用户需提供真实信息体现其契约型的客户信息行为特征。在网站办理任何业务均需首先成为本网站的注册用户，注册时应提供真实准确的信息，以确保后续服务可以顺利进行。

3.2.3　非契约型交易情景的特征分析

1. 客户角度

1) 购买行为

非契约型客户的购买行为是在特定的时间发生的一次性购买行为，是最不稳定的。由于客户需求水平不确定性以及购买行为的随机性，现金流不可能稳定、一成不变地流入企业。另外，其行为还经常受到各种各样因素的影响，如客户对企业的促销、广告、降价等促销行为非常敏感。许多客户都有这样的经历，某一次在超市选购商品的过程中，会冲动地购买某种自己不需要但正在大降价的商品。对于企业来说，客户是否有下一次购买行为以及发生的时间不可预测 (Fader and Hardie, 2007)。

2) 流失行为

与完全契约型交易情景不同，在非契约型交易情景中，客户与企业的交易关系结束并不等同于客户流失。本书做以下假定。

(1) 非契约型交易情景中，客户每次购买行为结束时，双方交易关系结束。

(2) 客户流失，表现为在某一段观察期内，客户不再想与企业发生交易行为。

非契约型客户经常将购买份额分散到不同的企业，尽管其行为受其消费惯性或主观规范等一定程度的约束，但客户还是可以很容易地在不同的竞争企业之间转移 (Ryals, 2006)。客户并不给企业任何承诺，因而客户可以 "随心所欲"。

3) 信息行为

对客户而言，最重要的信息是商品/服务的质量、价格和与商品/服务相关的信息，对企业的财务状况等企业内部信息并不十分重视；一般情况下，客户无须也不会自动向企业透露自身信息。

2. 企业角度

1) 客户信息的可获得性

根据前面对非契约型客户的信息行为的描述，客户信息的可获得性特征表现在：①企业只能通过客户的行为或特定的调查来获得客户信息，而且这种信息不一定是客观准确的；②由于客户购买行为的间断性，客户的流失行为信息无法获得。

2) 客户利润的可预测性

客户行为受到各种因素的广泛影响，过程复杂 (冯兵等, 2006)，这种波动性和随机性使得企业对客户行为的预测难度很高。客户每次购买什么商品/服务，支付多少金额，下次是否继续购买等只能通过客户调查来预测，预测结果误差往往很大。

3) 客户成本

如图 3-9 所示，首先，客户营销成本方面，企业需要重复成本 (反复促销等)来诱使客户购买；其次，客户服务成本，企业为客户提供的服务一般是售中和售后服务，因此需要为这两个服务过程提供人力物力等资源；最后，对于非契约型交易情景，最特殊的是企业并不需要客户信用管理成本。

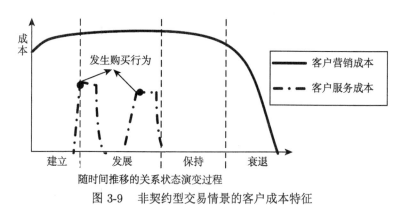

图 3-9　非契约型交易情景的客户成本特征

3. 关系角度

1) 稳定性

与完全契约型交易情景相比，非契约型交易情景下的客户关系稳定性非常低。

由于客户购买行为容易受到多种因素的影响，客户现金流收入的波动性非常明显；双方关系维系时间很短暂 (例如，"客户进入超级市场 → 选购商品 → 付款购买" 即整个客户关系过程)，而且购买间隔时间不确定。因此，客户关系的不确定性程度更大，客户与企业的关系状态更加敏感。

2) 互动性

假设以某段时间 (一个季度/某一产品的推广期等) 为互动行为的观察期，那么非契约型交易情景下，客户与企业的关系互动性如图 3-10 所示。企业与客户的沟通互动一般为售前/售中/售后服务，多表现为客户主动向企业咨询、求助或抱怨。购买行为完全结束后，双方关系结束，关系互动停止直至下次购买行为发生。因此，互动频率曲线表现出不连续性和短暂性 (可类比脉冲)。

3) 紧密性

客户随机购买行为、消极被动沟通行为、关系不稳定性使得客户与企业之间要建立相互信任的关系非常困难，因此非契约型客户与企业之间的关系非常松散。

4. 典型应用

从非契约型交易情景的定义及其特征的分析可以看出，识别客户与企业的交易关系是否属于非契约型，关键在于满足以下三点。

(1) 客户与企业的交易关系不通过契约建立，双方之间几乎没有约束力。

(2) 客户在契约期内的支付金额波动性大，难以预测。

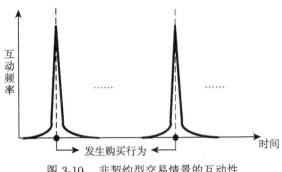

图 3-10　非契约型交易情景的互动性

(3) 客户与企业的交易关系在每次购买行为后结束,但客户是否流失难以得知。

在实际交易活动中,也可以发现许多非契约型交易情景的典型应用,如 B2C (business to customer,企业对消费者) 电子商务网站、餐饮服务业、百货公司等商品零售业、酒店住宿、诊所等。本书以超市 (零售业) 为例进行具体分析。

2010 年四川大学学生采用调查问卷和深入访谈的方法,对某一城市的本地居民的超市消费行为进行调查分析。其调查分析结果如下。

(1) 客户的购买行为随机性强,期内支付金额不确定。从购买次数和购买金额的调查数据看,两者都具有明显的不确定性,如图 3-11 所示。不同消费者的购买行为不同,同一消费者在不同时间的购买行为也不同。由此,企业预测客户利润和客户是否发生下次购买是非常困难的。

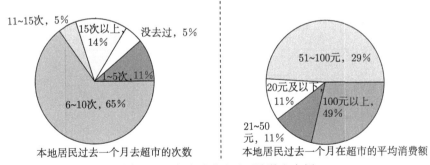

图 3-11　超市消费者购买次数和金额

(2) 消费者的购买行为受到多种因素的复杂影响。由图 3-12 可以看出,企业的营销活动 (降价销售、广告宣传等) 会诱发客户的购买行为,或者花费更多的金额在消费计划外的商品上,且口碑效应等也产生一定的影响。

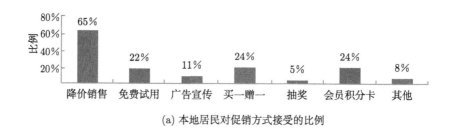

(a) 本地居民对促销方式接受的比例

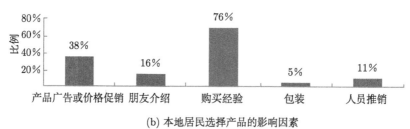

(b) 本地居民选择产品的影响因素

图 3-12　超市消费者购买行为受影响程度

3.2.4　半契约型交易情景的特征分析

　　根据本书建立的交易情景特征分析的框架，半契约型契约约束性主要体现在客户购买行为 (期内支付金额) 和客户流失行为 (契约期限) 两个方面，如图 3-13 所示。

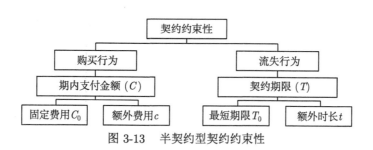

图 3-13　半契约型契约约束性

　　将 C_0、c、T_0 和 t 进行组合，得到九种不同的情况。其中，C_0/T_0+t 和 C_0/t 的情况是不存在的，原因是：客户支付固定的金额而只限定最小期限或根本不对契约期限做出限定，那么客户可以无限地使用企业的产品/服务，对追求利润最大化的企业来说，这些情况是不允许的。另外，C_0/T_0 表示契约限定了期内支付金额和契约期限长度，即完全契约型交易情景。因此，半契约型交易情景可以细分为以下六种类型 (表 3-1)。其特征将与前面两种交易情景的特征进行对比分析。

表 3-1　半契约型交易情景的六种类型

类型名称	数学表达		注释
	C	T	
最低费用固定期限型	$C_0 + c$	T_0	契约预先规定客户必须支付一定的金额 C_0，再根据交易情况，支付额外金额 c；契约的期限长度为固定的 T_0
最低费用最短期限型	$C_0 + c$	$T_0 + t$	契约预先规定客户必须支付一定的金额 C_0，再根据交易情况，支付额外金额 c；契约同时规定客户在某段期间 T_0 内不能解除契约，规定期限后，客户流失与否不做规定
最低费用型	$C_0 + c$	t	契约预先规定客户必须支付一定的金额 C_0，再根据交易情况，支付额外金额 c；对契约的期限不做规定
固定期限型	c	T_0	对客户期内支付金额不做规定；但契约的期限长度是固定的 T_0
最短期限型	c	$T_0 + t$	对客户期内支付金额不做规定；但契约规定客户在某段期间 T_0 内（一年/一个月等）不能解除契约，过了规定的期限后，客户流失与否不做规定
弱半契约型	c	t	客户与企业虽签订了契约，但契约对客户期内支付金额和契约期限都不做规定

1. 客户角度

1) 购买行为

根据期内支付金额的不同，将六种类型的半契约型交易情景分为两类。

(1) $C_0 + c$ 型，包括最低费用固定期限型、最低费用最短期限型和最低费用型。其契约对客户期内支付金额的规定都是：客户必须支付一定的金额 C_0，再根据交易情况，支付额外金额 c，本书将其视为典型的半契约型交易情景下的客户购买行为，同时具有在完全契约型与非契约型交易情景下的特点。

(2) c 型，包括固定期限型、最短期限型和弱半契约型。它们都不对客户期内支付金额做规定，即客户支付金额不固定，因此，本书认为这三种情况下的客户购买行为类似于非契约型交易情景下的客户购买行为。

2) 流失行为

根据契约期限的不同，将六种类型的半契约型交易情景分为三类。

(1) T_0 型，包括最低费用固定期限型和固定期限型。其契约期限长度是固定的，因此，本书认为这两种情况下的客户流失行为类似于完全契约型交易情景下的客户流失行为，这里不做详尽描述。

(2) t 型，包括最低费用型和弱半契约型。它们都对契约的期限不做规定，因此，本书认为这两种情况下的客户流失行为类似于非契约型交易情景下的客户流失行为，这里不做详尽描述。

(3) $T_0 + t$ 型，包括最低费用最短期限型和最短期限型。其契约规定客户在某段期间（一个月/某商品的推广期等）内不能解除契约，过了规定的期限后，客户终止契约与否不做规定。本书将其视为典型的半契约型交易情景下的客户购买行为，同时具有完全契约型与非契约型交易情景的特点。

总的来说，客户流失行为是受一定程度的法律约束的，同时存在客户转移成本，但低于契约型客户的转移成本。

3) 信息行为

尽管为了促使契约的顺利履行，半契约型客户需要向企业提供必要的信息，但根据契约约束程度的不同，对所提供的信息详尽程度要求也有所不同，总的来说，并不会如完全契约型那么严格。而且客户是否愿意与企业进行沟通，更多地受客户的个人化特征所影响。

2. 企业角度

1) 客户信息的可获得性

正如对半契约型客户信息行为的分析，企业可获得多少客户的基本信息，首先取决于企业在与客户建立关系时所硬性要求提供的信息，对于客户可选择提供或不提供的信息，则由客户对自身信息的保密程度等个性特征决定。此时，企业对客户基本信息的可获得性具有较大的不确定性。对于客户购买行为信息和流失行为信息，通过企业的信息系统可以获得相关记录，而其期内支付金额信息和客户流失时间点特征以对应的客户购买行为和流失行为为依据可以归纳为表 3-2。

表 3-2　　不同类型半契约型交易情景的客户信息的可获得性特征

类型	期内支付金额	流失时间点
最低费用固定期限型	√	○
最低费用最短期限型	○	○
最低费用型	×	○
固定期限型	√	×
最短期限型	○	×
弱半契约型	×	×

注："√"表示在该类型下，此项目信息客户较为容易获得，准确程度也较高；"×"表示在该类型下，此项目信息客户难以获得；"○"表示在该类型下，此项目信息客户可以获得，但并不精确

2) 客户利润的可预测性

由于契约的弱约束性，半契约型客户行为具有一定程度的稳定性，但具体的行为仍受其他各种因素的影响，其客户利润的可预测性介于完全契约型和非契约型之间。根据前面对半契约型客户特征的描述，企业预测客户利润最重要的是基于客户信息的获取，因此，对于不同的半契约类型其难以预测性表现在不同方面。由表 3-3 可以看出，弱半契约型交易情景下，客户利润的可预测性是最低的，而最低费用固定期限型的客户利润的可预测性相对较高。

表 3-3　不同类型半契约型交易情景的客户利润的可预测性特征

类型	对客户生命周期长度的预测	对客户收入的预测
最低费用固定期限型	√	○
最低费用最短期限型	○	○
最低费用型	×	○
固定期限型	√	×
最短期限型	○	×
弱半契约型	×	×

注:"√"表示在该类型下, 此项目可以较为精准地预测;"×"表示在该类型下, 此项目难以预测;"○"表示在该类型下, 此项目可预测其最小值。

3) 客户成本

如图 3-14 所示, 在客户营销成本方面, 在获取客户阶段, 企业需要采取市场营销组合的方式来吸引客户, 但因为客户的支付金额并不确定, 企业如果希望增加客户利润, 则需要增加营销成本来诱使客户更多地购买。企业此时的营销对象是特定的, 半契约型客户成本低于非契约型的客户营销成本。在客户服务成本和客户信用管理成本方面, 与契约型的成本趋势类似, 从理论上来说, 由于管理的规范程度要求可能较低 (在同一产品或同一企业管理制度下), 这些成本是比较小的。

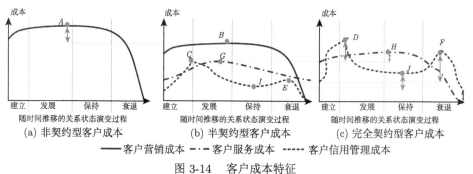

图 3-14　客户成本特征

3. 关系角度

1) 稳定性

尽管不同的子半契约型交易情景的具体情况略有差别, 但从总体上看, 无论客户收入现金流的稳定性、客户关系状态的稳定性还是关系的可持续性, 半契约型交易情景中, 都是介于完全契约型和非契约型之间的。

2) 互动性

如果以契约期为互动行为的观察期, 那么总体上, 半契约型交易情景下, 从客户与企业的关系互动性可以看出，两者在互动频率的趋势上是大致相同的。一般在半契约型交易情景下，对于契约的要求并不如完全契约型交易情景那么严格，企业管理契约而需要与客户进行沟通互动的必要性也降低，如图 3-15 所示。但在契约期内，由于半契约型交易情景下，企业需要通过营销沟通来诱使客户重复购买，因此互动频率高于完全契约型的关系互动频率。

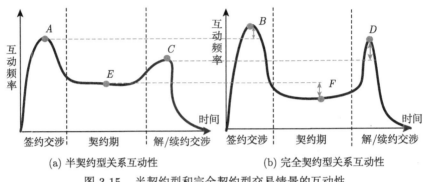

(a) 半契约型关系互动性　　　　　(b) 完全契约型关系互动性

图 3-15　半契约型和完全契约型交易情景的互动性

3) 紧密性

与关系稳定性类似，半契约型交易情景的关系紧密性也介于完全契约型和非契约型之间。这与契约的约束力等相关，由于篇幅有限，本书不一一赘述。

4. 典型应用

在实际交易活动中，除了完全契约型交易情景与非契约型交易情景，其他的都可以视为半契约型交易情景。但是，在众多的子情景之间又有些微差别。通过观察发现，在通信领域，大多数业务属于半契约型交易情景。

1) 中国移动动感地带套餐——最低费用固定期限型

大多数通信行业业务都属于该子情景类型，下面以动感地带的音乐必选套餐为例。中国移动规定，用户每月任意一天入网，采用预付费的缴费方式缴纳下月的固定套餐费和上月超出套餐限定资源的额外费用。当账户余额用尽时，将暂停提供服务。同时客户也可通过客服停止使用，此时企业知晓客户的流失，但是这种流失只能发生在月末，客户至少与企业建立一个月的契约关系，如表 3-4 所示。

2) 北京电信智能机专属补贴政策——最低费用最短期限型

客户购买指定型号的智能手机，可享受不同程度的终端补贴额和话费补贴额等优惠权利，但客户同样需要承担相应义务：每月必须消费最低费用，在网时间必须满足最短期限。只有超过最短期限之后，客户才能自主选择是否离开北京电信或者更改每月消费费用。

表 3-4　动感地带音乐必选套餐资费

音乐必选套餐	套餐费/(元/月)	包含的业务内容和数量	开通代码
11 元音乐套餐	11	含 60 条短信、本地被叫免费、彩铃、无线音乐俱乐部高级会员、音乐盒	KTYYTC11
16 元音乐套餐	16	含 120 条短信、本地被叫免费、彩铃、无线音乐俱乐部高级会员、音乐盒	KTYYTC16
21 元音乐套餐	21	含 240 条短信、本地被叫免费、彩铃、无线音乐俱乐部高级会员、音乐盒	KTYYTC21
26 元音乐套餐	26	含 320 条短信、本地被叫免费、彩铃、无线音乐俱乐部高级会员、音乐盒	KTYYTC26
36 元音乐套餐	36	含 500 条短信、本地被叫免费、彩铃、无线音乐俱乐部高级会员、音乐盒	KTYYTC36
56 元音乐套餐	56	含 1000 条短信、本地被叫免费、彩铃、无线音乐俱乐部高级会员、音乐盒	KTYYTC56

注：1) 套餐外短信，统一为 0.1 元/条；2) 单次通话时长计算方法为通话时长计费单元为分钟的不足一分钟部分按一分钟计，计费单元为 6 秒的不足 6 秒部分按 6 秒计

3) 呼叫转移业务——固定期限型

消费者只要成为运营商的用户，就有权利开通使用呼叫转移业务，随着客户转网也就不再能使用。这类业务不收取基本的月功能费用，仅当客户每次使用时才产生费用，由呼叫转移通话的时长决定。

4) 网络设备升级服务等政企客户支撑业务——弱半契约型

北京电信为客户提供网络设备升级服务，每台设备每次升级收取 200 元费用，但设备升级通常数月进行一次。可以看出，在契约期内，客户支付金额与服务次数相关，是不确定的，同时客户何时终止接受服务通常自行决定，所以契约期也不固定，但客户终止契约时，运营商是能够知晓的。属于该子情景的还有部分网络安全服务、部分存储服务以及会议电话等业务。

3.3　企业客户关系风险分析

3.3.1　客户关系风险识别与分析框架

1. 客户关系风险识别框架

为了更好地识别企业所面临的客户关系风险，本书建立"关系状态 a—关系管理活动 b—客户关系风险 c"的识别框架，如图 3-16 所示。

1) 客户关系发展过程的状态模型

本书认为客户关系的发展不一定按照时间过程经历完整的四个客户全生命周期 (识别期、发展期、稳定期和衰退期)。客户关系发展过程中，可能由于某些外

部或内部不确定性，客户关系在几个阶段中跳跃或相互转化。这种外部或内部不确定性即表现为不同类型的客户关系风险。

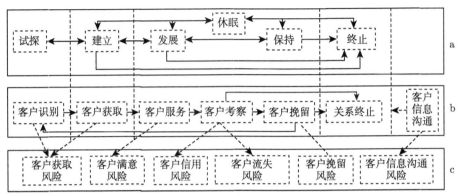

图 3-16　客户关系风险识别框架

2) 客户关系管理活动

随着客户关系的动态变化，企业需要采取相应的客户关系管理活动，对客户进行全面的管理，以期顺利发展和维持良好的客户关系。根据企业的管理经营现状，本书认为客户关系管理活动一般包括以下几类。

(1) 客户识别，企业在目标市场识别潜在客户作为本企业的服务对象，即识别目标客户过程。

(2) 客户获取，企业通过营销努力，将已经识别的目标客户转化为本企业的现有客户的过程。

(3) 客户服务，企业为客户提供产品或服务的过程，包括售前服务 (如提供使用说明书、客户体验互动等)、售中服务 (如接待服务、商品包装服务等) 和售后服务 (如送货、退换货、保修等)。

(4) 客户考察，包括客户信用管理、客户流失预警等。

(5) 客户挽留，在客户流失成为既定事实时，企业进行客户挽留价值判断后，采取措施使客户关系恢复的过程。

(6) 关系终止，企业确定终止与客户的关系时采取的活动，如解约等。

(7) 客户信息沟通，这种信息沟通是双向的、交互的。本书将企业与客户之间的信息沟通活动分为营销沟通、服务沟通和信用管理沟通 (即双方发生交易行为的沟通过程)。

3) 六种客户关系风险

在上述的客户关系管理活动中，企业所面临的各种不确定因素 (本书主要分析归因于客户的不确定因素) 而导致不同类型的客户关系风险，使得客户关系恶化，企业可能蒙受损失。

本书以理论和管理现实为依据，认为不同的客户关系管理活动中对应存在六种不同的客户关系风险类型：客户识别与客户获取 → 客户获取风险；客户服务 → 客户满意风险；客户考察 → 客户信用风险与客户流失风险；客户挽留 → 客户挽留风险；客户信息沟通 → 客户信息沟通风险。

2. 客户关系风险分析框架

为了对六种客户关系风险进行深入的探析，本书以理论分析和管理现状为依据，根据风险要件的逻辑关系建立客户关系风险的分析框架，如图 3-17 所示。

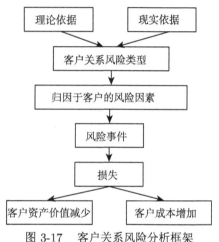

图 3-17　客户关系风险分析框架

1) 理论依据和现实依据

本书以客户关系管理理论为理论依据，主要以统计数据、新闻事件、案例等搜集到的二手数据为现实依据，分别对各个客户关系风险进行识别分析和定义。

2) 风险因素

对于企业而言，客户关系风险产生的因素来自各个方面 (宏观政策、竞争者、行业环境、组织结构等)，本书以客户关系管理为核心理论支撑，重点分析归因于客户的风险因素。

3) 损失

Blattberg 和 Deighton(1996) 从资产的视角提出了 "客户资产"(customer equity, CE) 的概念——企业客户资产即企业所有客户终生价值的折现值总和。客户是企业的一种资产，企业在对客户资产进行管理的过程中发生一系列的成本，即客户成本。从价值的角度，基于成本效益思想，本书从客户资产价值和客户成本两方面来分析客户关系风险给企业带来的损失，并且按该损失是否对企业的现金

流造成直接影响，分为现金流损失和非现金流损失。于是，有

$$损失 = 现金流损失 + 非现金流损失 \qquad (3\text{-}3)$$

$$现金流损失 = 客户现金流资产价值 - 客户现金流成本 \qquad (3\text{-}4)$$

$$非现金流损失 = 客户非现金流资产价值 - 客户非现金流成本 \qquad (3\text{-}5)$$

其中，客户资产价值和客户成本的构成分别如图 3-18 和图 3-19 所示。

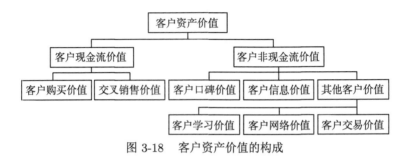

图 3-18　客户资产价值的构成

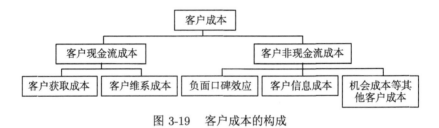

图 3-19　客户成本的构成

3.3.2　客户获取风险

1. 客户获取风险识别

1) 理论依据

在关系营销中，客户关系始于客户识别与获取，企业能否选择和获取最合适的目标客户是客户关系能否建立与维持的起始点，也直接关系到企业关系营销策略实施后能否营利。

企业要正确识别目标客户，必须清楚两个基本问题。

(1) 客户是否有意愿与企业建立关系？

(2) 客户是否值得企业与其建立关系？

通过与客户的初步接触，掌握客户的一些基本信息，从而根据有效需求 = 欲望 + 购买力，第一个问题可以用"客户欲望"来表示，第二个问题则用"客户购

买力"来表示，从而建立二维坐标系，对客户进行细分。在此过程中，企业与潜在客户从不认识到相互熟悉，信息匮乏和不对称问题影响显著。

对于不同类型的客户，企业需要制定相应的适用策略，并"说服"客户购买，从而使客户关系真正建立。例如，齐佳音和舒华英 (2005) 对四种类型客户的特征进行描述并制定了相应的市场营销组合策略 (图 3-20)。对于类型④低购买力、弱购买欲望的客户，这两位学者认为应该放弃，若采取类型①高购买力、强购买欲望客户的策略——提供周到的售前服务，那么不仅无法使客户看到增益价值，反而使客户反感，增加获取成本，得不偿失。

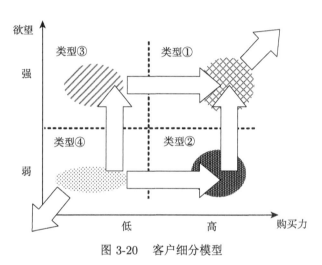

图 3-20　客户细分模型

2) 现实依据

事实说明，并非所有的客户都能为企业创造价值。瑞典银行组织在研究了客户的存贷行为并将收入利润同成本比较后，发现 80% 的客户对银行的服务很满意但不具有可营利性。另外，20% 的客户贡献了超过银行 80% 的利润资金，却对银行的服务不满意。美国运通公司负责信息管理的副总裁詹姆斯曾指出，最好的客户与其余客户消费额的比例，在零售业约为 16:1，在餐饮业是 13:1，在航空业是 12:1，在旅店业是 5:14。

综上，客户获取风险，是指企业在与客户建立关系的过程中，由于未能获取适合的目标客户而带来的可能性损失。

2. 客户获取风险影响因素

1) 信息自身因素

(1) 信息匮乏与信息不对称带来的目标客户定位失误。在客户关系建立之初，双方对对方的情况了解十分缺乏，这为企业确定该客户是否满足目标客户的标准，客户确定企业是否能最大限度地满足其需求造成了很大的不确定性。

(2) 客户信息优势带来的逆向选择风险。客户在与企业接触之前，便通过多种渠道掌握了一定的信息，其中可能很多有关竞争者的信息都是企业所无法得知的，客户的信息优势使其在谈判中处于更加有利的地位，企业处于相对弱势的地位。

2) 客户情感因素

客户情感主要指客户对产品/服务的购买意愿。购买意愿低的客户可能由于企业的营销推广活动而被"说服"，也有可能仍不想购买。这两种情况都需要企业投入更多的成本，因此即使该客户最终成为企业的客户，但为企业创造高价值的可能性很低。

3) 客户能力因素

客户能力是指客户的购买力，潜在客户的购买力水平低是客户资产价值低的最直接的因素。

4) 客户行为因素

(1) 信息沟通行为。企业在"说服"客户购买实务中，最重要的一环就是与客户进行沟通。客户可能由于各种原因而拒绝与企业进行沟通，那么企业便无法"说服"客户。

(2) 投机行为。这种客户的投机行为表现多样，总的来说，是客户为了某种利益并非为购买企业产品而与企业建立关系，而不实际购买产品，这种交易关系并未给企业带来收入，反而付出一定的成本。例如，客户为参与企业的促销活动，获得奖品而与企业签订相关契约，此后却不发生实际的购买行为。

3. 客户获取风险事件

(1) 签约谈判失利，降低价格，放宽对客户的限制，在获得同等收入的条件下为客户提供更多的优惠或服务。

(2) 获取低价值客户，"并非所有的客户都是好客户"，本书的低价值客户具体指"偶然客户"和"高保留客户"。

(3) 没有获得客户，企业无法"说服"客户购买其产品/服务。

(4) 获取恶劣客户，主要是由于客户出于投机而与企业建立关系，企业却未能识别与其确定交易关系。

4. 客户获取风险后果

1) 处于交易劣势地位

客户获取更多企业所不知或对企业不利的信息而导致逆向选择风险，使客户议价能力提高，企业在交易中处于不利地位 (如价格更低，对客户的限定放宽等)。

2) 客户资产价值减少或客户成本增加

企业评价所获取的客户是否有价值时，除成本外，还需考虑客户创造的利润。Thomas 等 (2004) 实证证明，成本较少的客户为企业创造的利润未必大，而某一些支出成本大的客户，利润贡献未必小。因此，可以将客户细分为低保留客户、皇家客户、偶然客户和高保留客户，如图 3-21 所示。

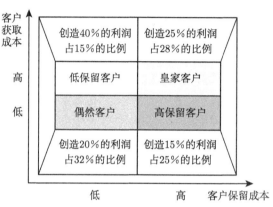

图 3-21　基于资产营利性的客户获取/保留图

对于企业而言，低保留客户和皇家客户虽然获取成本较大，但贡献的收益也大。然而，偶然客户和高保留客户合计占了客户数量的 57%，但仅仅贡献了 35% 的利润，从成本–收益的角度，这两种客户都属于低价值客户，他们可能使客户资产价值减少 (客户购买价值与交叉销售价值低) 或客户成本增加 (维系成本高，而且占用更多资源)。

另外，由于已获得的恶劣客户的投机行为，企业还可能面临其他的恶性竞争、商业秘密外泄等威胁发展的风险后果。

总结上述的分析过程，建立客户获取风险模型如图 3-22 所示。

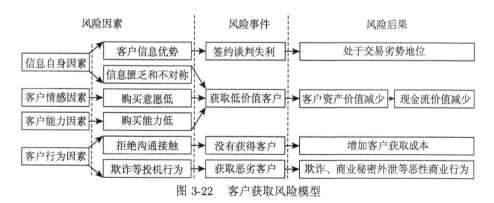

图 3-22　客户获取风险模型

3.3.3 客户满意风险

1. 客户满意风险识别

1) 理论依据

企业与客户建立交易关系之后，在企业为客户提供产品或服务的过程中（包括客户消费时及消费后），客户对产品和服务的特征或产品和服务本身满足自己需要程度做出判断。客户要判断自己需求的满足程度，就需要对产品/服务的实绩与某一标准（客户对产品/服务的期望、愿望等）进行比较。若客户需求得到满足，则为客户满意，即客户产生一种对消费过程或其结果的愉快感知；反之，则为客户不满意，即客户产生一种对消费过程或其结果的不愉快感知。

从逻辑上来讲，与低满意度的客户相比，高满意度的客户忠诚度更高，与企业的关系更稳固，消费表现也更好。在整个客户生命周期，高满意度的客户会增加其购买开支从而使企业收入更好，营利能力更高。反之，不满意的客户则会给企业的发展带来负面效应，如负面口碑、客户抱怨等。

因此，在利益最大化的驱动下，企业致力于最大限度地提高客户满意程度以及降低客户不满意程度，但其措施并不一定有效，从客户的角度出发，这与其需求层次相关。

2) 现实依据

一个关于可口可乐的客户调查显示，不满意客户参与口碑传播的比例是满意客户的两倍，而且通常都是负面口碑。在不满意的客户中，只有 4% 会正式提出投诉，其余的人没有表示出他们的不满，但大约有 90% 感到不满意的客户不再光顾那家企业。以中国移动为例（表 3-5），根据不同的铂金客户需求层次制定不同的服务类别，其目的就在于有效利用资源为不同需求层次的客户提供相应的服务。

表 3-5　中国移动客户服务类别

需求层次	服务类别
基本需求	免费补卡、话费提醒、积分回馈、发放全球通 VIP(very important person，贵宾) 俱乐部会员卡
期望需求	医院绿色通道、手机俱乐部、维修手机优惠、汽车保险优惠等
惊喜需求	生日、节假日发送短信祝福，升职、开业、乔迁、结婚送礼物等

综上所述，客户满意风险，是指企业在为客户提供产品或服务的过程中，客户产生不满意情感或企业采取提高客户满意度的措施却失效而给企业带来的可能性损失。

2. 客户满意风险影响因素

从 20 世纪 30 年代，关于客户满意的研究开始以来，众多学者（特别是外国学者）对客户满意的前置因子（原因变量）和调节因素进行了研究。总结发现，目前多数学者认为导致客户满意/不满意的因素有期望、与期望不一致、与愿望不一致、情绪情感、归因、公平、产品实际表现等。转移成本、卷入度、客户经验、行业/产品特征和情景因素等对客户满意起调节作用。因此，基于上述因素，本书将对归因于客户的客户满意风险进行分析。

首先，分析客户产生不满意的风险因素，实际上是讨论客户不满意的原因。

(1) 客户情感因素。客户感知质量/感知价值低于客户期望。ACSI(American customer satisfaction index，美国顾客满意度指数) 模型 (图 3-23) 可以很好地分析该风险因素，由于客户需求层次、知识水平、生活经验等自身因素，产品广告宣传等企业的营销手段，以及朋友推荐等作用，客户在真正购买产品/服务时，会对产品/服务有不同的期望，预期该产品能满足其哪些需求。在真正购买时，企业实绩会直接影响客户满意程度，客户也会对企业实绩产生自己的感知质量/感知价值 (认为该产品/服务为自己带来的价值)。如果该感知质量/感知价值低于期望(产品使用不方便、质量不好、等待服务时间过长、服务人员态度恶劣等)，那么客户自然心里会不满意。

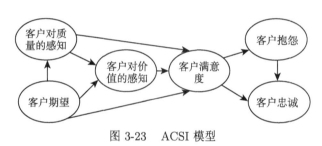

图 3-23   ACSI 模型

消极的情绪情感导致客户不满意。客户在消费过程中，其情绪会直接影响客户的满意程度：积极的情绪如幸福、愉快、兴高采烈的感觉增强客户对产品/服务的满意感，消极的情绪如悲伤、愤怒、后悔等则会减弱客户满意感。在现实中，客户由于心情不好迁怒于服务人员、对商品更加挑剔等现象时常发生。

(2) 客户能力因素。客户能力具体指客户卷入、客户转移能力、客户过去购买经验和客户知识水平 (年龄、受教育程度等)。实际上，这些能力对客户不满意和导致不满意的因素之间起调节作用。其中，客户卷入是指客户基于自身的特征，对一种产品、一则信息或一种购买情境等客体的关联性；客户转移能力以转移成本高低来表示，转移成本是指客户感知到的终止当前合作关系并重新建立替代关系所需要付出的一次性附加成本的大小。

其次，表现为企业采取提高客户满意的措施却失效的客户满意风险的因素，分析如下。

(1) 客户需求层次。利用卡诺的三层需求模型可以解释这种现象。如图 3-24

所示，在该模型中，客户需求分为基本需求、期望需求和惊喜需求。对于基本需求，当不满足时，客户很不满意；当满足时，无所谓满意不满意，客户充其量是满意。对于期望需求，当不满足时，客户很不满意；当满足时，客户就满意。而且客户期望需求的满足程度与客户满意程度正相关。对于惊喜需求，当不满足时，特别是这种需求对客户而言无关紧要时，客户无所谓；当满足时，客户就会十分满意。

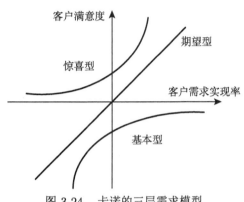

图 3-24　　卡诺的三层需求模型

(2) 客户行为因素。

①客户沟通障碍。企业希望提高客户满意度为客户提供更高层次的服务或为客户提供优惠性质的营销活动，但这些措施真正实施，必须有客户的配合。如果客户拒绝这些活动，或者在活动过程中出现信息沟通障碍 (如理解不当、消极沟通)，那么企业为提高客户满意度所做的一切都是 "竹篮打水"。

②客户投机行为。这里的客户投机行为是指，客户为了牟取更多的利益，而通过其诉求或行动告知企业 "我不满意"，而使企业为其提供更多的优惠或更高级别的服务，但客户并不会因此而提高其满意程度，增加消费额。

3. 客户满意风险事件

根据客户满意风险的定义，该风险事件主要为两类。

(1) 客户在与企业的交易活动中，产生不满意。这种不满意可能是对企业整体、产品、服务水平等。

(2) 企业为提高客户的满意程度而采取提高服务级别或提供更多优惠等措施，而其实施未能提高客户满意度。

4. 客户满意风险后果

本书基于客户满意的结果变量研究来分析客户满意风险的后果。客户满意的结果变量的研究作为客户满意研究的重要分支，研究成果颇丰。目前的学者大多以客户满意/不满意为前置因子, 研究与下列一个或多个因子之间的关系: 客户忠诚、信任与承诺、客户抱怨、重复购买、客户保留 (流失)、业绩指标 (如股价、投资回报率、现金流、利润) 和口碑效应。

企业在为客户提供产品/服务的过程中, 客户产生不满意所导致的风险后果, 主要表现为客户资产价值的减少。

当客户对服务感到不满意时, 他们还面临多种选择: ①与服务提供商进行沟通表达自己的想法推进问题解决; ②把不满意看作暂时的并容忍, 继续保持忠诚; ③对问题不闻不问, 任凭关系恶化 (Stewart, 1998)。

那么如果客户作出了第三种选择后, 会发生什么呢?

首先, 客户忠诚度将会降低。根据 Zeithaml 等 (1996) 所建立的 "满意-信任-承诺-忠诚" 的客户忠诚模型, 客户不满意在逻辑上会导致客户不信任或客户的关系承诺降低, 导致客户的忠诚度降低, 客户可能减少钱包份额等, 那么忠诚客户为企业创造的推荐价值和重复购买产生的购买价值也就减少。其次, 客户会抱怨, Ping(1994) 通过实证研究证明客户不满意和抱怨行为之间存在正向关系。最后, 通常只有当客户不满意达到相当大的程度时, 他们才会选择离开, 即客户流失, 而客户流失带来的客户资产价值损失分析见 3.3.5 节。而且, 客户不满意还会带来负面口碑效应。不满意客户为了发泄敌意情绪、缓解焦虑、警告他人或报复等而传播负面口碑, 使企业的形象受损。

由于企业采取提高客户满意的措施而成果不显著带来的客户满意风险的后果是显而易见的, 该情况下企业的投资回报率极低甚至为负, 即企业徒增客户维系成本, 却没有得到相应的回报。另外, 还可能导致客户更不满意或二次不满意。

总结上述的分析过程, 建立客户满意风险模型, 如图 3-25 所示。

3.3.4　客户信用风险

1. 客户信用风险识别

1) 理论依据

信用是个纯经济学的概念。《韦氏词典》将其解释为一种买卖双方之间无须立即付款或财产担保而进行经济价值交换的制度。本书采用梁巧桥 (2013) 的定义, 认为信用是一种建立在信任基础上的能力, 不用立即付款就可获得资金、物资和服务的能力。其实质是一种有期限约束的融资行为, 有付款承诺, 但没有担保和抵押要求。

目前, 赊销已成为我国主要的交易结算方式。企业亦期望借助赊销、放账来提高自身的竞争力, 扩大销售业绩。20 世纪 80 年代, 我国引入信用风险管理机制以来, 由于市场经济尚未完善, 公司信息披露制度不规范, 缺乏必要的公共信息, 呈现出一种信用失控的混乱局面, 因此信用风险的分析、度量和管理一直是企业的客户信用管理的重点，也是各国学者研究的重要课题之一。我国学者提出了全程信用管理模型，如图 3-26 所示。

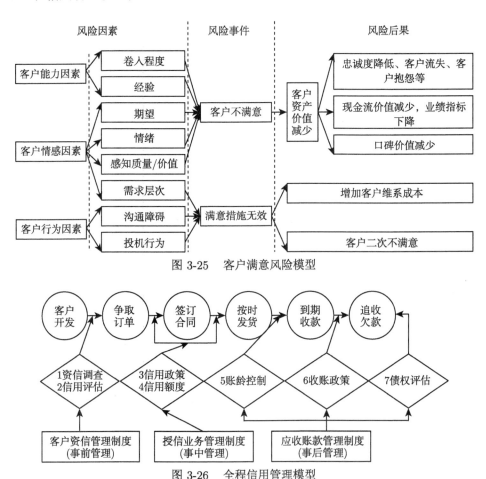

图 3-25　客户满意风险模型

图 3-26　全程信用管理模型

　　另外，很多学者从宏观和微观两个层面对信用风险产生的原因进行分析，如图 3-27 所示。

　　2) 现实依据

　　在我国医药保健品、纺织等竞争激烈的行业，有些企业赊销额占总销售额的比例高达 90%。根据统计测算，我国企业应收账款平均回款期为 90.3 天，远远高于发达国家 45 天的水平。更为严重的，逾期应收账款比例过高，平均为 40%~50%。

　　东方国际保理咨询服务中心对 2000 个账款拖欠案件进行原因分析，归纳出客户信用风险的账款拖欠的三类主要原因：政策性拖欠 (指主要是由于国家计划或行政部门干预而形成的逾期应收账款)、客观性拖欠 (指主要由于企业外在的不

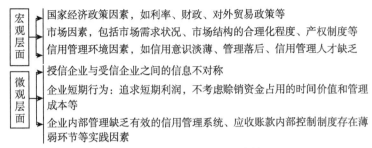

图 3-27　信息风险成因总结

可抗拒因素而形成的账款拖欠) 和管理性拖欠 (指主要由于企业自身管理不善而形成的赊销风险)。由图 3-28 可以看出，包括客户在内的企业自身原因是信用风险的主要原因。

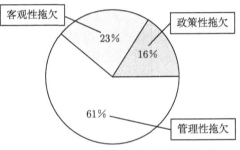

图 3-28　三类账款拖欠原因所占比重

综上，客户信用风险是指在信用交易过程中，企业由于客户不能如期付款或不愿付款而带来的可能性损失，特别是在 B2B 中。

需要强调的是，本书讨论的客户信用风险是广义信用风险中的一种，有些学者称为 "赊销风险"，应与银行信贷中的信用风险区别开来，如表 3-6 所示，对于银行信贷中的信用风险，本书不做详细讨论。

表 3-6　两种信用风险对比

项目	赊销企业的客户信用风险	银行信贷中的信用风险
主体	赊销企业	银行
客体	企业，业务往来频繁	客户面更广泛
标的物	产品与服务	货币资金
专业化程度	制度逐步在完善	专业化程度较低

2. 客户信用风险影响因素

由图 3-28 可以发现，目前多数学者所总结的客户信用风险的成因中几乎不涉及归因于客户的因素，因此，本书用新的思路：根据客户信用评价体系 (图 3-29)

来提炼客户信用风险的客户因素。

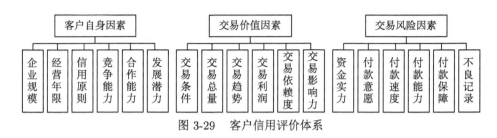

图 3-29　客户信用评价体系

根据客户的品德 (付款意愿、负责人品质、对交易的重视程度)、能力 (付款能力、付款保障、信用管理制度) 和行为 (信息隐瞒、篡改、投机等)，可以将归因于客户的风险因素总结如下。

(1) 客户欺诈。客户故意拖欠和客户赖账广义上可以认为是客户欺诈行为。另外，预谋欺诈是导致客户信用风险中最恶劣的因素。客户通过向企业提供虚假的信息，与企业签订后付款的交易合同，纯粹诈取企业产品而无付款意愿，"卷货而逃"。

(2) 客户拖欠。客户拖欠有两种情况：①当客户资金紧张或有意外情况发生不能如期或足额履行购销合同，发生短期拖欠货款；②客户故意拖欠。前者与客户的付款能力、付款保障相关，后者则更多的与客户的付款意愿、负责人品质相关。

(3) 客户赖账。赖账是指客户恶意拖欠货款的行为，最终结果可能是不还款。赖账是指有能力还款但拒绝还款。赖账是产生赊销坏账的主要原因之一。从性质上讲，赖账是欺骗行为的前兆，是一种恶劣的商业行为。这与客户的付款意愿、负责人品质、信用管理制度等相关。

(4) 客户破产。客户破产意味着欠账的客户可以免除所有的对外负债，而提供信用的企业将有可能损失全部的赊销款。这与客户的付款能力、付款保障相关。

3. 客户信用风险事件

上述分析的客户信用风险因素在实际管理中，反映为财务管理中应收账款的回款情况，企业也是基于此来识别其是否面临客户信用风险。

4. 客户信用风险后果

(1) 企业流动资金紧张。信用风险为企业带来的损失主要表现在企业的财务状况上，由于应收账款无法收回，产生坏账、呆账，小额资金会使企业无法真正实现收入，将其转化为可以使用的现金流。大额坏账、呆账则可能造成企业流动资金紧张，引起资金链的断裂，最严重的是导致企业破产。

(2) 机会成本增加。客户信用风险所造成的损失也可能是隐形的，体现为机会成本的增加。例如，客户拖欠货款不出现在会计账簿上，因此经常被没有经验的赊销管理人员忽视。而且带来资金时间价值的损失。

总结上述的分析过程，建立客户信用风险模型如图 3-30 所示。

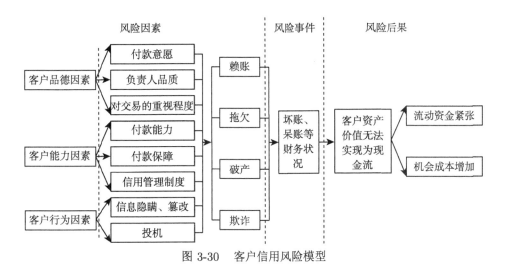

图 3-30　客户信用风险模型

3.3.5　客户流失风险

1. 客户流失风险识别

1) 理论依据

客户流失包括两种情况：①企业现有的客户不再使用原来的产品或服务 (包括其他企业提供的相同产品或服务)；②客户终止与该企业的关系并转而使用其他企业提供的该产品或服务。同时，客户流失产生于企业客户关系管理中的所有不确定因素，即所有风险。

通常来说，长期客户的购买量和购买次数都更大、交叉购买倾向更强、对价格敏感性减弱、花费企业更少的时间、通过良好的口碑宣传给企业带来新的客户并在竞争者的吸引下展现出更高的忠诚。另外，对于长期客户而言，企业还不存在起始成本或购置成本。相反，客户流失率居高不下除了给企业带来收入的直接减少，还会增加企业对现有客户的挽留成本、为了弥补流失客户而需要花费大量资源重新获得新客户、市场竞争升级而带来的广告费用奇高以及对企业员工和投资人的心理伤害等负面影响 (冉建荣，2009)。

基于众多学者对客户流失过程的研究，Stewart(1998) 提出了客户流失过程模型 (图 3-31)，尽管该模型没有经过实证研究，而且从目前对流失的研究发展来看，存在欠缺，但还是展示了客户流失的一般形成过程，也可以视为客户流失风险的风险传递过程。

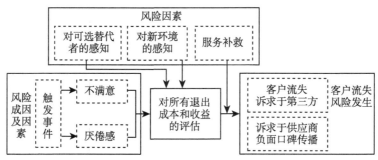

图 3-31　客户流失过程模型

2) 现实依据

Reichheld 和 Sasser(1990) 的研究指出，与扩大经营规模、提高市场占有率、减少单位成本等相比，减少客户流失对企业来说将更具有吸引力。就服务行业来说，若能减少 5% 的客户流失率，将使企业的营利水平提高 25%～85%。2006 年，中国电信 CD 公司新发展移动客户为 73.44 万户，但流失客户却高达 67.25 万户，移动客户实际净增只有 7 万户，流失客户与新增用户比例接近 9:10，因客户流失造成的经济损失约 2.4 亿元。

相反，减少客户流失风险，即降低客户流失率带来的经济效益是显而易见的。Siber(1997) 研究指出：美国电信企业若客户流失率降低 1%，则可以增加 1.5 亿美元的公司价值；若客户流失率减少 5%，则可以增加 15%～20% 的股东价值。

综上所述，客户流失风险是指企业正常运营过程中，客户终止与本企业的商业关系或转向其他企业而给企业带来损失，直接表现为客户生命周期结束。

2. 客户流失风险影响因素

客户流失是客户关系管理研究中的一个重要分支。前人对客户流失的影响因素和后果等多方面做出研究，Ajzen(1991) 建立了计划行为理论模型、Bansal 等 (2004) 提出了服务流失的推–拉–锚定迁移理论 (push-pull-mooring，PPM) 模型以及 Keaveney(1995) 率先提出客户流失行为模型等。客户流失 (客户流失倾向) 的影响因素主要有服务质量、感知价值、客户满意、主观规范、转移成本、替代者吸引力、承诺和感知挽救等。

综合上述影响因素，本书将归因于客户的客户流失风险因素归纳如下。

1) 客户情感因素

(1) 不满意。许多学者的研究表明：客户不满意是造成客户流失的重要原因 (Kaplan, 2004)。Keaveney(1995) 对客户流失行为的研究表明，客户更换服务提供商的最可能的原因在于关键服务失效，然后是接触服务失效、定价问题、缺乏便利性、失误响应不力等。这些因素实际上都是在情感上使客户不满意，从而流失。

(2) 被竞争者吸引。Keaveney(1995) 的研究表明，竞争者吸引在客户流失的原因中占 10%。客户总是希望能获得更好的服务。在使用某企业的产品的同时，客户会获得其他企业同一产品的信息，对两者进行比较，实际上是比较现使用产品的感知质量/感知价值和客户转移成本之和与对竞争者产品的期望之差，从而选择使自己更满意的产品。如果客户对竞争产品的期望明显高于现使用产品的感知质量/感知价值和客户转移成本之和，那么客户就被竞争者所吸引，从而流失。

(3) 寻求多样性需求。寻求多样性是影响客户消费行为的重要心理因素之一。客户在一段时间之后，原来的品牌或商店在客户的感觉当中不再有吸引力，客户产生了一种无聊或没兴趣的感觉，这时客户就会有一种变变花样、换换口味的需求。此时，如果有企业及时获知并满足客户的需求，那么客户将会转而购买能满足其需求的企业提供的产品。

2) 客户行为因素

客户行为因素主要指客户的自然行为 (客观行为)，即客户迁徙、去世、改变职业、结婚等。因此，客户不得不放弃原先企业的服务。例如，某客户由于从 A 地迁徙到 B 地，而不得已放弃 A 地移动公司提供的通信服务。

3. 客户流失风险事件

总结对客户流失风险因素的分析，根据客户流失的原因，客户流失风险事件可以归纳为以下四类。

(1) 失望流失，客户由于对企业不满意而流失。

(2) 竞争流失，客户被竞争者所吸引而转移。

(3) 恶意流失，客户因为自身的主观因素 (如改变习惯或客户厌倦) 而流失。

(4) 自然流失，客户因为某些客观因素 (如客户去世或到异地工作等) 而流失。

4. 客户流失风险后果

客户流失风险直接的表现为客户流失的发生。这种风险后果对企业造成的损失不容忽视，将使企业未来的营利水平严重削弱。

1) 客户资产价值减少

客户资产价值减少表现为高价值老客户的减少。这是最直接的风险后果。

相对于新客户而言，老客户是更加有利可图的合作伙伴，特别是为企业带来高收入的客户。老客户数量的减少带来客户购买价值和交叉购买价值的降低，进而使得总收入削减。老客户随着与企业商业关系的延长，对企业的产品线和服务更加了解，消费更多的产品，更高效地购买，能节约企业的服务成本，而且对价格不像新客户那样敏感，其推荐也更值得信任等，而这些优势随着老客户的流失而消失，所带来的口碑价值、客户交易价值、客户学习价值等非现金流价值减少是不容忽视的。

从客户成本的角度，企业为了获取、保留和培养有价值的客户，需要投入大量的客户获取成本和维系成本，客户的流失代表这些成本投入将付之东流。甚至，企业所培养的对产品/服务需求旺盛、使用熟练的客户转移到竞争对手，从竞争力来说是"此消彼长"。

2) 负面口碑效应

由于不满、失望等消极情绪而流失的客户可能会发表一些损害企业形象的言论，如"产品包装差""员工态度不好""商业欺瞒"。客户通过这些负面口碑发泄不满甚至敌意情绪。这些负面口碑的扩散将对企业形象和声誉造成破坏，使得企业无法获得与自身产品/服务/业务等有关的真正有价值的信息，而且对企业的现有客户也造成了不良影响，他们很有可能受到这些负面口碑的影响而产生行为波动。

3) 增加客户获取成本

企业重新投入成本以获取新的客户。在重复客户开发的流程中，所花成本通常是留住一位老客户的5~6倍。此时企业重新面临客户获取风险的挑战。

总结上述的分析过程，建立客户流失风险模型，如图3-32所示。

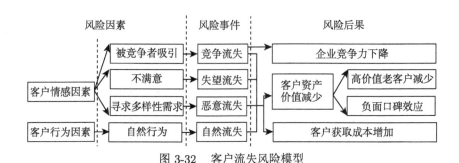

图 3-32　客户流失风险模型

3.3.6　客户挽留风险

1. 客户挽留风险识别

在企业客户挽留管理实践中，挽留资源是有限的，而待挽留的客户很多而且不确定。企业在客户挽留工作中，需要回答三个问题：①客户是否值得挽留？②待挽留的客户中，如何安排优先挽留顺序？③采取怎样的措施来挽留客户？

回答第一和第二个问题，最简单的就是定量地对客户的挽留价值进行判断。当企业挽回客户时，客户关系恢复可预期挽留收益 (V_1) 为

$$可预期挽留收益(V_1) = 恢复后价值 - 恢复成本 \tag{3-6}$$

当企业放弃客户关系时，客户关系终止可预期挽留收益 (V_2) 为

$$可预期挽留收益(V_2) = 终止旧客户关系带来的资源释放$$
$$+ 释放资源用于新投资带来的收益 - 终止成本 \tag{3-7}$$

于是，比较 V_1 和 V_2 的大小来判断是否挽留该客户，在多个待挽留客户中，比较 $V_1(V_1 > 0, V_2 < 0)$ 的大小或 $V_1 - V_2(V_1 > 0, V_2 > 0, V_1 - V_2 > 0)$ 的大小来判断优先对哪个客户采取挽留措施，如表 3-7 所示。

表 3-7　客户挽留价值判断

V_1	V_2	结果		
>0	<0	挽留		
<0	>0	终止		
<0	<0	终止		
>0	>0	判断 $V_1 - V_2$	>0	挽留
			<0	终止
			=0	恢复

回答第三个问题，是解决基于定性分析的客户挽留措施分析的问题。首先，企业需要对客户流失的原因进行分析，然后，根据客户细分属性等内容制定有针对性的客户挽留方案并实施。

尽管科学的客户挽留措施可以实现挽留资源的价值最大化，降低客户流失率，但客户挽留措施不是万灵丹，无效的挽留行动可能会弄巧成拙，Grossman 和 Hart(1986) 指出一半以上对客户抱怨的努力，实际上只是增加客户对服务的负面反应。归根结底，正是这种客户挽留的两面性带来了客户挽留风险。

因此，客户挽留风险是指在客户流失已成事实的情况下，企业进行挽留价值判断、采取挽留措施和配置挽留资源后，高价值客户关系无法恢复或低价值客户关系恢复而带来的可能性损失。

2. 客户挽留风险影响因素

1) 客户情感因素

(1) 流失倾向高。如果客户对企业的产品/服务非常不满意而产生非常坚定的流失倾向,即使企业采取挽留措施 (如提供更高级别的服务或优惠) 也不能使客户的这种倾向降低。

(2) 二次不满意。这种对企业挽留措施的二次不满意将更加坚定客户流失意愿。

2) 客户行为因素

(1) 拒绝挽留。客户可能出于各种原因拒绝企业挽留,对企业的措施保持沉默或排斥,那么即使企业积极挽留该客户也是没有成效的。

(2) 投机行为。投机行为具体是指,客户为了获得某些不在契约范围内的产品/服务带来的利益,而欺骗企业将终止关系,使企业为满足其要求而采取挽留措施。

3. 客户挽留风险事件

根据客户挽留风险的定义,该风险事件可以分为以下两类。

(1) 高价值客户经过企业挽留但仍然流失。

(2) 低价值客户被挽留。

4. 客户挽留风险后果

客户挽留风险给企业带来了客户资产价值损失,这是由高价值客户流失和低价值客户被挽留共同导致的。

总结上述的分析过程,建立客户挽留风险模型,如图 3-33 所示。

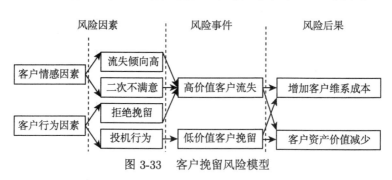

图 3-33　客户挽留风险模型

3.3.7　客户信息沟通风险

1. 客户信息沟通风险识别

1) 理论依据

信息沟通,即信息的交流与互换。企业与客户之间的信息沟通应当是双向的、交互的, 产品促销、销售服务、投诉处理等几乎所有活动都是建立在企业与客户的有效沟通的基础上。

本书将采用拉斯维尔的 5W 模式 (图 3-34) 来解读企业与客户信息交互传播的过程。

图 3-34　5W 模式

(1) 传播者与接收者。客户作为信息的传播者和接收者, 随着企业与客户关系的发展, 其角色类型由潜在客户向目标客户、现有客户和核心客户 (或流失客户) 动态演变。由于不同类型客户给企业带来的价值不同, 企业对不同类型客户的要求也不尽相同, 这要求企业所收集的客户信息随着客户类型演变而动态更新, 获取和提供有效的、有针对性的信息。另外, 企业和客户可能为了保证自己的利益最大化而恶意破坏或隐瞒信息, 导致信息失真。

(2) 信息内容。根据 Seetharaman 和 Chintagunta(2003) 对企业信息系统的分析, 在动态客户关系管理过程中, 所有的客户信息可以分为三类。①客户自身的信息 (the information of the customer), 主要包括: 反映客户群体的基本情况和基本属性的人口统计特性信息; 决定客户的社会属性的生活方式特性信息; 描述客户的决策过程的客户决策特性信息。②为客户提供的信息 (the information for the customer), 客户以企业所提供的产品/服务的属性信息和品牌、信誉、文化等企业信息为基础进行决策。③客户提供的信息 (the information by the customer), 客户在购买产品/服务的过程中, 购买时间、购买产品/服务种类和数量等交易数据都记录在企业的信息系统中。另外, 客户所提供的反馈信息 (需求、主张、投诉等) 和监控信息 (客户调查数据等) 都是企业所需要的。

(3) 媒介渠道。企业与客户信息沟通的渠道一般有: 业务人员; 活动; 信函、电话、网络, 电邮、呼叫中心等; 广告; 公共宣传以及企业的自办宣传物; 产品包装。选择沟通媒介不当、几种媒介相互冲突、沟通渠道过长和外部干扰等因素影响沟通效果, 甚至造成沟通障碍。

2) 现实依据

根据美国营销协会的研究, 不满意的客户有 1/3 是因为产品或服务本身有问题, 其余 2/3 是因为企业与客户的沟通不畅。

因此, 本书根据信息沟通的内容和过程两个方面, 将客户信息沟通风险分为客户信息内容风险和客户沟通过程风险。

客户信息内容风险, 是指企业在与客户保持关系期间, 由于客户信息泛滥、客户信息失真和客户信息泄露而可能导致决策不当的风险。

客户沟通过程风险，是指企业在与客户保持关系期间，由于企业与客户的沟通障碍而威胁双方关系，从而使企业有蒙受损失的可能性。

2. 客户信息沟通风险影响因素

由于本书主要分析客户对风险的影响，因此不分析媒介渠道和企业作为信息的传播者及接收者带来的影响。综合上述的分析，客户信息沟通风险因素主要分为四类：信息自身因素、客户情感因素、知识能力因素和投机行为因素。

1) 信息自身因素

(1) 海量信息带来的信息泛滥。通过上述分析，企业所需要掌握的信息内容是丰富的。这些信息是有序或无序的、整合或分散的、正确或错误的，而且分布在一个信息量庞大、信息传递异常迅速的环境中，企业难以辨别和控制客户信息，信息泛滥。

(2) 牛鞭效应带来的需求信息夸大。牛鞭效应使得信息流从最终客户向供应链的上游供应商传递时，由于无法有效地实现信息的共享，信息扭曲而逐渐放大，因此需求信息出现越来越大的波动。这种需求信息的扩大直接导致企业所获取的客户需求信息内容失真，直接加重了供应商的供应和库存风险，甚至扰乱生产商的计划安排与营销管理秩序，导致生产、供应、营销的混乱。

2) 客户情感因素

(1) 不信任产生沟通障碍。有效的信息沟通要以相互信任为前提，客户只有在信任企业的基础上，才会积极响应，并竭力对沟通中企业传递的信息加以吸收和消化，从而提升沟通效果。相反，客户不信任企业所提供的产品/服务能满足其需求或对企业的信誉等产生怀疑，那么客户将怀疑企业所提供的信息的真实性，从而产生沟通障碍，消极对待甚至拒绝双方的沟通互动。

(2) "先入为主" 产生沟通障碍。客户在与企业进行沟通之前，总会通过其他渠道获得关于企业的信息，如朋友的评价、广告、自身体验等，这些信息使客户 "先入为主" 地对企业产生一些认知。如果这些信息是恶意的、消极的，那么客户会产生 "沟通不能解决问题"，甚至 "沟通是企业欺骗的手段" 等观点，从而拒绝与企业的沟通互动。以客户抱怨为例，客户在不满意时并不是都会向企业进行投诉，可能会选择 "沉默"。这种 "沉默" 的沟通行为很大一部分是因为客户认为即使投诉也不能解决问题。

(3) 沟通偏好。并非所有的客户都会积极与企业进行沟通。被动沟通、懒于沟通甚至拒绝沟通使得客户到企业之间的信息流中断，即使获得相关信息，信息的有效性也需要进一步考证。

3) 知识能力因素

王黎莎 (2011) 在对组织沟通效果测评的研究中指出, 知识能力因素是指信息发出者和信息接收者的知识能力, 对信息的理解和传达方式受到知识能力的制约。对于客户来说, 这种知识能力因素对客户沟通风险的影响表现在以下几个方面。

(1) 语言能力。客户通过语言文字等表达自身需求时, 表达不清引起歧义, 企业未能很好地了解客户的需求, 造成 "误解"。

(2) 认知能力。认知是对信息的接收和处理能力。客户对企业所传递的信息 "译码" 不准确造成客户对产品/服务的理解不正确而对企业不满意/不信任。

(3) 文化水平。如果客户的受教育程度、知识水平与企业设定的产品目标客户应具备的文化水平有差异, 那么客户有可能无法真正理解企业传递的相关信息, 从而造成沟通障碍。

4) 投机行为因素

投机行为因素主要指客户泄露企业核心信息、故意提供虚假信息、传递延误等以为自己创造更多经济价值的投机行为。

3. 客户信息沟通风险事件

客户信息沟通风险事件的类型主要有以下四类。

(1) 客户信息泛滥。客户信息容量和更新速度超过了企业的信息处理与利用能力, 导致客户信息冗余和失效, 失去有效性和时效性。

(2) 客户信息失真。客户信息失去了真实性、准确性、完整性。

(3) 客户信息泄露。企业所掌握的客户核心信息被竞争对手获取。这里主要是指客户为了扩大自身利益 (如获得信息优势) 向其他企业透露该企业的相关信息, 或者客户在与其他企业建立交易关系时, 泄露与企业交易的相关核心内容。

(4) 信息沟通障碍。客户与企业的信息传播交流过程中, 由于各种因素的干扰, 信息的正常流通被阻碍。

4. 客户信息沟通风险后果

信息沟通的有效性是衡量信息沟通取得效果的指标之一。本书主要从信息沟通的效果和效率两个方面来讨论: 信息沟通效果体现在信息内容的质量上, 如图 3-35 所示, 信息内容的完整、真实、有用程度越高, 效果越好; 信息沟通效率体现在沟通过程的成本和速度上, 沟通的成本越低, 速度越快, 沟通效率越高。

使用如表 3-8 所示的信息沟通有效性评价指标来分析客户信息沟通风险后果。

客户信息沟通风险后果主要表现在以下方面。

(1) 客户信息沟通效果差使客户资产价值减少。具体来说, 这种沟通效果差即表现为客户信息虚假、错误、缺失、不相关或更新不及时等。由于低质量的客户信息，企业可能无法及时掌握客户的动态，形成有价值的客户视图，基于信息进行的客户价值的预测结果误差也会扩大，这些都是客户信息价值减少的体现。

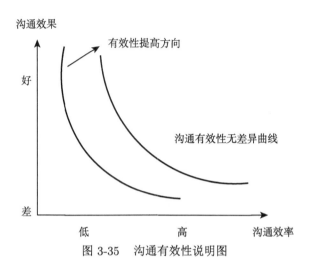

图 3-35　沟通有效性说明图

表 3-8　信息沟通有效性评价指标

一级指标	二级指标	注释
信息沟通效果	真实性	客户信息对于企业是真实的还是虚假的、有用的还是无用的、准确的还是有错误的、完整的还是缺失的
	有用性	
	准确性	
	完整性	
信息沟通效率	消耗性	完成信息沟通目标所消耗的成本
	时效性	衡量信息沟通的时间效率，评价沟通是否及时、准时。主要表现在信息处在沟通渠道中的流转时间和单位时间内流过沟通渠道的信息量

(2) 客户信息沟通效率低使客户信息成本增加。从两方面来考虑这种客户信息成本的增加。从现金流角度考虑，企业为了实现其客户信息沟通目标，必须投入一定的成本，如信息渠道建设 (呼叫中心、广告投入等)、人力资源投入 (客服人员、市场调查人员等)。低效率的客户信息沟通使得这些资源的占用时间更长，无法释放资源支撑其他活动。从非现金流角度考虑，信息占用渠道资源，使得其他有用信息无法及时通过，或者信息即使被企业所接收，因为"过时"失去了时间价值。

总结上述的分析过程，建立客户信息沟通风险模型，如图 3-36 所示。

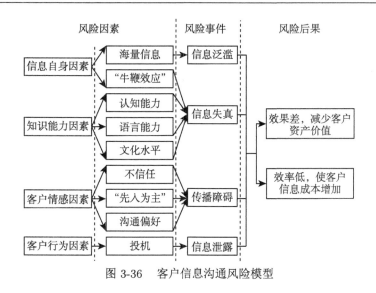

图 3-36　客户信息沟通风险模型

3.4　交易情景与企业客户关系风险的关系探索

3.4.1　交易情景与企业客户关系风险的关系探索思路

由于目前学术界对于交易情景与企业客户关系风险的关系的研究一片空白，本书基于 "交易情景是客户关系风险众多复杂的风险因素中的一个底层因素" 的思想，探索这两者之间的关系，如图 3-37 所示。

由于本书主要分析的是归因于客户的风险因素，因此交易情景特征主要包括客户角度特征 (购买行为特征、流失行为特征和信息行为特征) 和关系角度特征 (稳定性、互动性和紧密性)，企业角度特征不作为影响因素重点分析。

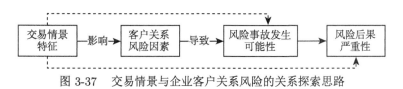

图 3-37　交易情景与企业客户关系风险的关系探索思路

3.4.2　交易情景与客户获取风险的关系

1. 契约型交易情景下的客户获取风险特征

1) 谈判签约失利是关键风险事件

契约型交易情景的特征对客户获取风险的风险因素的影响最重要的一点体现在客户信息行为对风险的信息自身因素的影响，客户获取风险特征表现在谈判签约失利而使企业处于交易劣势地位的可能性较大。

　　由于契约型客户对双方的信息沟通抱着积极主动的态度，希望能获得更多的企业信息，不仅是某一企业的信息，还是多个可互为替代的企业的信息，以选择最满足需求的产品/服务。于是，客户掌握着企业及其竞争者的丰富信息，而且关于竞争者的信息中很多都是企业所无法得知的，这为客户带来的信息优势使其在谈判中处于更加有利的地位。因此，企业面临更大的逆向选择的威胁，发生处于交易劣势地位的风险的可能性非常大。

　　2) 其他客户获取风险事件发生概率较小

　　由于企业在与客户真正建立关系之前，经过了谨慎的信息收集、评估和接触等活动，企业获得低价值客户或恶劣客户的可能性较低。因此，该风险导致客户资产价值减少和徒增客户获取成本的可能性低于另外两种情景。

　　2. 非契约型交易情景下的客户获取风险特征

　　1) 获取低价值客户是关键风险事件

　　非契约型客户异质性很大，客户在情感、行为、购买习惯等各个方面都不尽相同，企业希望在众多的潜在客户中识别出目标客户的难度非常大，而且信息匮乏和信息不对称的现象在非契约型交易情景中非常普遍，客户难以真正了解企业，企业也无法很好地掌握客户信息，因此，发生以获取低价值客户为风险事件的客户获取风险可能性很大。

　　2) 谈判签约失利发生概率较小

　　与契约型交易情景相仿，非契约型交易情景下客户所掌握的信息无法让其获得信息优势从而在谈判中处于有利地位，所以谈判签约失利发生概率较小。

　　3. 半契约型交易情景下的客户获取风险特征

　　与前两者进行比较，本书认为，半契约型交易情景下的客户获取风险并无明显的特征。但相较而言，谈判签约失利而使企业处于交易劣势地位的可能性比完全契约型情景下低，获取低价值客户而使客户资产价值减少发生的可能性也比非契约型交易情景下低。

3.4.3　交易情景与客户满意风险的关系

　　1. 契约型交易情景下的客户满意风险特征

　　对于契约型客户，其行为受到契约的约束性很大，客户经验和期望等因素主要作用于双方接触试探的环节。在契约期，客户情绪和客户感知质量/感知价值是影响客户满意程度的主要因素，即可以理解为，这两者是客户不满意风险的主要风险因素。

另外,由于双方关系比较紧密,一般来说,契约型客户的卷入程度较高。这就表示客户对企业的产品/服务的理解比较深入,客户沟通的参与度也较高。因此,其高卷入度使客户不满意发生的可能性在相同情况下低于后两者。

2. 非契约型交易情景下的客户满意风险特征

非契约型客户的购买行为具有高随机性,容易受多种因素的影响,这就表示在客户与企业进行交易活动的过程中,有许多因素 (客户情绪波动、客户需求变化、产品/质量等) 会影响客户满意程度,而且这种影响作用效果非常明显,非契约型客户很少会隐瞒其不满意或对不满意保持沉默,风险发生概率很大。

3. 半契约型交易情景下的客户满意风险特征

从分析客户满意风险的过程来看,客户满意风险与交易情景的客户特征关系非常紧密。因此,本书认为半契约型交易情景下的客户满意风险特征同时具有前两者的特征。在不同的子半契约型交易情景下显示不同特征。

3.4.4　交易情景与客户信用风险的关系

1. 契约型与半契约型交易情景下的客户信用风险特征

由于 3.3.4 节对客户信用风险的分析就是在契约型交易情景下进行的,因此,本书认为,客户信用风险是契约型交易情景和半契约型交易情景中影响最大的客户关系风险,其发生的后果直接威胁企业的财务状况。

2. 非契约型交易情景下的客户信用风险特征

相反,由于非契约型客户并不与企业签订明确的契约,企业也不需要对客户信用进行管理,因此,本书认为非契约型交易情景下,企业客户信用风险并不存在。

3.4.5　交易情景与客户流失风险的关系

无论竞争流失、失望流失、恶意流失还是自然流失,对三种交易情景而言都是可能发生的,但其风险因素的重要性程度可能有所不同,本书根据客户流失的研究成果和管理现状,认为不同交易情景的客户流失风险因素 (客户情感因素) 的重要性程度排序,如表 3-9 所示。要说明的是,这个表的可靠性仍需要进一步验证。

表 3-9　客户流失风险因素的重要性程度排序

重要性程度	交易情景类型		
	契约型	非契约型	半契约型
从上往下依次递减	不满意	不满意	不满意
	被竞争者吸引	寻求多样性	被竞争者吸引
	厌恶	被竞争者吸引	寻求多样性
	寻求多样性	寻求多样性	厌恶

尽管风险事件没有特殊性,但由契约型客户的流失行为可知,非契约型客户的流失时间不可知,对企业而言,及时发现该风险的存在难易程度不同。这对客户流失风险后果的严重程度直接造成影响。

3.4.6 交易情景与客户挽留风险的关系

1. 契约型与半契约型交易情景下的客户挽留风险特征

由于需要签订契约与企业建立交易关系,客户在正式建立或终止关系时都会谨慎考虑以减少不必要的交易成本。因此,当客户决定与企业终止关系时,企业一般难以挽留,只能在客户流失前采取有效的流失预警及应对措施。

综上,企业在这两种交易情景下,客户挽留风险的威胁较大。

2. 非契约型交易情景下的客户挽留风险特征

对于偶然客户,企业没有挽留的必要。对于有价值的老客户流失,企业有必要采取挽留措施。非契约型客户的购买行为和流失行为都是受多种因素影响的,习惯性购买心理和冲动性购买心理对客户行为影响很大,这两种心理使得客户行为的不稳定性很大。以超市消费者为例,消费者总是习惯到某一超市购买商品,而不会随意换超市;另外,消费者也可能被其他超市的促销活动吸引,但只要该超市采取一定的措施,那么这种挽留是会有成效的。

3.4.7 交易情景与客户信息沟通风险的关系

1. 契约型交易情景下的客户信息沟通风险特征

1) 信息泛滥、信息失真和沟通障碍事件发生概率较小

客户主动与企业进行沟通并掌握比较全面的企业信息是契约型客户最主要的信息行为特征。在合理的客户管理中,企业一般会与客户建立稳定的沟通渠道。这种稳定的沟通渠道使得双方的信息可以有效地传递和被接收,为信息传播效果和效率提供保证,因此,发生客户信息泛滥、失真和沟通障碍的风险可能性大大降低。

2) 信息泄露带来的损失更严重

一般对于大宗商品或涉及双方核心能力的交易会签订规范的契约以保障双方的权益。在这种情况下,客户可能掌握着关于企业商业机密的核心信息,若客户故意或无意泄露这些应该保密的信息,那么带给企业的损失无疑是巨大的。

2. 非契约型交易情景下的客户信息沟通风险特征

在非契约型交易情景下,企业所面临的客户群体很大,而且客户个性化特征明显。另外,信息匮乏、被动沟通、容易受其他因素的影响等特征都使企业可能

面临威胁较大的信息沟通风险。通常情况下，非契约型客户并不掌握企业的核心信息，因此，即使信息泄露，其危害性也不是"致命"的。

3. 半契约型交易情景下的客户信息沟通风险特征

与前面两种情景的客户沟通风险特征相比较，半契约型交易情景下，信息泛滥、信息失真、传播障碍和信息泄露等风险事件都有可能发生，但其发生可能性大小和危害性程度在理论上分析都不会如前两者那么大，这是基于三种交易情景的特征对比推断的。

3.5　本章小结

客户作为企业资产的一种，对其进行有效的管理，使客户资产价值最大化，是当前客户关系管理的重要课题。与其他企业资产类似，客户/客户关系为企业带来的价值具有风险性，这种风险所带来的损失不仅体现在客户现金流价值的波动性，也体现为非现金流价值的损失。而且，企业通过何种交易方式 (建立完全契约、半契约或不建立契约) 与客户建立关系，对客户关系风险产生不容忽视的影响。因此，只有建立完整的客户关系风险体系，并识别交易情景与客户关系风险的关系，才能使企业更有效更有针对性地对其面临的客户关系风险进行管理。

本章通过理论推演和对比分析对交易情景及企业客户关系风险的关系进行研究，得到以下结论：

结论一：本章首先通过对现有学者关于三种不同交易情景的描述，对其进行定义。基于 "客户–企业–关系" 框架对三种不同交易情景的特征进行了描述分析，特别地，将半契约型交易情景细分为六个子类型进行分析。同时，将三者的特征进行对比，建立全面的交易情景视图。完全契约型、半契约型和非契约型交易情景的特征本质是其强弱递减的约束力。总的来说，三者的购买行为随机性依次递增；流失行为可知性依次递减，客户关系的稳定性也依次递减。

结论二：本章通过不同理论的推演方法识别出企业所面临的六种客户关系风险类型：客户获取风险、客户满意风险、客户信用风险、客户流失风险、客户挽留风险和客户信息沟通风险。这六种客户关系风险涉及企业客户关系管理活动的各个流程，在不同的客户关系状态中重要性程度也有所不同。他们所带来的风险后果，本章以成本–效应的思想为指导，从客户资产价值减少和客户成本增加的角度分析，而且这种损失不仅包括现金流的损失，也包括非现金流损失。

结论三：基于前两个研究成果，探索三种交易情景与企业客户关系风险的关系。重点讨论交易情景的客户特征对客户关系风险的因素影响，理清哪些风险事故发生可能性大，哪些对企业的重要性程度低。对于不同的交易情景和不同的客户关系风险，其特征明显不同。

第 4 章　不同交易情景下客户行为规律刻画

4.1　研究过程设计

概率分布可用于刻画大量的随机自然现象。目前，在统计学界和营销学界，学者已提出了大量的概率模型用于刻画客户的购买行为与流失行为，并取得了良好的拟合效果。尤其是近年来，由于营销学界对 CLV 建模的研究持续升温，刻画客户行为的概率模型能支持 CLV 建模，因此学术界也不断重视对客户行为规律的刻画研究。

随着学者研究的深入，对客户行为规律建模的方法也日趋成熟和完善。Reinartz 和 Kumar(2000) 提出刻画客户行为规律需要区分不同交易情景，包括非契约型交易情景和契约型交易情景。随后，Borle 等 (2008) 在已有的交易情景基础上又提出了介于二者之间的半契约型交易情景，丰富了交易情景的种类。

目前在学术界中，专门将不同交易情景下客户行为规律刻画方法进行对比研究的文献还较少。尤其是引入半契约型交易情景之后，本书认为很有必要详细研究各交易情景下刻画方法的具体异同，从而帮助建模者更好地抓住各交易情景下的建模特征。

鉴于此，本章主要内容分为以下三部分：首先，探究客户行为规律特征如何通过概率分布体现，归纳不同特征客户行为所适合的概率分布；其次，从建模角度界定不同交易情景，并分析各交易情景下概率模型的差异；最后，细分半契约型交易情景并对各子情景下客户行为规律刻画提出建议。

4.2　刻画客户行为规律的常用概率分布

4.2.1　客户购买行为的假设

1. 泊松分布

1) 推导过程

泊松分布 (Poisson distribution) 由泊松过程推导而来，因此要了解泊松分布的特点必须先了解泊松过程。泊松过程是典型的随机过程。建立泊松过程的模型需要使用到计数过程 $\{N(t), t \geqslant 0\}$，具体如下。

(1) 在不相重叠的区间上的增量具有独立性。

(2) 对于充分小的 Δt

$$P(t, t+\Delta t) = P\{N(t, t+\Delta t) = 1\} = \lambda \Delta t + o(\Delta t) \tag{4-1}$$

其中，常数 $\lambda > 0$ 称为过程 $N(t)$ 的强度，$o(\Delta t)$ 是当 $o(\Delta t) \to 0$ 时关于 Δt 的高阶无穷小。

(3) 对于充分小的 Δt

$$\sum_{j=2}^{\infty} P(t, t+\Delta t) = \sum_{j=2}^{\infty} P\{N(t, t+\Delta t) = j\} = o(\Delta t) \tag{4-2}$$

即对于充分小的 Δt，在 $(t, t+\Delta t]$ 内出现 2 个或 2 个以上质点的概率与出现一个质点的概率相比可以忽略不计。

(4) $N(0) = 0$。

了解了泊松过程，就很容易了解泊松分布的相关性质，其实泊松分布就是在泊松过程当中每单位的时间间隔内出现质点数目的计数。泊松分布中的“时间段”的概念可引申为空间 (用体积度量)、区域 (用面积度量) 等。

2) 概率分布公式

根据计数过程的四个假设推导出泊松分布 [即在 (t_0, t) 内出现 k 个质点的概率] 的分布律公式为

$$P_k(t_0, t) = P\{N(t_0, t) = k\}$$

$$= \frac{[\lambda(t-t_0)]^k}{k!} e^{-\lambda(t-t_0)}, \quad t > t_0, k = 0, 1, 2, \cdots \tag{4-3}$$

在刻画客户行为规律中，λ 为单位时间内客户购买的次数。

当 $t_0 = 0$，λt 看作单一变量 λ 时，泊松分布的分布律公式简化为

$$P\{X = k\} = \frac{\lambda^k}{k!} e^{-\lambda}, \quad \lambda > 0, k = 0, 1, 2, \cdots \tag{4-4}$$

泊松分布的分布函数公式为

$$F(x) = e^{-\lambda} \sum_{k=0}^{x} \frac{\lambda^k}{k!} \tag{4-5}$$

3) 概率分布图

图 4-1 和图 4-2 为泊松分布的分布律图和分布函数图。从图 4-1 可看出，λ 值越大，密度曲线的波峰越往右移，且绝对高度越低。从图 4-2 可看出，λ 值越小，分布函数曲线越陡 (越先趋近于 1)。

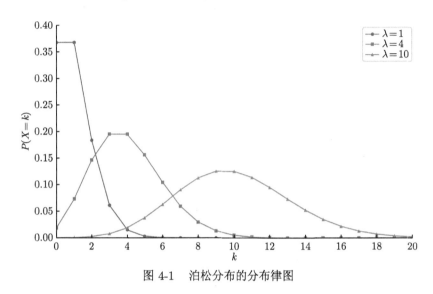

图 4-1　　泊松分布的分布律图

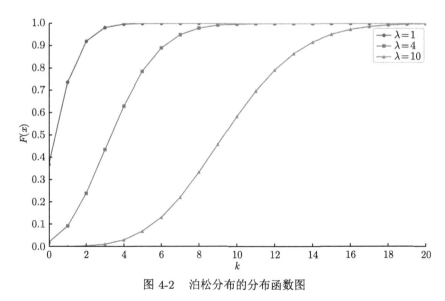

图 4-2　　泊松分布的分布函数图

4) 适用范围

泊松分布刻画了稀有事件在一段时间内发生次数这一随机变量的分布，因而要观察这类事件发生, 样本含量 n 必须很大。根据泊松分布的推导, 服从泊松分布的事件必须满足三个特征: 无后效性 (计数过程假设一)、平稳性 (某时段内事件发生的次数的分布只取决于时段的长度, 与时段的起点无关) 和普通性 (计数过程假设三)。

实际生活中服从泊松分布的例子有: 电话交换台单位时间内接到的呼唤次数, 某公共汽车站在单位时间内来站乘车的乘客数, 宇宙中单位体积内星球的个数, 耕地上单位面积内杂草的数目等。

5) 所刻画购买行为的特征

泊松分布刻画的对象是客户的购买次数。

由泊松分布的推导公式可知, 泊松分布只能用于连续型的购买行为。

泊松分布公式中的参数 λ 为客户购买率, 由于 λ 为常值, 因而意味着客户每个时刻的购买率都是一样的。

当观察期内购买次数存在上限时, 如健身房的经理想要观察客户在一周内到健身房锻炼的次数, 或者电影院的经理想要观察某场电影的售票量等, 都不宜使用泊松分布。从泊松分布的分布律图可以看出, 该分布的变量不存在上限值, 此时可使用二项分布代替。

2. 二项分布

1) 推导过程

二项分布 (binomial distribution) 由伯努利试验过程推导而来, 因而要了解二项分布的性质同样需要从源头进行探究。伯努利试验是在同样的条件下重复地、各次之间相互独立地进行的一种试验。每一次试验只有两种结果, 即某事件 A 要么发生, 要么不发生, 并且每次发生的概率都是相同的。进行 n 次独立的伯努利试验, 每次成功率为 p, 失败率为 $q = 1 - p$, 则成功次数 X 服从二项分布。

2) 概率分布公式

二项分布的分布律公式为

$$P(X = k) = C_n^k p^k q^{n-k}, \quad k = 0, 1, \cdots, n \tag{4-6}$$

在刻画客户行为规律中, p 为每次购买机会来临时, 客户购买行为发生的概率。

二项分布的分布函数公式为

$$F(x) = \sum_{i=0}^{n} p^i (1-p)^{n-i} \tag{4-7}$$

3) 二项分布与泊松分布的数学关系

当二项分布中的 n 充分大，p 充分小，且 np 保持适当的大小时，二项分布逼近于泊松分布。

$$b(k; n; p) \approx \frac{\lambda^k}{k!} e^{-\lambda}, \quad \lambda = np \tag{4-8}$$

其实际意义为，当试验次数趋于无穷大，事件发生的概率非常小时 ($n > 20$, $p < 0.05$)，二项分布接近于泊松分布，这也与前面所说泊松分布用于刻画稀有事件相吻合。

4) 概率分布图

图 4-3 和图 4-4 分别为二项分布的分布律图和分布函数图。从图 4-3 可看出，p 值越大，k 的期望值也就越大。从图 4-4 可看出，p 值越小，分布函数曲线越陡 (越先趋近于 1)。

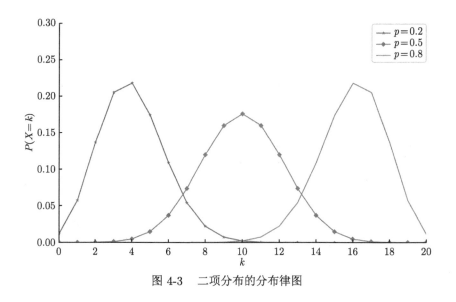

图 4-3　二项分布的分布律图

5) 适用范围

二项分布的适用范围是事件发生的结果只有两种，各事件发生相互独立。服从二项分布的一些例子有：连续抛硬币 100 次，正面朝上的次数；250 名新生婴儿中男婴的数量；n 头病畜治愈数；n 尾鱼苗成活数等。

6) 所刻画购买行为的特征

二项分布刻画的对象同样是客户的购买次数。

由于二项分布公式中不含时间变量，无法反映事件与时间的关系，所以二项分布只能用于刻画离散型的购买行为。Fader 等 (2010) 指出，部分连续型行为，

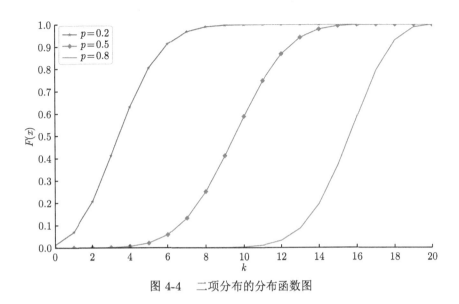

图 4-4　二项分布的分布函数图

由于在单位时间内发生概率非常低，也可以视为离散型行为，便于处理。

每次购买机会来临时，客户的购买概率 p 不变。

当观察期内购买次数存在上限时，可使用二项分布代替泊松分布。

3. 指数分布

1) 推导过程

指数分布 (exponential distribution) 可从泊松分布推导而来，推导过程如下。

令 τ 为间隔时间，则概率 $P\{\tau > t\}$ 为时间区间 $(0, t)$ 内没有购买行为发生的概率；由泊松分布可知：

$$P_0(t) = P\{\tau > t\} = \mathrm{e}^{-\lambda t} \tag{4-9}$$

故在 τ 间隔时间内，发生购买行为的概率 (即 τ 的分布函数) 为

$$P\{\tau \leqslant t\} = 1 - \mathrm{e}^{-\lambda t} \tag{4-10}$$

购买时间间隔的概率密度公式为

$$f(t; \lambda) = \frac{\mathrm{d}P\{\tau \leqslant t\}}{\mathrm{d}t} = \lambda \mathrm{e}^{-\lambda t} \tag{4-11}$$

这就是指数分布的概率密度。从公式可知，若某事件发生次数服从参数为 λ 的泊松分布，则该事件发生两次的间隔时间服从参数为 λ 的指数分布。

2) 概率分布公式

指数分布的概率密度公式：

$$f(t; \lambda) = \lambda e^{-\lambda t}, \quad t > 0, \lambda > 0 \tag{4-12}$$

指数分布的分布函数公式：

$$F(t; \lambda) = 1 - e^{-\lambda t} \tag{4-13}$$

3) 概率分布图

图 4-5 和图 4-6 分别为指数分布的概率密度图和分布函数图。从图 4-5 可看出，指数分布的众数均为 0，λ 值越大，0 值时的概率密度值也就越大。从图 4-6 可以看出，λ 值越大，分布函数越先趋近于 1。

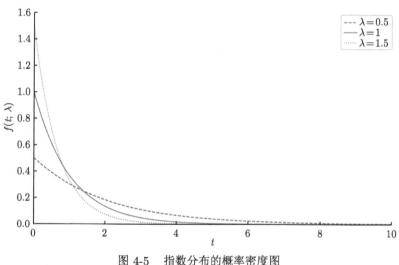

图 4-5　指数分布的概率密度图

4) 适用范围

指数分布具有无记忆性，并且是具有这一性质的唯一分布。如果把两次购买行为的间隔时间看成一种寿命长度，那么无记忆性所表现的特点是：若客户在 t 时刻仍没发生购买行为，则他剩余寿命分布与他原来的寿命分布相同 (这就是说，客户购买的间隔时间与已经过去的 t 时长没有关系)。

实际生活中服从指数分布的例子有：寻呼台下一个电话到来的时长概率等，由于指数分布是最基础的寿命分布，因而它也被频繁地用于各类事物和现象的可靠性分析之中。

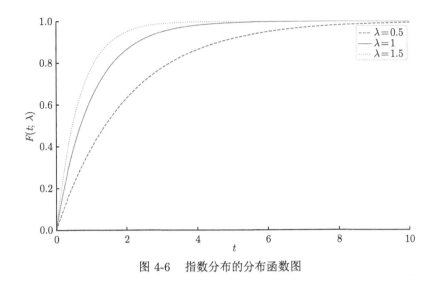

图 4-6　指数分布的分布函数图

5) 所刻画购买行为的特征

指数分布刻画的对象是购买间隔时间，等效于使用泊松分布刻画购买次数，因而泊松分布刻画购买行为的特点，指数分布都同样具有。

此外，从购买间隔时间的角度，还能看出与指数分布相符的购买行为的更多特点，这些特点，泊松分布也同样具有。

首先，从指数分布的概率密度函数可以看出，该分布的众数为零，也就是购买间隔时间为零，这意味着客户在发生一次购买行为之后，最有可能发生下一次购买行为的时间是紧接在前一次之后，这也是该分布无记忆性的体现，这显然与实际情况不太相符。尤其在一些非耐用的日常消费品购买中，客户购买某产品的间隔时间通常具有规律性，即在上一次所购买的消费品 (如洗发水等) 用完之后，再进行下一次的购买，因而不适宜用指数分布刻画，此时，可用爱尔兰分布代替 (Moe and Fader, 2004)。

其次，指数分布的危险函数 $h(t) = \lambda$ 为常值，因而客户的瞬时购买率不随时间变化。若建模者认为其建模环境不符合此特征，可选择韦布尔分布代替。

4. 爱尔兰分布

1) 推导过程

爱尔兰分布 (Erlang distribution) 可由指数分布推导得出。k 阶爱尔兰分布实际上是 k 个独立同分布的指数分布随机变量的和的分布。设 $v_1, v_2, \cdots, v_k$ 是 k 个相互独立的随机变量，服从相同参数 $k\lambda$ 的指数分布，那么

$$T = v_1 + v_2 + \cdots + v_k \tag{4-14}$$

概率密度公式为

$$f_k(t) = \frac{\lambda k(\lambda kt)^{k-1}}{(k-1)!}e^{-\lambda kt} \tag{4-15}$$

这就是 k 阶爱尔兰分布。为了便于对爱尔兰分布有个直观的理解，以运筹学中的随机服务理论为例，假设串联的 k 个服务台，每台服务时间相互独立，服从相同的指数分布 (参数 λk)，那么一位客户走完这 k 个服务台总共所需要花的时间就服从 k 阶爱尔兰分布。

2) 概率分布公式

爱尔兰分布的概率密度公式为

$$f(t; k, \lambda) = \frac{\lambda^k t^{k-1} e^{-\lambda t}}{(k-1)!}, \quad t, \lambda \geqslant 0 \text{ 且 } k \text{ 为正整数} \tag{4-16}$$

该分布具有两个参数，k 为形状参数，λ 为率参数。

爱尔兰分布的分布函数公式为

$$F(t; k, \lambda) = \frac{\gamma(k, \lambda t)}{(k-1)!} \tag{4-17}$$

3) 概率分布图

图 4-7 和图 4-8 分别为爱尔兰分布的概率密度图和分布函数图。从图 4-7 可以看出，由于爱尔兰分布具有两个参数，其概率密度曲线的形状更为灵活，由于 k 为形状参数，其值决定了概率密度曲线的众数是否为 0。从图 4-8 可以看出，

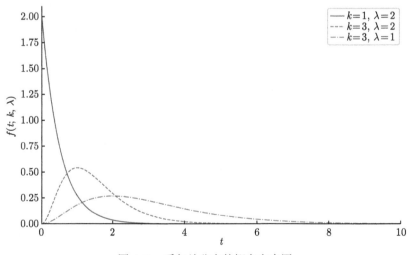

图 4-7　爱尔兰分布的概率密度图

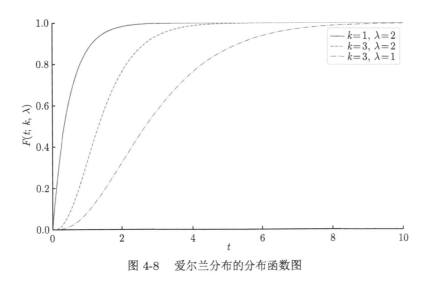

图 4-8　爱尔兰分布的分布函数图

当 λ 值不变时, k 值越小, 分布函数越先趋近于 1; 当 k 值不变时, λ 值越大, 分布函数越先趋近于 1。

4) 适用范围

爱尔兰分布主要用于刻画等待时间以及车厢模型 (compartment models) 之中。对于等待时间, 如果某件事件发生的平均频率服从泊松过程, 且各事件相互独立, 则等待第 k 个时间发生的时间长度服从爱尔兰分布。对于车厢模型, 一个系统中存在多个状态, 状态间转换存在串联关系, 如在流行病医学中, 个人从健康转换到病原体携带体的概率服从指数分布, 从病原体携带体转换到传染体的概率也服从指数分布, 则在 t 时刻, 看见传染体的概率服从二阶爱尔兰分布。

5) 所刻画购买行为的特征

爱尔兰分布刻画的对象是购买间隔时间, 使用爱尔兰分布刻画可以体现出客户购买行为的规律性 (Wu and Chen, 2000)。主要原因在于, 爱尔兰分布的众数为 $(k-1)/\lambda$。当 $k=1$ 时, 爱尔兰分布退化为指数分布, 此时众数为零; 当 k 为大于 1 的整数时, 众数大于零, 从概率密度图也可以看出。当众数大于零时, 客户每次最有可能的购买间隔时间就等于此众数, 从而体现出规律性。

此外, 爱尔兰分布的危险函数为

$$h(t) = \frac{\gamma^2 t}{1 + \gamma t} \tag{4-18}$$

该函数曲线单调递增, 意味着客户的瞬时购买率将随时间不断上升。

5. 广义伽马分布

1) 推导过程

当 k 阶爱尔兰分布中的 k 从正整数值的条件放宽到正实数时，爱尔兰分布变为伽马分布。广义伽马分布 (generalized Gamma distribution) 是伽马分布的一种更普遍的形式，一般的伽马分布有两个参数，广义伽马分布有三个参数，因而概率密度曲线和危险函数的曲线的变化形式都更为灵活。

2) 概率分布公式

广义伽马分布的概率密度公式为

$$f(t; \beta, \theta, k) = \frac{\beta}{\Gamma(k)\theta^{k\beta}}(t)^{k\beta-1}\mathrm{e}^{-(\frac{t}{\theta})^{\beta}} \quad t > 0, \theta > 0, \beta > 0, k > 0 \tag{4-19}$$

该分布共有三个参数，θ 为尺度参数，β 和 k 为形状参数，$\Gamma(k)$ 为伽马函数。

广义伽马分布的分布函数公式为

$$F(t) = \frac{\gamma\left(k, \left(\frac{t}{\theta}\right)^{\beta}\right)}{\Gamma(k)} \tag{4-20}$$

3) 概率分布图

图 4-9 和图 4-10 分别为广义伽马分布的概率密度图和分布函数图。从图 4-9 可以看出，由于广义伽马分布有三个参数，其密度曲线变化的形式更为灵活。

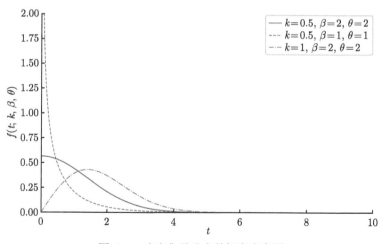

图 4-9　广义伽马分布的概率密度图

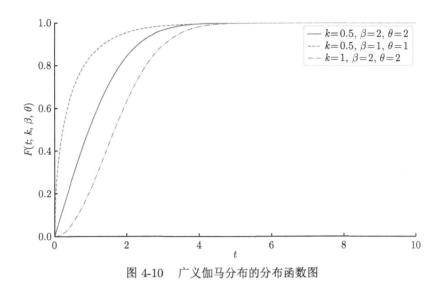

图 4-10　广义伽马分布的分布函数图

4) 适用范围

广义伽马分布不像其他寿命分布那样经常用于寿命数据建模，但是由于很多其他概率分布均可通过对广义伽马分布的参数设定特殊值得出，因而广义伽马分布具有其他更常用分布的类似性质，因而其能够根据分布的参数值，来模拟其他分布的属性。建模者有时利用它的这种能力，来确定应将其他寿命分布中的哪一种用于特定数据集的建模。

5) 所刻画购买行为的特征

目前，仅 Allenby 等 (2012) 使用了广义伽马分布对购买间隔时间进行刻画，指出使用该分布成功刻画生存时间的例子非常少，主要原因在于该分布拥有三个参数，需要大量的样本量进行参数估计，以保证参数的准确性。但是，因其概率密度曲线和危险函数曲线变化非常灵活，Allenby 等仍然选择使用此分布进行建模。

由此可以看出，对客户购买行为进行建模时，很少使用广义伽马分布。不过，当建模者对客户购买间隔时间特征不熟悉，不确定使用何种概率分布时，可以先用广义伽马分布进行拟合，根据输出的参数估计值来确定到底哪种分布更合适。

6. 对数正态分布

1) 推导过程

若一个随机变量的对数服从正态分布，则该随机变量服从对数正态分布。当广义伽马分布中参数 k 趋于无穷大时，广义伽马分布逼近于对数正态分布 (lognormal distribution)。

2) 概率分布公式

对数正态分布的概率密度公式为

$$f(t;\mu,\sigma) = \frac{1}{t\sigma\sqrt{2\pi}}e^{-\frac{(\ln t-\mu)^2}{2\sigma^2}} \tag{4-21}$$

该分布有两个参数，与正态分布一样，μ 为定位参数 (均值)，σ 为形状参数 (标准差)。

对数正态分布的分布函数公式为

$$F(t;\mu,\sigma) = \Phi\left(\frac{\ln t-\mu}{\sigma}\right) \tag{4-22}$$

3) 概率分布图

图 4-11 和图 4-12 分别为对数正态分布的概率密度图和分布函数图。从图 4-11 可以看出，对数正态分布的概率密度曲线只能呈倒 U 形。从图 4-12 可以看出，σ 值越小，分布函数越先趋近于 1。

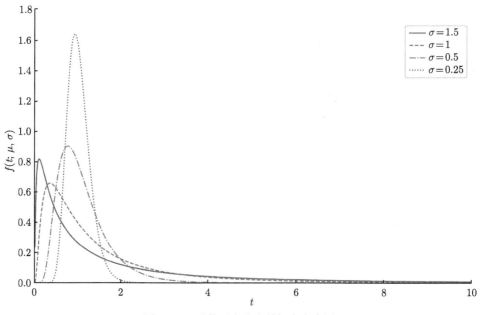

图 4-11　对数正态分布的概率密度图

4) 适用范围

能被对数正态分布刻画的变量的其中一个特征为，该变量可以看作许多相互独立随机的正变量乘积的结果。例如，在金融领域中，长期贴现因子由短期贴现因子的结果推导而来；在无线通信中，因遇到障碍物而造成的信号衰减情况也服从对数正态分布。

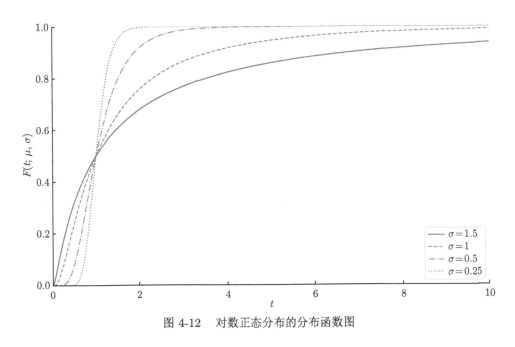

图 4-12　对数正态分布的分布函数图

5) 所刻画购买行为的特征

与前面三种连续型概率分布不同, 对数正态分布刻画的购买间隔时间中已经包含了客户间的异质性, 即模型中没有再单独假设异质性服从何种分布。Lawrence(1980) 使用对数正态分布进行刻画时, 学术界普遍使用的是负二项分布 (泊松分布 + 伽马分布), 作者希望尝试使用新的分布并验证其效果。由于对数正态分布的概率密度曲线和负二项分布的曲线非常相似, 最后的实证也发现两种分布拟合效果差别不大。但是二者的危险函数差别较大, 对数正态分布的危险函数呈倒 U 形, 即客户在一段时间内瞬时购买率随时间上升, 在超过某时刻之后随时间下降。

由于对数正态分布缺少概率模型中的 "story"(模型假设), 因而在其后的文献中, 鲜有学者再使用该分布刻画客户行为。

7. 各概率分布刻画客户购买行为的特征总结

图 4-13 分别从客户购买行为特征和概率分布数学特性两个角度对上述所提到的六种概率分布以及分布间转换关系进行了总结。

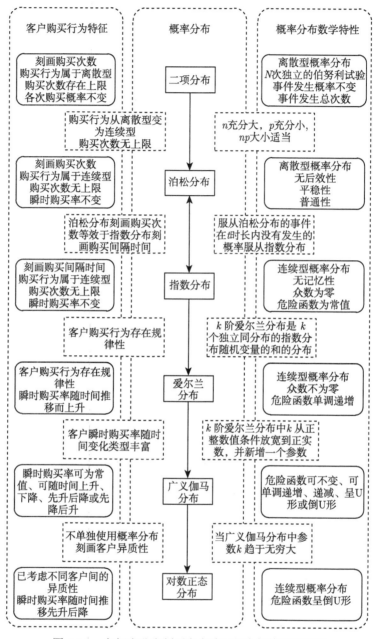

图 4-13　各概率分布刻画客户购买行为的特征关系图

4.2.2 客户流失行为的假设

1. 几何分布

1) 推导过程

几何分布 (geometric distribution) 有两种形式: 一种是取得第一次成功所需要经历的次数 X 的概率分布, 另一种是取得第一次成功前经历失败的次数 $Y = X - 1$。两种表达式略有不同, 通常根据具体情况选择一种使用。

在对客户流失行为建模中, 使用的是第一种形式, 又称作 "shifted geometric distribution", 实际意义可以理解为, 客户在流失前 (第一次成功) 所经历的时长 (流失机会的次数)。下面针对第一种形式进行介绍。

2) 概率分布公式

几何分布的分布律公式为

$$P(X = n) = (1-p)^{n-1}p = q^{n-1}p, \quad n = 1, 2, \cdots \tag{4-23}$$

几何分布的分布函数公式:

$$F(x) = 1 - (1-p)^{x+1}, \quad n = 1, 2, \cdots \tag{4-24}$$

3) 概率分布图

图 4-14 和图 4-15 分别为几何分布的分布律图和分布函数图。从图 4-14 可以看出, 离散型的几何分布与连续型的指数分布在概率密度曲线的形状上非常相似, 大部分性质均相同。

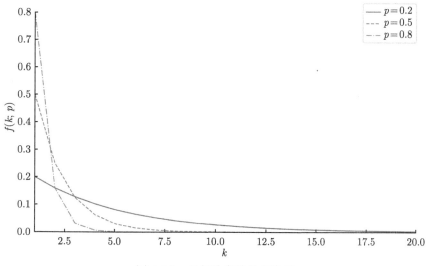

图 4-14 几何分布的分布律图

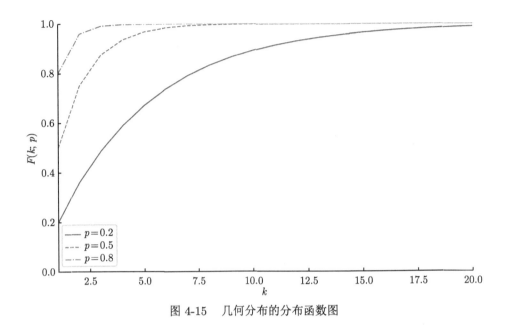

图 4-15　几何分布的分布函数图

4) 适用范围

几何分布较为简单，凡是符合其定义的离散事件都可以用几何分布进行刻画。

几何分布刻画的是离散型的流失行为。在非契约型交易情景下，为了将客户流失行为离散化，建模者假定流失机会仅在购买行为发生前或者发生后产生；在契约和半契约型交易情景下，流失机会产生在每个契约期末，客户续约则不流失，若不续约则流失。客户在每个流失机会中，流失概率不变。

2. 指数分布

在购买行为中，已经对指数分布做了介绍，下面主要分析该分布刻画客户流失行为时的特点。

指数分布用于刻画连续型的流失行为。作为经典寿命分布之一，使用指数分布刻画客户的生存时间得到了学术界的广泛认可和应用。但是由于指数分布的危险函数为常值，也就意味着客户的瞬时流失率不随时间变化。在某些实际场景中，建模者若认为瞬时流失率将随时间增大或减小，则可用韦布尔分布等其他分布代替。

3. 韦布尔分布

1) 推导过程

韦布尔分布 (Weibull distribution) 在指数分布的基础上增添了一个参数，使得概率密度曲线和危险函数曲线变得更加灵活。当韦布尔分布中的参数 k 取值为 1 时，韦布尔分布退化为指数分布。

2) 概率分布公式

韦布尔分布的概率密度公式为

$$f(t;\lambda,k) = \lambda k(\lambda t)^{k-1}e^{-(\lambda t)^k}, \quad t>0, \lambda>0, k>0 \qquad (4\text{-}25)$$

其中，k 为形状参数，λ 为率参数。

韦布尔分布的分布函数公式为

$$F(t;\lambda,k) = 1 - e^{-(t/\lambda)^k} \qquad (4\text{-}26)$$

3) 概率分布图

图 4-16 和图 4-17 分别为韦布尔分布的概率密度图和分布函数图。从图 4-16 可以看出，同样是因为有两个参数，韦布尔分布的概率密度曲线形状变化较为丰富。

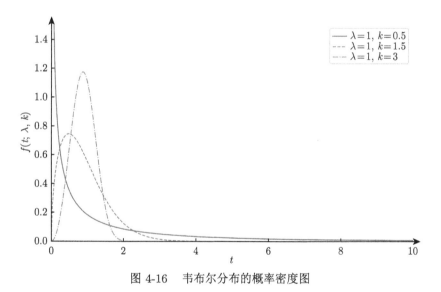

图 4-16　韦布尔分布的概率密度图

4) 适用范围

韦布尔分布在工程实践中有着广泛的应用。最初，这种分布是在解释疲劳数据时提出的，但现在它的应用已扩展到许多其他的工程问题中。特别是，它在有关生存现象的领域中有广泛的应用。例如，当某对象适合 "最弱链" 模型时，其寿命服从韦布尔分布。这就是说，考虑一个由许多部件组成的产品，并假定当它的任何一个部件失效时，此产品的寿命就终止。在这样的条件下，已经证明韦布尔分布为产品的寿命分布提供了一个很好的近似。

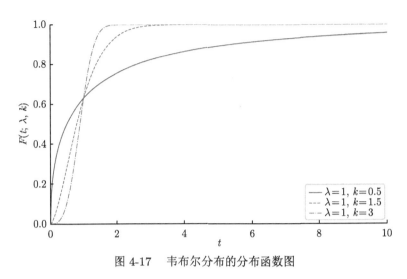

图 4-17   韦布尔分布的分布函数图

5) 所刻画流失行为的特征

建模者使用韦布尔分布刻画流失行为的主要原因是其危险函数曲线变化非常
灵活。韦布尔分布的危险函数为

$$h(t;\lambda,k) = \frac{k}{\lambda}\left(\frac{t}{\lambda}\right)^{k-1} \tag{4-27}$$

当 $k < 1$ 时，危险函数单调递减；当 $k = 1$ 时，危险函数为常值，退化为指
数分布；当 $k > 1$ 时，危险函数单调递增。灵活的危险函数可以刻画出瞬时流失
率与时间的多种关系，供建模者选用。

4. 各概率分布刻画客户流失行为的特征总结

图 4-18 分别从客户流失行为特征和概率分布数学特性两个角度对上述所提
到的三种概率分布以及分布间转换关系进行了总结。

4.2.3　客户间异质性的假设

客户间的异质性包括购买行为的异质性和流失行为的异质性。考虑异质性的
原因在于，首先在对个体客户的购买行为和流失行为做出相关假设之后，建模者不
能直接对现有模型参数进行估计，因为不同客户的购买率和流失率都不一样；其
次，建模环境也没有足够的历史数据支撑对单独某个客户的模型参数进行估计。
鉴于此，建模者可以使用经验贝叶斯方法，令这类异质性服从某种概率分布，从
而估计出不同客户模型参数的分布情况，以此作为先验分布代入原模型公式计算
所需的概率。

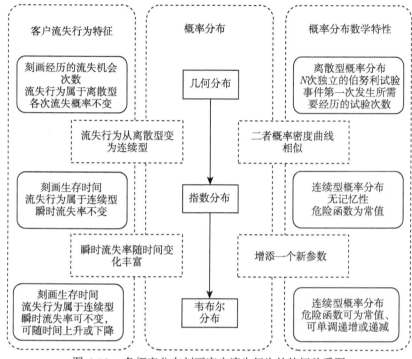

图 4-18　各概率分布刻画客户流失行为的特征关系图

1. 伽马分布

1) 推导过程

当 k 阶爱尔兰分布中的 k 从正整数值的条件放宽到正实数时，爱尔兰分布变为伽马分布。

2) 概率分布公式

伽马分布的概率密度公式为

$$f(x; k, \theta) = x^{k-1} \frac{\mathrm{e}^{-x/\theta}}{\theta^k \Gamma(k)}, \quad x \geqslant 0, k, \theta > 0 \tag{4-28}$$

其中，k 为形状参数，θ 为率参数。

伽马分布的分布函数公式为

$$F(x; k, \theta) = \frac{\gamma(k, x/\theta)}{(k-1)!} \tag{4-29}$$

3) 概率分布图

图 4-19 和图 4-20 分别为伽马分布的概率密度图和分布函数图。由于伽马分布将爱尔兰分布中的 k 值从正整数的取值范围扩展到了正实数范围。因而，伽马分布的概率密度曲线形状更加灵活。

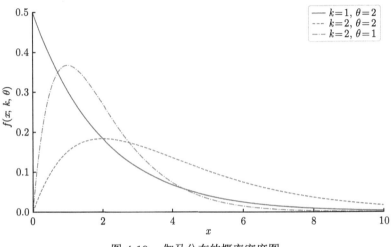

图 4-19　伽马分布的概率密度图

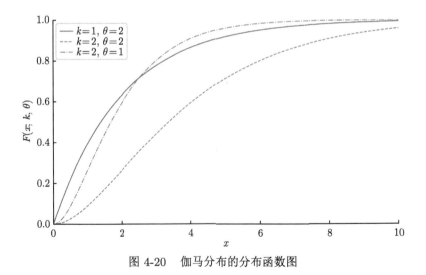

图 4-20　伽马分布的分布函数图

4) 适用范围

伽马分布的应用主要分为两类：一类是刻画事件持续时间，这类事件受到一个或多个服从指数分布的变量影响，如排队模型、产品制造分销过程流以及各种通信交换等；另一类是由于该分布密度曲线波峰偏斜的特性，用在多种学科中解释各类现象，如在气象学中用来刻画降雨量，在金融学中用来刻画保险索赔数量和贷款违约的规模等。

5) 所刻画异质性的特征

伽马分布用于连续型的购买行为和流失行为，异质性通过假设购买率或者流失率服从伽马分布体现。伽马分布的密度曲线非常灵活，能反映单调递减和倒 U 形特征的异质性，不足之处在于其不能很好地刻画呈现双峰 (两端的极值较多) 的数据，这可以使用逆广义伽马分布代替。

2. 逆广义伽马分布

1) 推导过程

令变量 x 服从广义伽马分布，则变量 x 的倒数，$y = \dfrac{1}{x}$ 服从逆广义伽马分布 (inverse generalized Gamma distribution)。

2) 概率分布公式

逆广义伽马分布的概率密度公式为

$$f(x; \beta, \theta, k) = \frac{\beta}{\Gamma(k)\theta^{k\beta}}(x)^{-k\beta-1}\mathrm{e}^{-\left(\frac{1}{x\theta}\right)^{\beta}}, \quad \theta > 0, \beta > 0, k > 0 \tag{4-30}$$

逆广义伽马分布的分布函数公式为

$$F(x) = \frac{\gamma\left(k, \left(\dfrac{1}{x\theta}\right)^{\beta}\right)}{\Gamma(k)} \tag{4-31}$$

3) 概率分布图

图 4-21 和图 4-22 分别为逆广义伽马分布的概率密度图和分布函数图。因其具有三个参数，各类曲线形状同样非常灵活。

4) 适用范围和所刻画异质性的特征

由于逆广义伽马分布的数学形式非常复杂，参数估计需要依靠大量数据集，因而目前鲜有文献将逆广义伽马分布应用到现场场景中。在刻画客户间异质性的研究中，仅有 Allenby 等 (2012) 尝试使用了此分布，该分布概率曲线非常灵活。从逆广义伽马分布的概率密度图可看出，它能弥补伽马分布无法刻画双峰数据的不足。

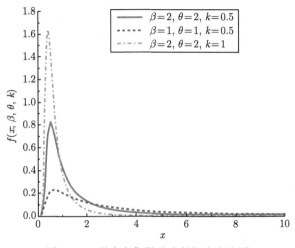

图 4-21　逆广义伽马分布的概率密度图

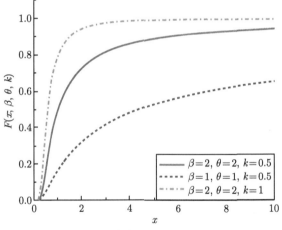

图 4-22　逆广义伽马分布的分布函数图

3. 贝塔分布

1) 推导过程

如果 X 和 Y 分别服从伽马分布 $\Gamma(\alpha,\theta)$ 和 $\Gamma(\beta,\theta)$，则 $X/(X+Y)$ 服从 B (α,β)。同时贝塔分布 (Beta distribution) 还是二项分布或者伯努利分布的共轭先验分布。

2) 概率分布公式

贝塔分布的概率密度公式为

$$f(x;\alpha,\beta)=\frac{1}{\mathrm{B}(\alpha,\beta)}x^{\alpha-1}(1-x)^{\beta-1} \tag{4-32}$$

贝塔分布的分布函数公式为

$$F(x; \alpha, \beta) = \frac{\mathrm{B}_x(\alpha, \beta)}{\mathrm{B}(\alpha, \beta)} \tag{4-33}$$

3) 概率分布图

图 4-23 和图 4-24 分别为贝塔分布的概率密度图和分布函数图。从图 4-23 可以看出,贝塔分布的概率密度曲线能够呈现出 U 形,这在本书所研究的其他二参数概率分布中都不具有此性质。

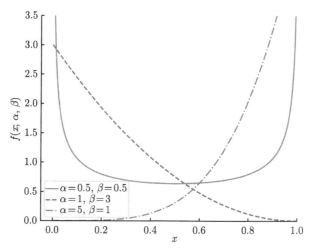

图 4-23 贝塔分布的概率密度图

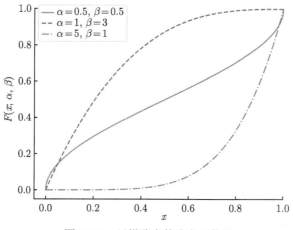

图 4-24 贝塔分布的分布函数图

4) 适用范围

与其他连续型概率分布不同,贝塔分布的变量值介于 0 和 1 之间,存在上下限。这种性质恰好可用于描述一个未知概率值的分布,因而贝塔分布通常作为二项分布或者伯努利分布概率参数的后验分布。

5) 所刻画异质性的特征

贝塔分布刻画的是离散型的客户行为。在这类概率模型中,通常假设客户的购买概率或者流失概率服从贝塔分布。从贝塔分布的概率密度图可以看出,该分布能表示的客户间异质特征非常丰富,可呈单调递减、单调递增、U 形、倒 U 形,因而受到建模者的青睐。

4. 各概率分布刻画客户间异质性的特征总结

图 4-25 分别从客户间异质性特征和概率分布数学特性两个角度对上述所提到的三种概率分布以及分布间转换关系进行了总结。

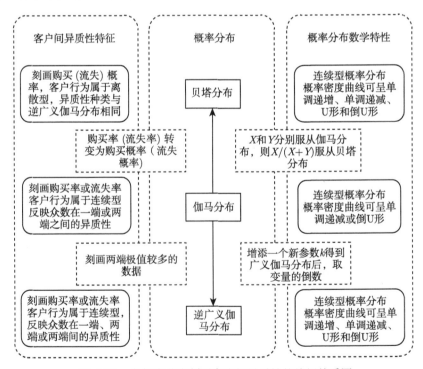

图 4-25　各概率分布刻画客户间异质性的特征关系图

4.2.4　购买行为与流失行为的相关性假设

通常情况下,概率模型都假设客户的购买行为和流失行为相互独立,主要原因在于在实际情况中，很难确定二者是正相关还是负相关。例如，高频率的购买者一方面更容易产生不满情绪，导致流失率提高；另一方面与企业的关系程度更紧密，导致流失率降低。

若建模者认为建模环境中客户的这两种行为不独立，则可以使用多元概率分布对二者关系进行检验。常用的多元概率分布主要为多元正态分布和多元对数正态分布，主要原因为多元正态分布的贝叶斯更新为一个标准程序，比较容易计算。由于两种分布都没有闭合的分布函数形式，并且超过三元的密度函数无法用图显示，因而本节只介绍两种分布的推导过程、概率密度公式、适用范围以及所刻画客户行为关系的特点。

1. 多元正态分布

1) 推导过程和概率密度公式

若 p 维随机向量 $X = (X_1, X_2, \cdots, X_p)$ 的密度函数为

$$f(x_1, x_2, \cdots, x_p) = \frac{1}{(2\pi)^{p/2}|\Sigma|^{1/2}} \exp\left\{-\frac{1}{2}(x - \mu)^{\mathrm{T}} \Sigma^{-1}(x - \mu)\right\} \quad (4\text{-}34)$$

其中，$\boldsymbol{x} = (x_1, x_2, \cdots, x_p)$，$\boldsymbol{\mu}$ 为 p 维向量，Σ 为 p 阶协差阵，则称 X 服从 p 维正态分布，记为 $X \sim N_p(\mu, \Sigma)$。

2) 适用范围和所刻画客户行为相关性的特征

多元正态分布 (multivariate normal distribution) 是多元统计分析的基础。若要检验客户的购买行为与流失行为是否相关，则可令模型中的购买率 λ 和流失率 μ 在客户间的异质性服从多元正态分布。在进行完参数估计之后，通过多元正态分布中的协差阵可计算出购买率和流失率两个变量的相关系数。若相关系数为 0，则二者不相关；若越趋近于 1，则正相关性越强；若越趋近于 −1，则负相关性越强。

使用多元正态分布刻画客户行为相关性的不足在于，根据该分布的性质，服从多元正态分布的随机变量 X 的任何一个分量子集的分布 (称为 X 的边缘分布) 仍然服从正态分布，也就是说客户间购买率和流失率的异质性均分别服从正态分布。由于正态分布变量的取值范围两端都趋于无穷，购买率与流失率不能为负，因而使用多元正态分布刻画时存在一定缺陷，不能准确地反映实际情况。

2. 多元对数正态分布

1) 推导过程和概率密度公式

令 p 维随机向量 $X = (X_1, X_2, \cdots, X_p)$ 服从均值为 μ、协差阵为 Σ 的多元正态分布，变换形式令 $Y = \exp(X)$ 并定义随机向量 $Y = (Y_1, Y_2, \cdots, Y_p)$，则 Y

服从多元对数正态分布，概率密度公式如下：

$$f(y_1, y_2, \cdots, y_p) = \frac{1}{(2\pi)^{p/2}|\varSigma|^{1/2}y} \exp\left\{-\frac{1}{2}(\ln x - \mu)^{\mathrm{T}}\varSigma^{-1}(\ln x - \mu)\right\} \quad (4\text{-}35)$$

其中，$y = (y_1, y_2, \cdots, y_p)$，记为 $\ln Y \sim N_p(\mu, \varSigma)$。

2) 适用范围和所刻画客户行为相关性的特征

使用多元对数正态分布 (multivariate lognormal distribution) 刻画客户两种行为相关性的方法与多元正态分布相似，同样根据公式中的协差阵所计算出的变量相关系数进行判断。与多元正态分布相比，多元对数正态分布的变量取值范围为 0 到正无穷大，因而杜绝了参数可能为负的情况。

3. 各概率分布刻画行为相关性的特征总结

图 4-26 分别从客户行为相关性特征和概率分布数学特性两个角度对上述所提到的两种概率分布以及分布间转换关系进行了总结。

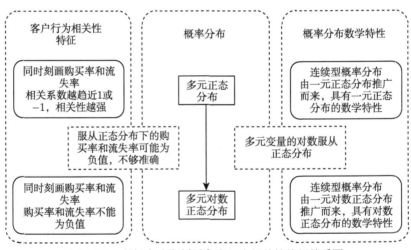

图 4-26　各概率分布刻画客户行为相关性特征关系图

4.2.5　综合概率分布

在每个模型假设选定相应的概率分布之后，在下阶段的公式推导过程中，特定情况下某两种概率分布合并时可化简为新的单一分布。这类合并主要发生在刻画客户行为的概率分布与刻画异质性的概率分布之间。因合并后的新分布同时包含有原概率模型两方面的假设，本书称这类分布为综合概率分布。由于综合概率分布刻画对象的特征与原模型中的两种概率分布刻画的特征相同，前面已对几类模型假设中的概率分布进行了分析，本节仅介绍综合概率分布的基本数学特性。

1. 负二项分布

1) 推导过程

假设客户购买次数服从参数为 λ 的泊松分布, 并且参数 λ 在客户间的异质性服从伽马分布, 二者混合可推出负二项分布, 推导过程如下:

$$
\begin{aligned}
f(k) &= \int_0^\infty f_{P(\lambda)}(k) \cdot f_{\Gamma(r, \frac{p}{1-p})}(\lambda) \mathrm{d}\lambda \\
&= \int_0^\infty \frac{\lambda^k}{k!} \mathrm{e}^{-\lambda} \cdot \lambda^{r-1} \frac{\mathrm{e}^{-\lambda(1-p)/p}}{\left(\dfrac{p}{1-p}\right)^r \Gamma(r)} \mathrm{d}\lambda \\
&= \frac{(1-p)^r p^{-r}}{k! \Gamma(r)} \int_0^\infty \lambda^{r+k} \mathrm{e}^{-\lambda/p} \mathrm{d}\lambda \\
&= \frac{(1-p)^r p^{-r}}{k! \Gamma(r)} p^{r+k} \Gamma(r+k) \\
&= \frac{\Gamma(r+k)}{k! \Gamma(r)} (1-p)^r p^k
\end{aligned}
\tag{4-36}
$$

2) 概率分布公式

负二项分布的概率密度公式为

$$
p(X = k) = C_{k+r-1}^k (1-p)^r p^k \tag{4-37}
$$

负二项分布的概率分布公式为

$$
F(x) = \sum_{k=0}^x C_{k+r-1}^k (1-p)^r p^k \tag{4-38}
$$

3) 概率密度图

图 4-27 和图 4-28 分别为负二项分布的概率密度图和分布函数图。

4) 适用范围

当负二项分布中的参数 r 为正整数时, 非常容易理解该分布的实际意义。它表示, 已知一个事件在伯努利试验中每次的出现概率是 p, 在一连串伯努利试验中, 一个事件刚好在第 $r+k$ 次试验出现第 r 次的概率。在刻画客户购买行为中, 可理解为, 在 $r+k$ 次购买机会中, 客户恰好购买了 r 次, 而有 k 次没有购买。

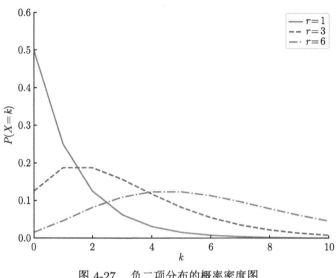

图 4-27　负二项分布的概率密度图

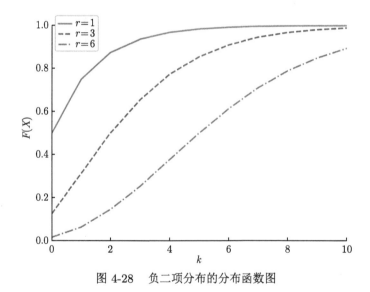

图 4-28　负二项分布的分布函数图

2. 伯尔分布

1) 推导过程

首先对韦布尔分布的概率密度函数作如下变形：

$$f(t; \lambda, k) = \lambda k(\lambda t)^{k-1} \mathrm{e}^{-(\lambda t)^k} = k\lambda^k t^{k-1} \mathrm{e}^{-\lambda^k t^k} \tag{4-39}$$

令 $\beta = \lambda^k$，$k = c$ 则变为

$$f(t; \beta, c) = c\beta t^{c-1} \mathrm{e}^{-\beta t^c} \tag{4-40}$$

假设客户购买间隔时间服从参数为 β 和 c 的韦布尔分布，并且参数 β 在客户间的异质性服从伽马分布，二者混合可推出伯尔分布 (Burr distribution)(Tadikamalla, 1980)，推导过程如下：

$$
\begin{aligned}
f(t) &= \int_0^\infty f(t|\beta) f(\beta) \mathrm{d}\beta \\
&= \int_0^\infty c\beta t^{c-1} \mathrm{e}^{-\beta t^c} \cdot \frac{\delta^k \beta^{k-1}}{\Gamma(k)} \mathrm{e}^{-\delta\beta} \mathrm{d}\beta \\
&= \frac{ct^{c-1}\delta^c}{\Gamma(k)} \int_0^\infty \beta^k \cdot \mathrm{e}^{-(t^c+\delta)\beta} \mathrm{d}\beta \\
&= \frac{ct^{c-1}\delta^k}{\Gamma(k)} \cdot \frac{k!}{(t^c+\delta)^{k+1}} \\
&= ck \frac{t^{c-1}\delta^k}{(t^c+\delta)^{k+1}}
\end{aligned} \tag{4-41}
$$

当 $\delta = 1$ 时，得到伯尔分布的概率密度：

$$f(t) = ck \frac{t^{c-1}}{(t^c+1)^{k+1}} \tag{4-42}$$

由此也可认为韦布尔分布和伽马分布组合得到广义伯尔分布。

2) 概率分布公式

伯尔分布的概率密度公式为

$$f(x; c, k) = ck \frac{t^{c-1}}{(1+t^c)^{k+1}}$$

伯尔分布的分布函数公式为

$$F(x; c, k) = 1 - (1+x^c)^{-k} \tag{4-43}$$

3) 概率密度图

图 4-29 和图 4-30 分别为伯尔分布的概率密度图和分布函数图。

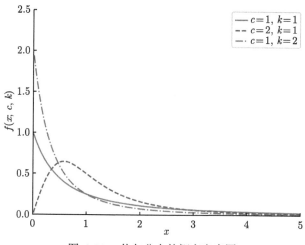

图 4-29　伯尔分布的概率密度图

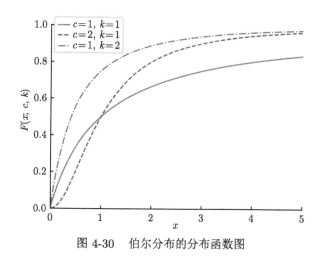

图 4-30　伯尔分布的分布函数图

4) 适用范围

伯尔分布的使用频率不高，属于寿命分布的一种，主要用于对失效数据进行刻画。

3. 帕累托分布

1) 推导过程

假设客户生存时间服从参数为 μ 的指数分布，并且参数 μ 在客户间的异质性服从伽马分布，二者混合可推出帕累托分布 (Pareto distribution)(第二类)，推导过程如下：

$$f(t|s,\beta) = \int_0^\infty \mu e^{-\mu t} \cdot \frac{\beta^s}{\Gamma(s)} \mu^{s-1} e^{-\beta\mu} d\mu$$

$$= \frac{\beta^s}{\Gamma(s)} \int_0^\infty \mu^s e^{-(\beta+t)\mu} d\mu$$

$$= \frac{\beta^s}{\Gamma(s)} \cdot \frac{s!}{(\beta+t)^{s+1}}$$

$$= \frac{s}{\beta} \left(\frac{\beta}{\beta+t} \right)^{s+1} \tag{4-44}$$

2) 概率分布公式

帕累托分布的概率密度公式为

$$f(t; s,\beta) = \frac{s}{\beta} \left(\frac{\beta}{\beta+t} \right)^{s+1} \tag{4-45}$$

帕累托分布的分布函数公式为

$$F(t; s,\beta) = 1 - \left(\frac{\beta}{t+\beta} \right)^s \tag{4-46}$$

3) 概率密度图

图 4-31 和图 4-32 分别为帕累托分布的概率密度图和分布函数图。从图 4-31 可以看出，帕累托分布的概率密度曲线的众数均为 0。

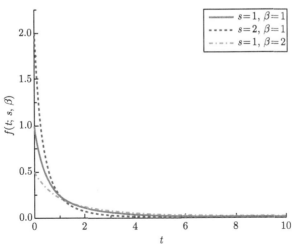

图 4-31　帕累托分布的概率密度图

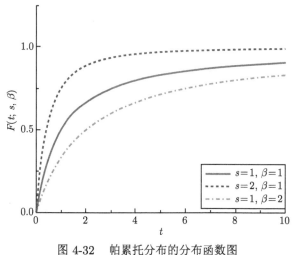

图 4-32　帕累托分布的分布函数图

4) 适用范围

帕累托分布通常理解为二八原理。该分布最早用来描述社会财富的分配,即社会中 20% 的人口拥有 80% 的财富量。其他应用的领域包括:通过 TCP(transmission control protocol,传输控制协议) 传输文件的大小分布 (20% 的大文件占据网络中 80% 的流量)、油田的石油储备数量分布、沙粒的大小分布、火灾导致的毁坏面积分布等。

4. 各综合概率分布的特征总结

表 4-1 分别从概率分布刻画的对象和数学特性两个角度对上述所提到的三种综合概率分布进行了总结。

表 4-1　各综合概率分布特征总结表

概率分布名称	分布间数学关系	分布类型	刻画对象
负二项分布	泊松分布与伽马分布的混合	离散型	客户购买次数和客户间购买率的异质性
伯尔分布	韦布尔分布与伽马分布的混合	连续型	客户购买间隔时间和客户间购买率的异质性
帕累托分布	指数分布与伽马分布的混合	连续型	客户生存时间和客户间流失率的异质性

4.3　非契约型交易情景

4.3.1　非契约型交易情景定义

从本质上看,客户与企业之间的交易没有契约或者协议的约束,客户具有很低的转移成本,因而双方关系紧密程度低,交易关系不稳定。

从表征上看,企业不能确定客户在流失前为其创造的收入金额,并且企业不能察觉到客户在何时已经流失 (Reinartz and Kumar, 2000, 2003; Abe, 2009)。

4.3.2　模型假设

从非契约型交易情景的定义可看出,在该情景下客户的购买行为和流失行为均自主决定,几乎没有受到来自企业方面的约束,导致客户的这两种行为的随机性都非常大;同时,企业能掌握到这部分非签约客户的信息非常有限,无法确定影响客户行为的主要潜在因素。在此前提下,通过建立概率模型对客户行为进行刻画便成了非常不错的选择,这也解释了目前学术界为什么在非契约型交易情景下建立的概率模型数量最多。

由于客户购买行为和流失行为的随机性都非常大,因而需要模型进行全方面的假设,利用各种概率分布将客户各种行为特征确定下来。在非契约型交易情景下,模型假设主要有四类,即客户购买次数 (购买间隔时间) 服从某种分布、客户生存时间 (瞬时死亡率) 服从某种分布、不同客户间购买率异质性服从某种分布、不同客户间流失率异质性服从某种分布。需要特别指出的是,由于非契约型交易情景下的不确定性因素较多,没有直接证据证明购买率与流失率存在显著的相关关系,因而建模者通常假设二者相互独立,并不使用多元概率分布进行刻画,这也能起到简化模型的作用。Abe(2009) 在非契约型交易情景下建模时,曾尝试假设客户间的购买率和流失率的异质性服从多元对数正态分布,但根据参数估计的结果计算出相关系数后发现,两个变量间的相关性甚小,因而假设二者相互独立较为合理。

4.3.3　模型输出结果

以最经典的 Pareto/NBD 模型为例,输出的主要结果有:观察期末客户的活跃度、观察期内客户购买次数的期望值以及未来某段时间内客户购买次数的期望值等。这些输出结果在 BG/NBD 模型、MBG/NBD 模型、CBG/NBD 模型、BG/BB 模型以及 PDO 模型中都可以推导出相应的计算公式。

在非契约型交易情景中特有的也是最重要的输出结果为观察期末客户的活跃度,通常用 $P(\text{alive})$ 表示。活跃度的含义为:在观察期 T 时刻末,客户仍然“存活 (未流失)”的概率。在契约或半契约型交易情景下,客户和企业签有契约,若客户在契约期结束后没有续约,则企业可断定该名客户已经流失;在非契约型交易情景下双方没有签约,企业无法察觉客户是否已经流失。所以在非契约型交易情景下,建模者只能根据该客户与企业发生的历史交易数据情况计算出一个活跃度作为判断客户是否流失的标准,其值越高,客户越有可能留在企业中,相反则越容易流失。

　　为了确定某名客户的生存时间，建模者会对活跃度设定一个阈值，当该名客户的活跃度大于等于此值时，视该名客户仍然"存活"，否则视为已经流失。通常阈值取 $P(\text{alive}) = 0.5$ 时可得到最高的正确分类比例 (Reinartz and Kumar, 2000; Helsen and Schmittlein, 1993)。图 4-33 说明了个体客户活跃度随时间变化的过程以及生存时间的确定过程。

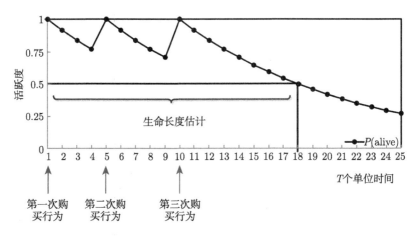

图 4-33　个体客户活跃度随时间变化的过程及生存时间的确定过程

4.4　契约型交易情景

4.4.1　契约型交易情景定义

　　从本质上看，客户与企业之间的交易受到契约或者协议的约束，客户具有很高的转移成本，因而双方关系紧密程度高，能够维持长期稳定的交易关系。

　　从表征上看，企业能够在契约期初确定客户在契约期内将为其创造的收入金额，并且企业能够察觉到客户在何时已经流失 (Reinartz and Kumar, 2000; Fader and Hardie, 2007; Ascarza and Hardie, 2013)。

4.4.2　模型假设

　　在非契约型交易情景中，之所以要研究客户的购买行为，最主要原因在于企业无法确定客户在生命周期内能为企业创造的收入，要估计出此值需要通过概率模型预测出客户总的购买次数以及单次消费金额，并将二者相乘得到。由此可以看出，企业最关心的其实并不是客户的购买次数，而是客户能为其创造的收入。在契约型交易情景下，客户与企业双方已就契约期内客户须向企业支付的金额达成一致，因而不论客户在契约期内的购买行为如何，其为企业创造的收入金额已经固定，所以在契约型交易情景下企业不再需要对客户购买行为进行研究。在契约型交易情景下，客户的生命周期越长，其能为企业创造的收入也就越多 (Reinartz and Kumar, 2000)，因而在该交易情景下，企业只用关注客户的流失行为 (续约过程) 即可。

契约型交易情景下的概率模型假设主要由与客户流失行为相关的两部分组成：客户生存时间 (瞬时死亡率) 服从某种分布、不同客户间流失率异质性服从某种分布。在使用 PHM 框架进行刻画时，除了这两部分的模型假设，建模者还可以在协变量函数中加入影响客户流失的外在因素，这些因素包括营销变量、人口统计学变量 (性别、年龄、受教育程度、收入情况) 等。由于在契约型交易情景下，客户与企业关系较为紧密，企业掌握了客户的大量信息，例如，客户通常在成为企业签约客户之前都会填写较为详细的客户信息表，企业每次针对客户展开的促销活动都有记录等，这些大量的信息为构建协变量函数奠定了基础。

4.4.3　模型输出结果

契约型交易情景下的模型输出结果主要有：观察期末客户的 "存活" 概率、观察期末 "存活" 客户的数量以及各契约期末客户保留率。三类输出结果可以相互推导，"存活" 概率可由概率模型的存活函数求得，通常记为 $S(t)$；存活数量等于期初客户总数乘以存活概率，记为 $N_t = N_0 \times S(t)$；各契约期末保留率等于上一契约期存活的客户中到下一契约期仍然存活的比例，记为 $r_t = \dfrac{S(t)}{S(t-1)}$。

契约型交易情景中的观察期末客户的 "存活" 概率与非契约型交易情景中的观察期末客户的活跃度这两个输出结果有相似之处，在客户基分析中，均可用于计算企业当前实际拥有的客户数量，但是二者有本质的区别。首先，在模型公式进行参数估计时，存活概率所需的样本数据是每个契约期末实际保留的客户数量，客户活跃度需要的则是客户历史交易信息 (购买频率和最近一次购买)；其次，从刻画对象的层次上来看，存活概率刻画的是群体层面，即从初始时刻到目前仍留在企业中的客户比例，活跃度刻画的是个体层面，即单独某个客户在当前仍留在企业中的概率。因而这两个输出结果使用时需要区分交易情景。

相对于非契约型交易情景而言，契约型交易情景中特有的输出结果为各契约期末客户保留率。由于在契约型交易情景下企业能够察觉到客户何时流失，因而企业每个契约期末所保留的客户数量都是确定可知的，这为计算保留率提供了可能；在非契约型交易情景下，由于客户何时流失企业未知，因而无法计算保留率。

4.5 半契约型交易情景

4.5.1 半契约型交易情景定义

从本质上看，客户与企业之间的交易受到契约或者协议的约束，但该类契约或者协议较为灵活，约束力不强，客户具有较高的转移成本，因而双方关系紧密程度较高，交易关系将在一段稳定期过后转入不稳定期。

从表征上看，企业能够在契约期初确定客户在契约期内将为其创造的收入金额下限，并且企业能够确定客户流失时间的下限 (Borle et al., 2008; Wübben and Wangenheim, 2008; Heitz et al., 2010)。

4.5.2 模型假设

在半契约型交易情景下虽然客户的购买行为和流失行为都受到一定的约束，但这种约束并没有契约型交易情景下严格，这类契约中均只是对客户行为的下限进行了规定。因而当客户两方面的行为超过下限之后，客户行为的随机性又得到了恢复，此时仍需要使用概率模型对行为特点进行刻画。

半契约型交易情景下模型假设通常由五部分组成，即客户购买次数 (购买间隔时间) 服从某种分布、客户生存时间 (瞬时死亡率) 服从某种分布、不同客户间购买率异质性服从某种分布、不同客户间流失率异质性服从某种分布、客户购买率和流失率的关系服从某种分布。与非契约型交易情景相比，半契约型交易情景多了对购买率和流失率关系的假设，主要原因在于半契约型交易情景下客户行为受到了契约的约束，客户与企业之间关系相对紧密，因此客户购买行为与流失行为存在一定相关性，不再相互独立。Borle 等 (2008) 通过实证验证了此观点，他们在半契约型交易情景下建模时，假设客户购买率与流失率服从多元正态分布，通过参数估计后发现，客户购买的间隔时间与客户流失风险存在显著的正相关性，即购买间隔时间越长，客户流失的风险越高。

除了通过多元概率分布刻画客户购买行为与流失行为的相关性，Ascarza 和 Hardie(2013) 在所提出的模型中，假设这两种行为受到同一潜在特质影响，即当这一潜在特质随时间发生变化时，同时带动购买行为和流失行为发生变化，从而也打破了两种行为的相互独立性。

4.5.3 模型输出结果

由于半契约型交易情景同时兼具其他两种交易情景的部分特征，因而其他两种交易情景的输出结果在半契约型交易情景下都各有体现。半契约型交易情景下模型的输出结果主要包括：观察期 (当前契约期) 内客户购买次数的期望值、未来某段时间 (某个契约期内) 内客户购买次数的期望值以及各时刻 (契约期末) 客户保留率等。需要注意的是，半契约型交易情景下还可根据购买金额下限和流失时间下限两个维度细分出多个子交易情景 (具体详见第 6 章)，在不同的子类中，输出结果类别会有所差异。

半契约型交易情景中特有的输出结果主要为契约期内客户购买次数的期望值和各时刻的客户保留率。就前一种输出结果而言，在契约型交易情景下，由于客户购买金额固定，因而不再需要计算客户购买次数的期望值；在非契约型交易情景下，由于不存在契约的约束，因而客户购买次数的期望值也不存在。就后一种输出结果而言，在契约型交易情景下，由于客户只能在契约期末流失，计算各时刻保留率时，大部分值均为 1，因而意义不大；在非契约型交易情景下，由于无法确定客户是否流失，因而也无法确定客户保留率。

4.6　本章小结

首先，本章从概率模型的五个常用模型假设出发，分别简要地介绍了各假设下常用概率分布的基本数学性质，并具体分析了各概率分布由于不同的数学性质所导致的在刻画同一对象时表现出的不同特征。对于离散型概率分布而言，如二项分布、负二项分布和几何分布等 (泊松分布与指数分布等效，可视为连续型概率分布)，由于均是从伯努利试验推导而出的，其实际意义都比较明显，可直接看出其所刻画的对象表现出的特征；对于连续型概率分布而言，如指数分布、韦布尔分布和伽马分布等，主要通过分析概率密度曲线形状和对应的危险函数曲线形状来判断所刻画的对象表现出的特征。通过归纳总结，本章基本明确了各假设下各种常用概率分布所适合刻画的场景，为建模者在模型假设阶段挑选概率分布提供了参考建议。

其次，通过对各交易情景下建模时常用概率分布的归纳总结发现，不同交易情景下对于概率分布的选择并没有本质的差别，即同一概率分布可根据具体情况使用在多种交易情景当中，因而本章紧接着研究了各交易情景下客户行为规律刻画方法的具体差异。通过研究发现，各交易情景下的概率模型真正的差别主要体现在模型假设的具体设定以及模型最后的输出结果上。在模型假设设定方面，非契约型交易情景通常假设客户的购买率 (购买概率) 与流失率 (流失概率) 相互独立，契约型交易情景通常不对客户的购买行为进行假设，而半契约型交易情景通常假设客户的购买率 (购买概率) 与流失率 (流失概率) 具有相关性；在模型输出结果方面，非契约型交易情景、契约型交易情景和半契约型交易情景的特有输出结果分别为观察期末客户的活跃度、各契约期末客户保留率和契约期内客户购买次数的期望值。

最后，本章重点关注了在学术界刚提出的半契约型交易情景，并针对该交易情景下的客户行为建模做出一些基础性的铺垫工作。工作内容主要分为三个部分：半契约型交易情景细分、半契约型交易情景下电信业务分类和半契约型交易情景下客户行为建模建议，三者步步递进。第一部分从购买金额和生命周期两个维度出发，根据维度中有无下限限制，共细分出九类子情景，最后结合实际情况筛选出六种有效子情景；第二部分为了帮助建模者在实证环节中找到合适的建模场景和数据来源，选取了北京电信的业务作为研究对象，先挑选出符合半契约型交易情景特征的业务，再分析这部分业务具体所属的子情景；第三部分针对北京电信业务中所存在的四种半契约子情景，探究了各子情景下不同特征的客户行为对建模细节的具体影响，分别为这四类子情景下的客户行为建模提出可行建议。

第 5 章　自然截断型半契约子情景 CLV 建模

5.1　研究过程设计

如何计算 CLV 是近年来营销科学领域的一个热点。此前，几乎所有关于计算 CLV 的模型研究的都是非契约型交易情景和契约型交易情景中的情况，只有一项 2008 年的研究是在半契约型交易情景中展开的。本章着手解决的是半契约型交易情景中的一种特殊类型，在该交易情景中，企业可以在一定条件下单方面终止与客户的交易关系，从而导致客户的生存时长存在人为截断。CLV 模型包括两个子模型：客户基分析 (customer base analysis, CBA) 模型和消费金额 (monetary value, MV) 模型。在 CBA 模型中，基于 BG/BB 模型，再结合 "人为截断" 的特征，创新性地提出了 BG-t/BB 模型。在消费金额模型中，沿用了较为通用的伽马-伽马模型。来自电信业务的实证结果显示，无论 CLV 模型还是它的两个子模型，都取得了很好的预测效果，而且还模拟出在不同截断时长下客户资产的变化趋势，从而帮助具有该类特征的企业找到最佳的截断时长。

5.2　客户基分析模型

5.2.1　BG/BB 模型

虽然在不同的交易情景中需要建立不同的 CBA 模型进行刻画，但是在解决本书问题之前，首先尝试寻找与本书实证场景相近的交易情景，希望从这些交易情景对应的 CBA 模型中获得启发。分析后发现，非契约型交易情景中的 BG/BB 模型具有很多可借鉴之处。

BG/BB 模型是由 Fader 等 (2010) 提出的，其模型假设分为以下六项。

假设 1：一位客户与企业的关系分为两个阶段：他 "存活"(A) 一段时间，然后变为永久性不活跃 ("死亡"，D)。

假设 2：存活时，一个客户在每次交易机会来临时发生购买行为的概率为 p[这意味着在 i 次交易机会中一个存活客户的交易次数服从二项 (i,p) 分布]：

$$P(Y_t = 1|p, \text{alive at } t) = p, \quad 0 \leqslant p \leqslant 1 \tag{5-1}$$

假设 3：一个"存活"的客户在每次交易机会来临前死亡的概率为 θ[这意味着一个客户的生存时长 (无法观测到) 服从几何分布]：

$$P(T = t|\theta) = \theta(1-\theta)^t, \quad t = 0, 1, 2, \cdots \tag{5-2}$$

假设 4：p 的异质性服从贝塔分布，密度函数为

$$f(p|\alpha, \beta) = \frac{p^{\alpha-1}(1-p)^{\beta-1}}{\mathrm{B}(\alpha, \beta)}, \quad 0 \leqslant p \leqslant 1, \quad \alpha, \beta > 0 \tag{5-3}$$

假设 5：θ 的异质性服从贝塔分布，密度函数为

$$f(\theta|\gamma, \delta) = \frac{\theta^{\gamma-1}(1-\theta)^{\delta-1}}{\mathrm{B}(\gamma, \delta)}, \quad 0 \leqslant \theta \leqslant 1, \quad \gamma, \delta > 0 \tag{5-4}$$

假设 6：购买概率 p 和流失概率 θ 在客户间独立变化。

该模型是由经典的 Pareto/NBD 模型演化而来的，二者的区别在于，前者适用于刻画连续型的客户购买行为 (可以在任意时刻发生)，后者适用于刻画离散型的客户购买行为 (只能在固定时点发生)。例如，一个人在 B2C 网站上购物，他的购买行为就可以随时发生，因此这种场景中的客户购买行为就为连续型；而一个基督徒到教堂做周末礼拜，他的"购买行为"则只能在周末发生，因此这种场景中的客户购买行为就为离散型。

Fader 等 (2010) 归纳出三类需要使用离散型 CBA 模型刻画的场景，具体包括：必须离散、有效离散、记录离散。在实证中选择对一个非营利机构中的会员捐赠行为进行研究。这些会员每年都有一次捐赠机会，虽然他们可在这一年中随时发生捐赠行为，但是对于非营利机构而言，更在乎的是这些会员在这一年中是否发生捐赠行为，因而该场景属于有效离散，需要使用离散型 CBA 模型刻画。实证结果发现，在该场景中 BG/BB 模型比 Pareto/NBD 模型具有更好的拟合和预测效果，这不仅验证了 BG/BB 模型的有效性，也验证了区别连续型和离散型购买行为建模的必要性。

本书研究的实证场景也属于有效离散的一种，电信用户按月消费，运营商更关注的不是用户在这一个月中何时进行消费而是是否消费以及消费金额，所以也应该使用离散型 CBA 模型进行刻画。若将 BG/BB 模型直接套用到本场景之中，其实已基本能够反映出客户行为所表现出的特征，只是本场景中的客户生存时长存在截断，不能简单使用 BG/BB 模型中的几何分布进行刻画。所以本书尝试对 BG/BB 模型中关于客户流失行为的假设进行修改，加入生存时长存在截断的约束条件，从而最终建立起适用于半契约型交易情景中的 CBA 模型。

5.2.2 BG-t/BB 模型

本书所提出的模型是以 BG/BB 模型为基础，在客户流失行为假设中加入了生存时长存在截断的约束条件，因而将修改后的模型命名为 BG-t/BB 模型。接下来将从模型假设、构建似然函数和模型输出结果三个方面对模型进行阐述。

1. 模型假设

BG-t/BB 模型的假设同样分为六项，除了假设 3，其余假设均与 BG/BB 模型相同。在加入生存时长存在截断的约束条件之后，BG-t/BB 模型的假设 3 修改如下。

假设 3a：当客户没有达到连续 n 次交易机会中都没有发生购买行为时，该客户在每次交易机会来临前流失的概率为 θ，即客户的生存时长服从几何分布：

$$P(T = t|\theta) = \theta(1 - \theta)^t, \quad t = 0, 1, 2, \cdots \tag{5-5}$$

假设 3b：当客户达到连续 n 次交易机会中都没有发生购买行为时，该客户将在第 $n + 1$ 次交易机会来临前流失，即客户的生存时长服从截断的几何分布：

$$P(T = t|\theta) = \begin{cases} \theta(1 - \theta)^t, & t = 0, 1, 2, \cdots, n - 1 \\ 1 - \sum_{k=0}^{n-1} (1 - \theta)^k \theta & , t = n \end{cases} \tag{5-6}$$

在本书的实证场景中，一次交易机会可以理解成一个固定的时间间隔 (即 1 个月)，电信用户可以自主决定在这 1 个月中是否发生购买行为。另外，已知用户欠费停机的时间上限为 150 天 (近似 5 个自然月)，所以 $n = 5$。

2. 构建似然函数

在给出似然函数之前，先来看两个特例。两个电信用户在入网月之后的 9 个月中的购买记录分别为：100010000、101000000，其中，1 代表发生购买行为，0 代表没有发生购买行为。那么形成这两个购买记录的概率分别是多少？

对于第 1 个用户，首先研究他的流失行为，由于他在第 5 个月存在购买行为，因此可以断定他至少在前 5 个月是存活的。后 4 个月没有发生购买行为，可能是因为他仍然存活但是没有选择购买，也可能是因为他中途已经流失掉。由于他没有达到连续 $n = 5$ 次交易机会中都没有发生购买行为，所以他的生存时长服从几何分布。于是，在计算得到各种情况下的存活概率之后再乘以对应的购买概率，就能得到形成这条购买记录的概率：

$$f(100010000|p, \theta, n = 5)$$

$$= f(100010000|p, \text{AAAAADDDD}) \cdot P(\text{AAAAADDDD}|\theta, n = 5)$$

$$+ f(100010000|p, \text{AAAAAADDD}) \cdot P(\text{AAAAAADDD}|\theta, n = 5)$$

$$+ \cdots + f(100010000|p, \text{AAAAAAAAA}) \cdot P(\text{AAAAAAAAA}|\theta, n = 5)$$

$$= p(1-p)^3 p(1-\theta)^5 \theta + p(1-p)^3 p(1-p)(1-\theta)^5 (1-\theta)\theta$$

$$+ \cdots + p(1-p)^3 p(1-p)^3 (1-\theta)^5 (1-\theta)^3 \theta$$

$$+ p(1-p)^3 p(1-p)^4 (1-\theta)^5 (1-\theta)^4 \tag{5-7}$$

对于第 2 个用户, 使用同样的计算思路, 唯一不同的是, 他达到连续 $n = 5$ 次交易机会中都没有发生购买行为, 所以他的生存时长服从截断的几何分布 (假设 3b)。形成这条购买记录的概率为

$$f(101000000|p, \theta, n = 5)$$

$$= f(101000000|p, \text{AAADDDDDD}) \cdot P(\text{AAADDDDDD}|\theta, n = 5)$$

$$+ f(101000000|p, \text{AAAADDDDD}) \cdot P(\text{AAAADDDDD}|\theta, n = 5)$$

$$+ \cdots + f(101000000|p, \text{AAAAAAADD}) \cdot P(\text{AAAAAAADD}|\theta, n = 5)$$

$$+ f(101000000|p, \text{AAAAAAAAD}) \cdot P(\text{AAAAAAAAD}|\theta, n = 5)$$

$$= p(1-p)p(1-\theta)^3 \theta + p(1-p)p(1-p)(1-\theta)^3 (1-\theta)\theta$$

$$+ \cdots + p(1-p)p(1-p)^4 (1-\theta)^3 (1-\theta)^4 \theta$$

$$+ p(1-p)p(1-p)^5 (1-\theta)^3 \left[1 - \sum_{k=0}^{4} (1-\theta)^k \theta \right] \tag{5-8}$$

按照上述逻辑, 可以归纳得到对于一个特定客户 (购买概率 p 和流失概率 θ 固定) 的似然函数。

当 $t_x + n > T$ 时 (假设 3a 的情况):

$$L(p, \theta | x, t_x, T, n) = p^x (1-p)^{T-x} (1-\theta)^T + \sum_{i=0}^{T-t_x-1} p^x (1-p)^{t_x-x+i} \theta (1-\theta)^{t_x+i} \tag{5-9}$$

当 $t_x + n \leqslant T$ 时 (假设 3b 的情况):

$$L(p, \theta | x, t_x, T, n) = p^x (1-p)^{t_x+n-x} (1-\theta)^{t_x} \cdot \left[1 - \sum_{k=0}^{n-1} (1-\theta)^k \theta \right]$$

$$+ \sum_{i=0}^{n-1} p^x (1-p)^{t_x - x + i} \theta (1-\theta)^{t_x + i} \tag{5-10}$$

从公式中可以看出，参数估计所需的输入数据集为 $(x,\ t_x,\ T, n)$，其中，x 为观察月份内个体用户购买次数，t_x 为观察月份内个体用户最近一次购买时间，T 为观察月份时长，n 为个体用户被动销号前连续不消费月份数量的上限。

已知参数 p 和 θ 均服从伽马分布，经过替换，得到对于一个任意客户 (购买概率 p 和流失概率 θ 不固定) 的似然函数：

当 $t_x + n > T$ 时：

$$
\begin{aligned}
& L(\alpha, \beta, \gamma, \delta | x, t_x, T, n) \\
&= \int_0^1 \int_0^1 L(p, \theta | x, t_x, T, n) f(p|\alpha, \beta) f(\theta|\gamma, \delta) \mathrm{d}p \mathrm{d}\theta \\
&= \frac{\mathrm{B}(\alpha + x, \beta + T - x)}{\mathrm{B}(\alpha, \beta)} \frac{\mathrm{B}(\gamma, \delta + T)}{\mathrm{B}(\gamma, \delta)} \\
&\quad + \sum_{i=0}^{T - t_x - 1} \frac{\mathrm{B}(\alpha + x, \beta + t_x - x + i)}{\mathrm{B}(\alpha, \beta)} \frac{\mathrm{B}(\gamma + 1, \delta + t_x + i)}{\mathrm{B}(\gamma, \delta)}
\end{aligned}
\tag{5-11}
$$

当 $t_x + n \leqslant T$ 时：

$$
\begin{aligned}
& L(\alpha, \beta, \gamma, \delta | x, t_x, T, n) \\
&= \int_0^1 \int_0^1 L(p, \theta | x, t_x, T, n) f(p|\alpha, \beta) f(\theta|\gamma, \delta) \mathrm{d}p \mathrm{d}\theta \\
&= \frac{\mathrm{B}(\alpha + x, \beta + t_x + n - x)}{\mathrm{B}(\alpha, \beta)} \frac{\mathrm{B}(\gamma, \delta + t_x)}{\mathrm{B}(\gamma, \delta)} \cdot \left[1 - \sum_{k=0}^{n-1} \frac{\mathrm{B}(\gamma + 1, \delta + k)}{\mathrm{B}(\gamma, \delta)} \right] \\
&\quad + \sum_{i=0}^{n-1} \frac{\mathrm{B}(\alpha + x, \beta + t_x - x + i)}{\mathrm{B}(\alpha, \beta)} \frac{\mathrm{B}(\gamma + 1, \delta + t_x + i)}{\mathrm{B}(\gamma, \delta)}
\end{aligned}
\tag{5-12}
$$

BG-t/BB 模型的 4 个参数 $(\alpha,\ \beta,\ \gamma, \delta)$ 可通过最大化样本客户的对数似然函数总和求得，其公式如下：

$$\mathrm{LL}(\alpha, \beta, \gamma, \delta) = \sum_{j=1}^{N} \ln[L(\alpha, \beta, \gamma, \delta | x_j, t_{x_j}, T, n)] \tag{5-13}$$

其中，N 为样本总量。

3. 主要输出结果

1) 群体层面的购买行为

反映群体层面购买行为的输出结果为历史购买行为 (x, t_x, T, n) 未知的个体客户在 $(0, T]$ 时长内的购买次数期望值，即仅通过 4 个参数 $(\alpha, \beta, \gamma, \delta)$ 的值进行预测，表达式为 $E(X(T)|\alpha, \beta, \gamma, \delta)$。从表达式可知，每个客户在同一时长内的购买次数期望值相同，购买次数期望值仅随时长变化。通过将每个时刻个体客户购买次数期望值与对应时刻"存活"人数相乘，就可得到群体层面的购买行为表现。

对于一个特定客户 (购买概率 p 和流失概率 θ 固定) 在 T 时刻内的购买次数期望值为

$$E(X(T)|p,\theta) = \sum_{t=1}^{T} P(Y_t = 1|p, \text{alive at } t)P(\text{alive at } t|\theta) \tag{5-14}$$

根据假设 2：存活时，一个客户在每次交易机会来临时发生购买行为的概率为 p，即 $P(Y_t = 1|p, \text{alive at } t) = p$。根据假设 3a 和假设 3b：$P(\text{alive at } t|\theta)$ 需要根据客户是否达到连续 n 次交易机会中都没有发生购买行为而区别计算。

在区别计算之后发现，$P(\text{alive at } t|\theta)$ 没有通用公式，会根据 n 值的变化而变化，同时公式中的多项式数量会随着 t 值的增长而快速增长，极大地增加了推导的复杂程度，更重要的是，即使忽略计算假设 3b 中的情况，对结果的影响也微乎其微。因此，本书决定采用 $P(\text{alive at } t|\theta)$ 的近似计算公式。接下来先利用 $P(\text{alive at } t|\theta)$ 的近似计算公式得到 $E(X(T)|\alpha, \beta, \gamma, \delta)$ 的近似计算公式，然后给出 $P(\text{alive at } t|\theta)$ 和 $E(X(T)|\alpha, \beta, \gamma, \delta)$ 的精确计算公式，并详细说明上述所提及的不足之处。

(1) $E(X(T)|\alpha, \beta, \gamma, \delta)$ 近似计算公式。

忽略计算假设 3b 的情况后，$P(\text{alive at } t|\theta)$ 的计算公式变得非常简单，为

$$P(\text{alive at } t|\theta) = (1 - \theta)^t \tag{5-15}$$

所以，

$$\begin{aligned} E(X(T)|p,\theta) &= \sum_{t=1}^{T} P(Y_t = 1|p, \text{alive at } t)P(\text{alive at } t|\theta) \\ &= p \sum_{t=1}^{T} (1 - \theta)^t \end{aligned}$$

$$= p(1-\theta) \sum_{s=0}^{T-1} (1-\theta)^s \tag{5-16}$$

又因为

$$a + ak + ak^2 + \cdots + ak^{n-1} = a \frac{1-k^n}{1-k} \tag{5-17}$$

$E(X(T)|p,\theta)$ 可改写为

$$E(X(T)|p,\theta) = \frac{p(1-\theta)}{\theta} - \frac{p(1-\theta)^{T+1}}{\theta} \tag{5-18}$$

已知参数 p 和 θ 均服从伽马分布，经过替换，可以得到历史购买行为 $(x,\,t_x,\,T,n)$ 未知的个体客户在 $(0,\,T]$ 时长内的购买次数期望值：

$$E(X(T)|\alpha,\beta,\gamma,\delta) = \left(\frac{\alpha}{\alpha+\beta}\right)\left(\frac{\delta}{\gamma-1}\right)\left\{1 - \frac{\Gamma(\gamma+\delta)}{\Gamma(\gamma+\delta+T)}\frac{\Gamma(1+\delta+T)}{\Gamma(1+\delta)}\right\} \tag{5-19}$$

(2) $E(X(T)|\alpha,\ \beta,\ \gamma,\ \delta)$ 精确计算公式。

首先尝试归纳出 $P(\text{alive at } t|\theta)$ 的通用公式，设定 $n=5$ 的条件下，观察 t 在取值范围为 $1 \leqslant t \leqslant 18$ 时，其计算公式中多项式的变化规律。为了更形象地说明各时刻的计算过程，绘制了详细的情况分解图，如图 5-1 所示。

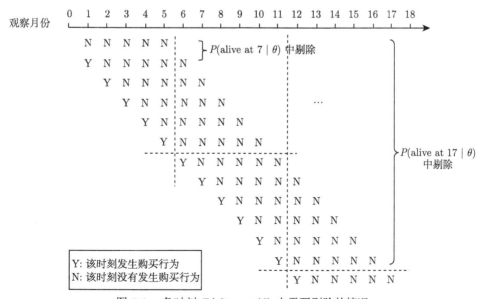

图 5-1 各时刻 $P(\text{alive at } t|\theta)$ 中需要剔除的情况

当 $1 \leqslant t \leqslant 5$ 时, 这些时刻之前不可能发生连续 5 次交易机会中都没有发生购买行为, 即

$$P(\text{alive at } t|\theta) = (1 - \theta)^t, \quad 1 \leqslant t \leqslant 5 \tag{5-20}$$

当 $t = 6$ 时, 有 1 种情况可能发生连续 5 次交易机会中都没有发生购买行为, 因而在计算概率时需要将其剔除, 即

$$P(\text{alive at } 6|\theta) = (1 - \theta)^6 \left[1 - (1 - p)^5\right] \tag{5-21}$$

当 $t = 7$ 时, 有 2 种情况可能发生连续 5 次交易机会中都没有发生购买行为, 即

$$P(\text{alive at } 7|\theta) = (1 - \theta)^7 \left[1 - (1 - p)^5 - p(1 - p)^5\right] \tag{5-22}$$

在 $t = 6$ 时, 要在连续 5 次交易机会中都没有发生购买行为之前再加上一次发生购买的条件, 因为如果不加此条件, 则可能出现连续 6 次都没有发生购买行为, 而这已经包含在 $1 \leqslant t \leqslant 5$ 中了。

当 $8 \leqslant t \leqslant 11$ 时, 分别有 3~6 种情况可能发生连续 5 次交易机会中都没有发生购买行为, 计算过程与 $t = 7$ 时相似, 即

$$P(\text{alive at } t|\theta)$$
$$= (1 - \theta)^t \left[1 - (1 - p)^n - (t - n - 1)p(1 - p)^n\right], \quad 8 \leqslant t \leqslant 11, n = 5 \tag{5-23}$$

当 $t = 12$ 时, 虽然按照上述逻辑会存在 7 种情况可能发生连续 5 次交易机会中都没有发生购买行为, 但是在第 1 种情况和第 7 种情况中有重复计算的部分, 即 "NNNNNYNNNNN" 被剔除了两次, 因此需要加回一次, 即

$$P(\text{alive at } 12|\theta)$$
$$= (1 - \theta)^{12} \left[1 - (1 - p)^5 - 6p(1 - p)^5 + (1 - p)^5 p(1 - p)^5\right] \tag{5-24}$$

当 $t = 13$ 时, 有 8 种情况可能发生连续 5 次交易机会中都没有发生购买行为, 同时有 3 个部分被重复剔除, 需要加回, 即

$$P(\text{alive at } 13|\theta)$$
$$= (1 - \theta)^{13}[1 - (1 - p)^5 - 7p(1 - p)^5$$
$$+ 2(1 - p)^5 p(1 - p)^5 + p(1 - p)^5 p(1 - p)^5] \tag{5-25}$$

当 $14 \leqslant t \leqslant 17$ 时, 分别有 9~12 种情况可能发生连续 5 次交易机会中都没有发生购买行为, 同时分别有 6、10、15、21 个部分被重复剔除, 需要加回, 计

算过程与 $t=13$ 时相似，即

$$P(\text{alive at } t|\theta)$$

$$= (1-\theta)^t\Big[1-(1-p)^n-(t-n-1)p(1-p)^n$$

$$+ (t-2n-1)(1-p)^n p(1-p)^n$$

$$+ \frac{(t-2n-2)(t-2n-1)}{2}p(1-p)^n p(1-p)^n\Big], \quad 14\leqslant t\leqslant 17, n=5 \quad (5\text{-}26)$$

当 $t=18$ 时，计算过程更加复杂，有 13 种情况可能发生连续 5 次交易机会中都没有发生购买行为，其中有 28 个部分被重复剔除，需要加回，同时在加回的部分中又出现 1 个重复加回的部分，与第 1 种、第 7 种和第 13 种情况相关，即 "NNNNNYNNNNNYNNNNN"，因此需要将该部分剔除 1 次。这相当于 t 在取值范围为 $14\leqslant t\leqslant 17$ 时的计算公式又增加了一项多项式。

从上述推导过程可发现，无法归纳出 $P(\text{alive at } t|\theta)$ 的通用计算公式，n 的取值不同将导致分段区间发生变化，同时公式中多项式数量会随着 t 的增长而增长。鉴于本书实证场景中最长的观察时长为 14 个月，并且 18 个月之后 $P(\text{alive at } t|\theta)$ 的计算公式更加复杂，所以在此仅给出前 17 个月 (或者说前三个分段区间) 的通用计算公式：

$$P(\text{alive at } t|\theta) =$$

$$\begin{cases} (1-\theta)^t, & 1\leqslant t\leqslant (n+1)-1 \\ (1-\theta)^t[1-(1-p)^n-(t-n-1)p(1-p)^n], & (n+1)\leqslant t\leqslant 2(n+1)-1 \\ (1-\theta)^t\Big[1-(1-p)^n-(t-n-1)p(1-p)^n \\ +(t-2n-1)(1-p)^n p(1-p)^n \\ +\dfrac{(t-2n-2)(t-2n-1)}{2}p(1-p)^n p(1-p)^n\Big], & 2(n+1)\leqslant t\leqslant 3(n+1)-1 \end{cases}$$

$$(5\text{-}27)$$

继续完成 $E(X(T)|p,\theta)$ 的精确推导，并说明 $E(X(T)|p,\theta)$ 近似计算与精确计算的误差在可以接受的范围之内。当归纳得到 $P(\text{alive at } t|\theta)$ 在 $1\leqslant t\leqslant 17$ 范围内的计算公式时，就可以计算出一个特定客户在 T 时刻 $(1\leqslant T\leqslant 17)$ 的购买次数期望值：

$$E(X(T)|p,\theta)=\sum_{t=1}^{T}P(Y_t=1|p,\text{alive at } t)P(\text{alive at } t|\theta)$$

$$= p \sum_{t=1}^{T} \left\{ (1-\theta)^t \left[1 - \delta_{t \geqslant n+1}(1-p)^n - \delta_{t \geqslant n+1}(t-n-1)p(1-p)^n \right. \right.$$

$$+ \delta_{t \geqslant 2(n+1)}(t-2n-1)(1-p)^n p(1-p)^n$$

$$\left. \left. + \delta_{t \geqslant 2(n+1)} \frac{(t-2n-2)(t-2n-1)}{2} p(1-p)^n p(1-p)^n \right] \right\}$$

$$= p \left[\frac{(1-\theta)}{\theta} - \frac{(1-\theta)^{T+1}}{\theta} \right] - \delta_{T \geqslant n+1} p(1-p)^n (1-\theta)^n$$

$$\left[\frac{(1-\theta)}{\theta} - \frac{(1-\theta)^{T-n+1}}{\theta} \right] - \delta_{T \geqslant n+1} p^2 (1-p)^n (1-\theta)^n$$

$$\left[\frac{(1-\theta) - (1-\theta)^{T-n+1}}{\theta^2} - \frac{(T-n)(1-\theta)^{T-n+1}}{\theta} \right.$$

$$\left. - \frac{(1-\theta) - (1-\theta)^{T-n+1}}{\theta} \right] + \delta_{T \geqslant 2(n+1)} p^2 (1-p)^{2n} (1-\theta)^{2n+1}$$

$$\left[\frac{(1-\theta) - (1-\theta)^{T-2n}}{\theta^2} - \frac{(T-2n-1)(1-\theta)^{T-2n}}{\theta} \right]$$

$$+ \delta_{T \geqslant 2(n+1)} \frac{p^3 (1-p)^{2n} (1-\theta)^{2n+1}}{2} \frac{1}{\theta}$$

$$\left\{ \frac{1}{\theta} \left[2 \frac{(1-\theta) - (1-\theta)^{T-2n}}{\theta} - (2T-4n-3)(1-\theta)^{T-2n} - (1-\theta) \right] \right.$$

$$\left. - (T-2n-1)^2 (1-\theta)^{T-2n} \right\} - \delta_{T \geqslant 2(n+1)} \frac{p^3 (1-p)^{2n} (1-\theta)^{2n+1}}{2}$$

$$\left\{ \frac{(1-\theta) - (1-\theta)^{T-2n}}{\theta^2} - \frac{(T-2n-1)(1-\theta)^{T-2n}}{\theta} \right\} \tag{5-28}$$

其中，当 $t \geqslant n+1$ 时，$\delta_{t \geqslant n+1} = 1$，否则为 0；当 $t \geqslant n+1$ 时，$\delta_{t \geqslant 2(n+1)} = 1$，否则等于 0。

已知参数 p 和 θ 均服从伽马分布，经过替换，得到历史购买行为 (x, t_x, T, n) 未知的个体客户在 $[0, T]$ 时长内的购买次数期望值：

$$E(X(T)|\alpha, \beta, \gamma, \delta)$$

$$= \left(\frac{\alpha}{\alpha+\beta} \right) \left(\frac{\delta}{\gamma-1} \right) \left\{ 1 - \frac{\Gamma(\gamma+\delta)}{\Gamma(\gamma+\delta+T)} \frac{\Gamma(1+\delta+T)}{\Gamma(1+\delta)} \right\}$$

$$- \delta_{T \geqslant n+1} \frac{B(\alpha+1, \beta+n)}{B(\alpha, \beta)B(\gamma, \delta)} [B(\gamma-1, \delta+n+1) - B(\gamma-1, \delta+T+1)]$$

$$- \delta_{T \geqslant n+1} \frac{\mathrm{B}(\alpha+2, \beta+n)}{\mathrm{B}(\alpha, \beta)\mathrm{B}(\gamma, \delta)}[\mathrm{B}(\gamma-2, \delta+n+1) - \mathrm{B}(\gamma-2, \delta+T+1)$$

$$- (T-n-1)\mathrm{B}(\gamma-1, \delta+T+1) - \mathrm{B}(\gamma-1, \delta+n+1)]$$

$$+ \delta_{T \geqslant 2(n+1)} \frac{\mathrm{B}(\alpha+2, \beta+2n)}{\mathrm{B}(\alpha, \beta)\mathrm{B}(\gamma, \delta)}[\mathrm{B}(\gamma-2, \delta+2n+2) - \mathrm{B}(\gamma-2, \delta+T+1)$$

$$- (T-2n-1)\mathrm{B}(\gamma-1, \delta+T+1)]$$

$$+ \delta_{T \geqslant 2(n+1)} \frac{\mathrm{B}(\alpha+3, \beta+2n)}{2\mathrm{B}(\alpha, \beta)\mathrm{B}(\gamma, \delta)}\{2[\mathrm{B}(\gamma-3, \delta+2n+2) - \mathrm{B}(\gamma-3, \delta+T+1)]$$

$$- (2T-4n-3)\mathrm{B}(\gamma-2, \delta+T+1) - \mathrm{B}(\gamma-2, \delta+2n+2)$$

$$- (T-2n-1)^2\mathrm{B}(\gamma-1, \delta+T+1)\}$$

$$- \delta_{T \geqslant 2(n+1)} \frac{\mathrm{B}(\alpha+3, \beta+2n)}{2\mathrm{B}(\alpha, \beta)\mathrm{B}(\gamma, \delta)}[\mathrm{B}(\gamma-2, \delta+2n+2) - \mathrm{B}(\gamma-2, \delta+T+1)$$

$$- (T-2n-1)\mathrm{B}(\gamma-1, \delta+T+1)] \tag{5-29}$$

在 $E(X(T)|\alpha, \beta, \gamma, \delta)$ 的计算公式确定之后，就可以计算群体层面累计重复购买次数。在 $1 \leqslant t \leqslant 17$ 时，分别将由 BG-t/BB 模型计算的精确值和近似值、由 BG/BB 模型计算的精确值以及样本实际值进行对比，如表 5-1 所示。表 5-1 分别给出了三个模型预测值与实际值的残差平方和 (residual sum of squares, RSS)。

表 5-1 群体层面累计重复购买次数（模型 vs 实际）

月份	BG-t/BB 模型精确值	BG-t/BB 模型近似值	BG/BB 模型精确值	样本实际值
200702	586.84	586.84	587.68	628
200703	1 511.79	1 511.79	1 512.79	1 492
200704	2 716.95	2 716.95	2 716.88	2 608
200705	3 997.53	3 997.53	3 994.57	3 847
200706	5 294.25	5 294.25	5 286.64	5 017
200707	6 602.35	6 603.18	6 589.40	6 356
200708	7 940.20	7 942.55	7 921.33	7 809
200709	9 332.50	9 337.07	9 307.31	9 500
200710	10 857.46	10 864.70	10 825.49	11 247
200711	12 581.99	12 592.25	12 542.68	13 315
200712	14 365.29	14 378.88	14 317.64	15 273
200801	16 092.76	16 109.95	16 035.65	17 070
200802	17 744.43	17 765.49	17 677.05	18 632
200803	19 424.35	19 449.65	19 346.41	20 153
200804	20 846.59	20 876.61	20 757.57	21 355
200805	22 050.74	22 085.78	21 950.60	22 314
200806	23 070.33	23 110.53	22 959.34	23 228
RSS	4 358 781.47	4 148 924.61	5 093 017.65	—

从 RSS 可以看出，BG-t/BB 模型的近似值对实际值的拟合度反而更优于精确值，下降了 4.81%。原因在于 BG-t/BB 模型低估了用户在中后期的购买次数，采用近似值计算时，由于忽略了连续 5 次不购买就被动流失的情况，可以略微增加中后期的客户基数量，从而一定程度提升了群体层面的购买次数。但这并不能说明不应该考虑被动流失的情况，首先，这种情况客观存在，其次，近似值的 RSS 只是在本样本中更小于精确值的 RSS，并不代表在其他样本或者实证场景中都是如此，可能存在波动。另外，BG/BB 模型的精确值明显高于 BG-t/BB 模型的精确值，高出 16.84%。这说明考虑被动流失的情况是必要的。虽然 BG-t/BB 模型中 $E(X(T)|\alpha, \beta, \gamma, \delta)$ 的近似计算公式与 BG/BB 模型中的相同，但是二者的似然函数不同，导致求得的 4 个参数值也不相同，因而两个模型在购买次数上的 RSS 也不相同。

综上所述，采用 BG-t/BB 模型的近似值是可以接受的，同时考虑被动流失的情况也是必要的。

2) 个体层面的流失行为

反映个体层面流失行为的输出结果为历史购买行为为 (x, t_x, T, n) 的个体客户在观察月份 $T+1$ 时刻末的"存活"概率 (活跃度)，可简略表示为 $P(\text{alive at } T+1)$。

当 $t_x + n > T$ 时 (假设 3a 的情况)，根据似然函数公式，前一项多项式表示用户在 T 时刻仍然存活时所发生购买次数的概率值。根据贝叶斯定理，一个历史购买行为为 (x, t_x, T, n) 的个体客户在观察月份 T 时刻末的存活概率为

$$P(\text{alive at } T|p,\theta,x,t_x,T,n) = \frac{p^x(1-p)^{T-x}(1-\theta)^T}{L(p,\theta|x,t_x,T,n)} \tag{5-30}$$

因而，对于 $T+1$ 时刻末而言，

$$P(\text{alive at } T+1|p,\theta,x,t_x,T,n) = \frac{p^x(1-p)^{T-x}(1-\theta)^{T+1}}{L(p,\theta|x,t_x,T,n)} \tag{5-31}$$

根据贝叶斯定理，P 和 θ 的联合后验分布为

$$f(p,\theta|\alpha,\beta,\gamma,\delta,x,t_x,T) = \frac{L(p,\theta|x,t_x,T,n)f(p|\alpha,\beta)f(\theta|\gamma,\delta)}{L(\alpha,\beta,\gamma,\delta|x,t_x,T,n)} \tag{5-32}$$

利用式 (5-32) 对式 (5-31) 进行替换，就得到历史购买行为 (x, t_x, T, n) 未知的个体客户在观察月份 $T+1$ 时刻末存活的概率为

$$P(\text{alive at } T+1|\alpha,\beta,\gamma,\delta,x,t_x,T,n) =$$

$$\frac{\mathrm{B}(\alpha+x,\beta+T-x)}{\mathrm{B}(\alpha,\beta)}\frac{\mathrm{B}(\gamma,\delta+T+1)}{\mathrm{B}(\gamma,\delta)} \cdot L(\alpha,\beta,\gamma,\delta|x,t_x,T,n)^{-1} \tag{5-33}$$

当 $t_x + n \leqslant T$ 时 (假设 3b 的情况), 根据交易规则, 可以判定用户在 $T+1$ 时刻末已经被动流失, 即存活的概率降为 0, 可表示为

$$P(\text{alive at } T+1 | \alpha, \beta, \gamma, \delta, x, t_x, T, n) = 0 \tag{5-34}$$

3) 个体层面的购买行为

反映个体层面购买行为的输出结果为历史购买行为为 (x, t_x, T, n) 的个体客户在 $(T, T+t]$ 时长内的购买次数期望值, 可简略表示为 $E(X(T, T+T^*))$, 该公式由两部分组成:

$$E(X(T, T+T^*) | p, \theta, x, t_x, T, n) =$$

$$E(X(T, T+T^*) | p, \theta, \text{alive at } T) \cdot P(\text{alive at } T | p, \theta, x, t_x, T, n) \tag{5-35}$$

其中, 后一项已由式 (5-30) 得出, 对于前一项可进行进一步拆分:

$$E(X(T, T+T^*) | p, \theta, \text{alive at } T)$$

$$= \sum_{t=T+1}^{T+T^*} P(Y_t = 1 | p, \text{alive at } t) P(\text{alive at } t | \theta, t > T) \tag{5-36}$$

与式 (5-14) 相同, 式 (5-36) 的难点在于给出 $P(\text{alive at } t | \theta, t > T)$ 的计算公式, 它同样需要根据假设 3a 和假设 3b 区别计算。然而区别计算带来了同样的问题, 即没有通用公式、推导复杂程度极大增加, 而且近似计算对结果的影响很小。因此, 在这里采用近似计算公式。至于精确计算公式, 由于无法推导出解析解, 因此没有给出, 但是做了详细的说明, 特别是说明采用近似计算公式是可以接受的。

(1) $E(X(T, T+T^*) | \alpha, \beta, \gamma, \delta, x, t_x, T, n)$ 近似计算公式。

当 $t_x + n > T$ 时, 在 $(T, T+t]$ 时长范围内中, 忽略计算假设 3b 的情况后, $P(\text{alive at } t | \theta, t > T)$ 的计算公式变得简单, 为

$$P(\text{alive at } t | \theta, t > T)$$

$$= \frac{P(\text{alive at } t | \theta)}{P(\text{alive at } T | \theta)}$$

$$= \frac{(1-\theta)^t}{(1-\theta)^T} \tag{5-37}$$

所以,

$$E(X(T, T+T^*) | p, \theta, \text{alive at } T)$$

$$= p \sum_{t=T+1}^{T+T^*} \frac{(1-\theta)^t}{(1-\theta)^T}$$

$$= p \sum_{s=1}^{T^*} (1-\theta)^s$$

$$= \frac{p(1-\theta)}{\theta} - \frac{p(1-\theta)^{T^*+1}}{\theta} \tag{5-38}$$

已知参数 p 和 θ 均服从伽马分布，经过替换，得到一个历史购买行为为 (x, t_x, T, n) 的个体客户在 $(T, T+t]$ 时长内的购买次数期望值：

$$E(X(T, T+T^*)|\alpha, \beta, \gamma, \delta, x, t_x, T, n)$$

$$= \frac{1}{L(\alpha, \beta, \gamma, \delta|x, t_x, T, n)} \frac{\mathrm{B}(\alpha+x+1, \beta+T-x)}{\mathrm{B}(\alpha, \beta)}$$

$$\times \left(\frac{\delta}{\gamma-1}\right) \frac{\Gamma(\gamma+\delta)}{\Gamma(1+\delta)} \left\{ \frac{\Gamma(1+\delta+T)}{\Gamma(\gamma+\delta+T)} - \frac{\Gamma(1+\delta+T+T^*)}{\Gamma(\gamma+\delta+T+T^*)} \right\} \tag{5-39}$$

当 $t_x+n \leqslant T$ 时，根据交易规则，可以判定用户在 $T+1$ 时刻末已经被动流失，即

$$P(\text{alive at } t|\theta, t > T) = 0 \tag{5-40}$$

所以，

$$E(X(T, T+T^*)|\alpha, \beta, \gamma, \delta, x, t_x, T, n) = 0 \tag{5-41}$$

(2) $E(X(T, T+T^*)|\alpha, \beta, \gamma, \delta, x, t_x, T, n)$ 精确计算公式。

根据式 (5-38) 可知，计算 $E(X(T, T+T^*))$ 的精确公式需使用到 $P(\text{alive at } t|\theta)$ 的精确公式。而 $P(\text{alive at } t|\theta)$ 的精确公式已在式 (5-37) 给出，为了更好地代入式 (5-37) 计算，利用冲击函数将分段函数融合在一个公式之中，如下：

$$P(\text{alive at } t|\theta)$$

$$= (1-\theta)^t \Big[1 - \delta_{t \geqslant n+1}(1-p)^n - \delta_{t \geqslant n+1}(t-n-1)p(1-p)^n$$

$$+ \delta_{t \geqslant 2(n+1)}(t-2n-1)(1-p)^n p(1-p)^n$$

$$+ \delta_{t \geqslant 2(n+1)} \frac{(t-2n-2)(t-2n-1)}{2} p(1-p)^n p(1-p)^n \Big] \tag{5-42}$$

但是此时无法再对将要得到的 $E(X(T, T+T^*))$ 进行简化, 根据式 (5-42) 得知, $P(\text{alive at } t|\theta, t > T)$ 的分子分母都存在多项式, 并且, t 和 T 可在取值范围内变动, 导致多项式也在变动。即使得到 $E(X(T, T+T^*))$ 的通用公式, 在该公式的分母中也将继续存在多项式, 也依然无法将 (p, θ) 替换为 $(\alpha, \beta, \gamma, \delta)$, 至少不存在解析式。鉴于此, 不再推导 $E(X(T, T+T^*)|\alpha, \beta, \gamma, \delta, x, t_x, T, n)$ 的精确计算公式。

由于之前比较了 BG-t/BB 模型在 $E(X(T)|\alpha, \beta, \gamma, \delta)$ 的精确值、近似值和实际值的差异, 并认为近似计算是可以接受的, 而在 $E(X(T, T+T^*))$ 中, 造成近似值和精确值存在偏差的来源仍是 $P(\text{alive at } t|\theta)$, 这与 $E(X(T)|\alpha, \beta, \gamma, \delta)$ 是一样的, 所以, 在 $E(X(T)|\alpha, \beta, \gamma, \delta)$ 中取近似值也是可以接受的。

至此完成了三个主要输出结果的公式推导。在实证环节中, 将以这三个输出结果作为评判预测效果的标准, 将本书模型分别与实际值和 BG/BB 模型进行对比, 以检验该模型的优越性。

5.2.3　实证研究

1. 样本数据

为了建立 CLV 模型, 采集与客户历史消费次数以及消费金额相关的数据。为了帮助读者对样本数据建立起完整的认识, 本节将获取到的所有数据一并进行介绍。之后在 MV 建模和 CLV 建模中不再赘述。

我们与国内某电信运营商合作, 从其下属的某一分公司获取到了从 2007 年 1 月至 2008 年 9 月间共 20 450 名用户每月的消费金额记录。其实, 在这批数据中还包含有用户消费明细、所属品牌、累计积分以及人口统计学特征等信息, 但本书仅使用客户每月消费总金额即可支撑建模, 其他更多类型数据可作为协变量加入模型, 为模型未来的扩展提供条件。

为了保证输入数据的质量, 按照一定标准再对样本用户进行筛选。第一, 剔除掉了已经主动销号的用户, 仅保留下观察期内仍然存活和已经被动销号的用户; 第二, 样本用户的入网时间各不相同 (相同年月入网的用户可以看作一个群体), 部分用户是在 2007 年 1 月之前入网, 他们的消费金额记录存在删失, 为了保证样本用户观测数据的完整性, 对这部分用户进行了剔除; 第三, 考虑到建模时会将整个观察期拆分为建模期和验证期, 为了保证验证期足够长 (设定为 6 个月), 并且每群用户在入网月以后至少还有一个月的建模期, 又剔除了 2008 年 3 月及其以后入网的用户; 第四, 在剩余的用户中还有部分用户与运营商签订有终端捆绑或者资费捆绑协定, 他们必须承诺连续消费一定时长 (通常一年到两年) 之后才能自主决定今后的去留, 他们的行为特征不属于所要研究的半契约型交易情景, 因而也进行了剔除。

　　经过筛选,保留了 5706 名用户,他们分别在 2007 年 1 月至 2008 年 2 月入网,共形成 14 个不同用户群体,各群体具体用户数量如表 5-2 所示。每名用户在获取的原始数据表中的记录格式如表 5-3 所示。从表 5-3 可得知,编号为 1036 的用户开始产生消费金额的月份是在 2007 年 2 月,即为入网月;而从 2007 年 7 月开始,消费金额再次降为零并一直保持到了观察期末,这说明该用户已经在某个月份之后被运营商被动销号。

表 5-2　不同群体用户数量表

入网月份	用户数量
200701	761
200702	555
200703	547
200704	337
200705	275
200706	273
200707	299
200708	337
200709	449
200710	562
200711	419
200712	282
200801	245
200802	365
总计	5706

表 5-3　用户每月消费金额记录格式表

用户 ID	月份	金额
1036	200701	0
1036	200702	22.14
1036	200703	25.02
1036	200704	21.61
1036	200705	29.74
1036	200706	25
1036	200707	0
1036	200708	0
……	……	……
1036	200809	0

在本书实证场景中，被动销号的具体规则如下：手机欠费停机 60 天后自动销号，此后，手机号码将进入 90 天的保留期，其间用户还可到营业厅将号码重新激活，否则，过期之后该号码将作为新号发放给新进入的用户。从规则可以看出，一个用户欠费停机的时间上限为 150 天 (近似 5 个自然月)，一旦超过该上限，无论用户当时是否想主动离网，运营商都将自动剔除。

2. 建模过程

由于最早的重复购买月份是从 2007 年 2 月开始，因而获取到的最长观察期为 20 个月 (2007 年 1 月入网的用户群)。将前 14 个月 (到 2008 年 3 月) 作为建模期 (即使用该区间内的客户交易数据进行模型参数估计)，将后 6 个月 (2008年 4 月起) 作为验证期 (即将估计出的参数代入模型计算输出结果并与该区间内的实际值进行对比)。

由于我们拥有 14 个不同的用户群体，最理想的状态就是为每个群体都估计出一套模型参数，但是这种做法存在两个问题：第一，对于最后几个月入网 (如2008 年 1 月和 2 月) 的用户群体而言，他们在建模期内的交易数据太少，无法单独估计出一套可靠的模型参数；第二，如果直接放弃使用这些建模期较短的用户群的交易数据，又会造成样本数据没有得到充分利用。解决的办法是，假设驱动这 14 个不同用户群发生购买行为或者流失行为的内在特质没有区别，可使用同一套模型参数进行刻画。所以将这 14 个用户群体的历史消费数据融合在一起作为单一数据集输入模型，并估计出对应的模型参数。CBA 建模过程如图 5-2所示。

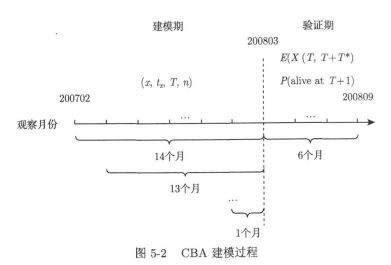

图 5-2　CBA 建模过程

3. 结果分析

本小节将以三项输出结果作为评判预测效果的标准，将模型以及 BG/BB 模型分别与实际值进行对比。期望通过对比分析，一方面检验 BG-t/BB 模型的有效性，另一方面检验修改 BG/BB 模型假设的必要性。

通过最大似然函数法，分别求得了 BG/BB 模型和 BG-t/BB 模型的参数，如表 5-4 所示。表 5-4 还显示了两个模型的对数似然函数值，可以看出，BG-t/BB 模型具有更大的值，说明它更贴近实际情况。

表 5-4　参数估计结果与最大对数似然函数值

输出结果	BG/BB 模型	BG-t/BB 模型
α	1.263 0	1.170 1
β	0.118 6	0.114 7
γ	242.127 6	240.293 8
δ	1 317.872 4	1 327.706 2
LL	$-14\ 744.428\ 8$	$-14\ 723.158\ 8$

图 5-3 显示了样本用户随时间推移产生的累计重复购买次数。其中，前 14 个月为建模期，后 6 个月为预测期。本书模型较好地刻画了累计重复购买次数在整个观察期中的增长趋势。图 5-4 显示了两个模型对实际值的拟合度，使用残差平方和 (RSS) 进行衡量。BG/BB 模型的 RSS 为 5 788 331.46，BG-t/BB 模型的 RSS 为 4 435 095.00，拟合效果提高了 23.38%。

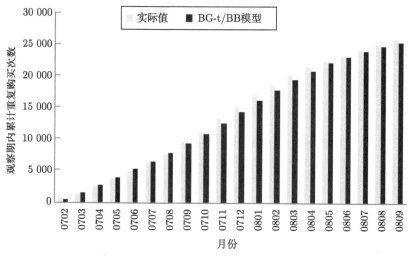

图 5-3　观察期内累计重复购买次数比较图

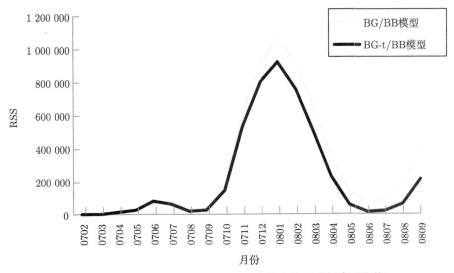

图 5-4　两个模型的 RSS 对比图（观察期内累计重复购买次数）

图 5-5 显示了在建模期内不同重复购买次数的客户在验证期内重复购买次数的总值。本书模型达到了很好的预测效果。图 5-6 显示了两个模型对实际值的 RSS，BG/BB 模型的 RSS 为 38 227.53，BG-t/BB 模型的 RSS 为 37 231.06，拟合效果提高了 2.61%。

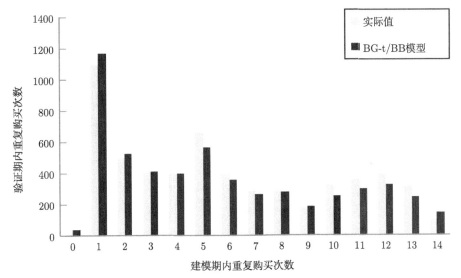

图 5-5　验证期内重复购买次数比较图

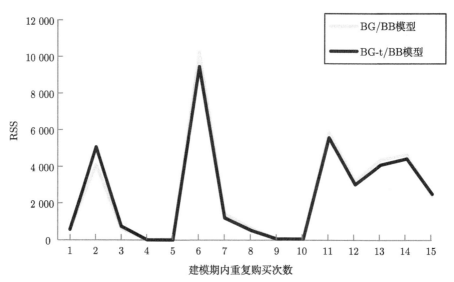

图 5-6　两个模型的 RSS 对比图（验证期内重复购买次数）

图 5-7 显示了在建模期内不同重复购买次数的客户在验证期初存活的数量。本书模型仍然达到了很好的预测效果。图 5-8 显示了两个模型对实际值的 RSS，BG/BB 模型的 RSS 为 5300.54，BG-t/BB 模型的 RSS 为 5018.72，拟合效果提高了 5.32%。

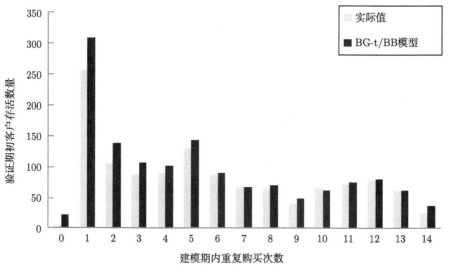

图 5-7　验证期初客户存活数量比较图

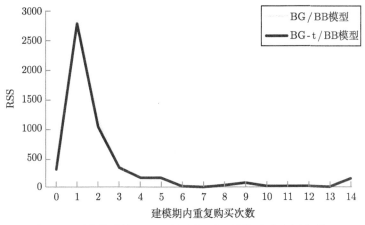

图 5-8　两个模型的 RSS 对比图（验证期初客户存活数量）

5.3　消费金额模型

5.3.1　伽马-伽马模型

1. 模型假设

在构建本书的消费金额模型时，基于以下三项假设。

假设 1：一名客户每次的消费金额围绕他的消费金额均值随机波动。

假设 2：不同客户的消费金额均值存在差异，但同一名客户的消费金额均值不随时间发生变化。

假设 3：一名客户消费金额 (MV) 的变化与其消费过程无关。

对于一名客户，若他在观察期间内发生了 x 次交易行为，令 $z_1, z_2, \cdots, z_x$ 表示每次消费金额，那么该名客户所观察到的消费金额均值为

$$\bar{z} = \sum_{i=1}^{x} z_i / x \tag{5-43}$$

其中，$\bar{z}$ 为对客户潜在的真实消费金额均值 ζ 的估计。建立消费金额模型的最终目的就是要通过观察到的 $\bar{z}$ 去推断潜在的 ζ，可以表示为 $E(Z|\bar{z}, x)$。

要完成这个目标，首先需要利用 x 次消费金额值推导出 $\bar{z}$ 的分布函数。关于 z_i 服从何种分布，以前的学者通常选择正态分布或者伽马分布。在本书模型选择了伽马分布，主要原因有两点：① z_i 服从正态分布时取值可以小于 0，这与实际情况不符；② 正态分布是对称分布，而实际观察到 z_i 分布存在明显的右偏。

于是，基于最初的三项假设，以及对 z_i 分布的假设，本书所建立的消费金额模型具体假设如下。

(1) 一名客户的消费金额均值服从伽马分布;

$$g(\overline{z}|px, vx) = \frac{(vx)^{px}\overline{z}^{px-1}\mathrm{e}^{-\overline{z}(vx)}}{\Gamma(px)} \tag{5-44}$$

(2) 不同客户的消费金额均值异质性服从伽马分布:

$$g(v|q, \gamma) = \frac{\gamma^q v^{q-1}\mathrm{e}^{-v\gamma}}{\Gamma(q)} \tag{5-45}$$

由于两项假设均使用了伽马分布,所以该 MV 模型通常称作伽马-伽马模型。下面再对两项假设中的公式作进一步解释。

假设 1 是根据 z_i 服从伽马分布推导而来的,当一名客户每次的消费金额服从伽马分布时,公式为

$$g(z_i|p, v) = \frac{v^p z_i^{p-1}\mathrm{e}^{-z_i v}}{\Gamma(p)} \tag{5-46}$$

根据伽马分布的卷积性质,x 次交易行为的消费金额总额服从 $\Gamma(px, v)$。再根据伽马分布的标度性,$\overline{z}$ 就服从 $\Gamma(px, vx)$。

对于假设 2,鉴于参数 v 是 $\Gamma(p, v)$ 中的尺度参数,因而通过令其服从另一个伽马分布,可实现刻画不同客户异质性的效果。

2. 构建似然函数

基于上面两项具体假设,利用 x 次消费金额值推导出任意一名客户 $\overline{z}$ 的分布函数为

$$
\begin{aligned}
f(\overline{z}|p, q, \gamma; x) &= \int_0^\infty \frac{(vx)^{px}\overline{z}^{px-1}\mathrm{e}^{-vx\overline{z}}}{\Gamma(px)} \frac{\gamma^q v^{q-1}\mathrm{e}^{-\gamma v}}{\Gamma(q)}\mathrm{d}v \\
&= \frac{\overline{z}^{px-1}x^{px}\gamma^q}{\Gamma(px)\Gamma(q)} \int_0^\infty v^{px+q-1}\mathrm{e}^{-(\gamma+x\overline{z})v}\mathrm{d}v \\
&= \frac{\Gamma(px+q)}{\Gamma(px)\Gamma(q)} \frac{\overline{z}^{px-1}x^{px}\gamma^q}{(\gamma+x\overline{z})^{px+q}} \\
&= \frac{1}{\overline{z}\mathrm{B}(px, q)} \left(\frac{\gamma}{\gamma+x\overline{z}}\right)^q \left(\frac{x\overline{z}}{\gamma+x\overline{z}}\right)^{px} \tag{5-47}
\end{aligned}
$$

对于每一名客户 $(i = 1, 2, \cdots, I)$,已经知道他在观察期内的购买次数 x_i 和消费金额均值 $\overline{z}_i$,因而,样本的对数似然函数可以构建为

$$\mathrm{LL}(p, q, \gamma) = \sum_{i=1}^I \ln[f(\overline{z}_i|p, q, \gamma; x_i)] \tag{5-48}$$

最后，依然通过最大似然函数法求得 (p, q, γ) 三个参数的值。

3. 主要输出结果

1) 群体层面的消费金额

反映群体层面消费金额的输出结果为任意客户潜在消费金额均值分布函数，即在不知道一名客户具体的购买次数 x_i 和消费金额均值 $\bar{z}_i$ 的情况下，仅通过所估计出的三个参数 (p, q, γ) 刻画任意一名 MV 均值的分布特征，表达式为 $f(\zeta|p, q, \gamma)$。

因为 z_i 服从 $\Gamma(p, v)$ 分布，所以期望值 $E(Z_i|p, v) = \zeta = p/v$。但是，由于客户间异质性 ζ 的存在，v 又服从 $\Gamma(q, \gamma)$ 分布，所以任意一名 MV 均值是围绕 ζ 波动的随机变量 Z，需要通过一个概率分布来描述。

使用变量替换法推导出该分布，因为 $\zeta = h(v)$，并且：

$$f_\zeta(\zeta) = \left| \frac{\mathrm{d}}{\mathrm{d}\zeta} h^{-1}(\zeta) \right| f_v(h^{-1}(\zeta)) \tag{5-49}$$

所以，

$$f(\zeta|p, q, \gamma) = \frac{p}{\zeta^2} \frac{\gamma^q \left(\dfrac{p}{\zeta} \right)^{q-1} \mathrm{e}^{-\gamma \frac{p}{\zeta}}}{\Gamma(q)}$$

$$= \frac{(p\gamma)^q \zeta^{-q-1} \mathrm{e}^{-\frac{p\gamma}{\zeta}}}{\Gamma(q)} \tag{5-50}$$

这是一个逆伽马分布函数，其中，q 为形状参数，$p\gamma$ 为尺度参数。同时，该分布的均值和方差分别为

$$E(Z|p, q, \gamma) = \frac{p\gamma}{q-1} \tag{5-51}$$

$$\mathrm{var}(Z|p, q, \gamma) = \frac{p^2 \gamma^2}{(q-1)^2(q-2)} \tag{5-52}$$

2) 个体层面的消费金额

反映个体层面消费金额的输出结果为历史购买行为为 $(\bar{z}, x)$ 的个体 MV 均值的期望值，表达式为 $E(Z|p, q, \gamma; \bar{z}, x)$。该值是在 $f(\zeta|p, q, \gamma)$ 基础上，引入一名客户具体的历史购买行为信息，从而得到他特有的 ζ 分布，进而得到该 ζ 的期望值。

要根据一名客户在观察期内的购买次数 x 和消费金额均值 $\bar{z}$ 推测他潜在的消费金额均值 ζ，可表示为 $E(Z|\bar{z}, x)$。根据贝叶斯理论：

$$g(v|p,q,\gamma;\overline{z},x) = \frac{f(\overline{z}|p,v;x)g(v|q,\gamma)}{f(\overline{z}|p,q,\gamma;x)}$$

$$= \frac{(vx)^{px}\overline{z}^{px-1}\mathrm{e}^{-vx\overline{z}}}{\Gamma(px)}\frac{\gamma^q v^{q-1}\mathrm{e}^{-\gamma v}}{\Gamma(q)} \Big/ \frac{\Gamma(px+q)}{\Gamma(px)\Gamma(q)}\frac{\overline{z}^{px-1}x^{px}\gamma^q}{(\gamma+x\overline{z})^{px+q}}$$

$$= \frac{(\gamma+x\overline{z})^{px+q}v^{px+q-1}\mathrm{e}^{-v(\gamma+x\overline{z})}}{\Gamma(px+q)} \tag{5-53}$$

从式 (5-53) 可以看出，v 的后验分布仍是伽马分布，形状参数为 $px+q$，尺度参数为 $\gamma+x\overline{z}$，因而 Z 的期望均值为

$$E(Z|p,q,\gamma;\overline{z},x) = \frac{p(\gamma+x\overline{z})}{px+q-1}$$

$$= \left(\frac{q-1}{px+q-1}\right)\frac{p\gamma}{q-1} + \left(\frac{px}{px+q-1}\right)\overline{z} \tag{5-54}$$

式 (5-54) 称为 Z 的条件期望。从拆分的表达式可以看出，它是由群体的消费金额均值期望值 $E(Z)$ 和观察到的个体消费金额均值 $\overline{z}$ 所组成的加权平均值。观察到的用于计算 $\overline{z}$ 的个体购买次数 x 越多，那么公式中赋予 $E(Z)$ 的权重就越少，而赋予 $\overline{z}$ 的权重就越多，反之亦然。

5.3.2 实证研究

1. 建模过程

MV 模型的建模过程与 CBA 模型的一样。将前 14 个月 (到 2008 年 3 月) 作为建模期 (即使用该区间内的客户交易数据进行模型参数估计)，将后 6 个月 (2008 年 4 月起) 作为验证期 (即将估计出的参数代入模型计算输出结果并与该区间内的实际值进行对比)。并且依然将这 14 个用户群体的历史消费数据融合在一起作为单一数据集输入模型，并估计出对应的模型参数。具体的建模过程如图 5-9 所示。

需要注意两点：① 输入数据都是具有重复购买次数 ($x>0$) 的客户的历史消费数据，否则，输入数据为 $(0,0)$，这将成为样本的噪声点影响模型效果。② MV 模型包含一项重要的假设：一名客户的消费金额均值不随时间发生变化，所以模型的两项输出结果没有包含时间变量，也不随时间发生变化，这与 CBA 模型的输出结果是有差别的。因此，本书模型的输出结果可以同时与建模期中以及验证期中的实际值分别进行比较，前者说明模型对历史数据的拟合效果，后者说明对未来消费特征的预测效果。

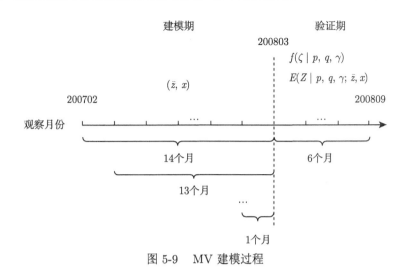

图 5-9　MV 建模过程

2. 结果分析

本小节将以 $f(\bar{z}|p,q,\gamma;x)$ 和 $E(Z|p,q,\gamma;\bar{z},x)$ 作为评判拟合和预测效果的标准,将伽马-伽马模型与实际值进行对比。选择使用 $f(\bar{z}|p,q,\gamma;x)$ 而不是 $f(\zeta|p,q,\gamma)$ 作为评判标准的原因是, 后者并不能直接与观察到的个体客户消费均值进行比较, 观察到的均值都是根据每名客户少量的购买次数 x 计算得到的, 潜在的 ζ 则是通过 $x \to \infty$ 计算得到的。

在开始分析实证结果前, 先对具有重复购买次数客户的消费金额数据进行描述性统计, 如表 5-5 所示。在 5706 名样本客户中, 有 5023 名客户发生了重复购买, 占比约为 88.03%, 明显高于以往学者所研究的非契约型交易情景中的情况。从表 5-5 可以看出, 个体 MV 均值的分布明显右偏, 符合预期。

表 5-5　个体 MV 均值描述性统计

描述	数值
最小值	0.10
第一个四分位数	25.91
中位数	45.37
第三个四分位数	72.63
最大值	452.16
均值	58.55
标准差	51.40
众数	17.00

仍然通过最大似然函数法, 求得了伽马-伽马模型中的三个参数值以及最大对数似然函数值, 如表 5-6 所示。

表 5-6　参数估计结果与最大对数似然函数值

参数	p	q	γ	LL
函数值	1.878 6	3.042 4	67.037 1	−24 935.361 5

图 5-10 显示的是样本客户 (已剔除掉没有重复购买的客户) 消费金额均值的实际分布与模型计算分布的对比图。直观地评判，模型对实际值进行了很好的拟合。但是由于模型的分布函数是连续函数，无法再使用 RSS 评估拟合效果，因而这里仅从两个分布的均值和众数来比较其差异，虽然方法较为粗糙，但是仍能在一定程度上反映拟合效果。在均值方面，模型计算出的均值期望为 60.15 元，比实际均值略高出 1.6 元；在众数方面，模型计算出的众数为 25.65 元，比实际众数略高出 8.65 元。经过这两个维度的评估，再一次说明模型取得了很好的拟合效果。

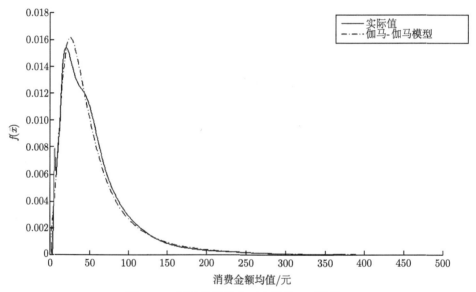

图 5-10　MV 均值分布（实际值 vs 模型）

图 5-11 显示了在建模期内具有不同重复购买次数的客户的消费金额均值。由于剔除掉了没有重复购买的客户，并且建模期的总时长为 14 个月，所以在图中 x 轴的取值范围为从 1 到 14 的正整数。从图中可以看出，伽马-伽马模型达到了很好的拟合效果。由于这里只有一个模型与实际值进行比对，使用 RSS 来衡量没有参照性，因此选择直接使用表格将各值列出，并计算不同重复购买次数下模型高估或者低估的百分比，如表 5-7 所示。从表中可以看出，误差最大的是当重复购买次数为 1 时，模型高估了 8.19%，但这仍然属于较为理想的误差范围。

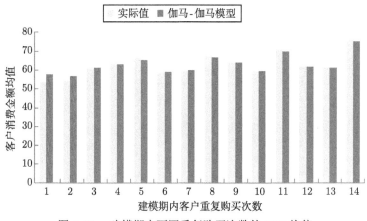

图 5-11　建模期内不同重复购买次数的 MV 均值

图 5-12 显示了在验证期内具有不同重复购买次数的客户的消费金额均值。从图中可以看出，相比于在建模期内的表现，伽马-伽马模型在验证期内的预测效果稍差，系统性地高估了消费金额均值。表 5-8 列出了验证期内不同重复购买次数的 MV 均值，以及模型高估的百分比。从表中可以看出，误差最大的是当重复购买次数为 2 的情况，模型高估了 51.02%，但是随着重复购买次数的增大，模型高估的误差也逐渐缩小。从整体上看，模型的预测值还是能较好地反映不同重复购买次数间 MV 均值的变化趋势，当然也存在一定的提升空间。

表 5-7　建模期内不同重复购买次数的 MV 均值

重复购买次数	实际值	伽马-伽马模型	误差
1	53.28	57.65	8.20%
2	53.92	56.64	5.04%
3	60.68	60.94	0.43%
4	63.04	62.75	−0.46%
5	65.89	65.13	−1.15%
6	58.37	58.88	0.87%
7	59.53	59.82	0.49%
8	67.40	66.71	−1.02%
9	63.84	63.61	−0.36%
10	59.20	59.44	0.41%
11	70.52	69.73	−1.12%
12	61.37	61.40	0.05%
13	61.28	61.31	0.05%
14	75.86	74.83	−1.36%

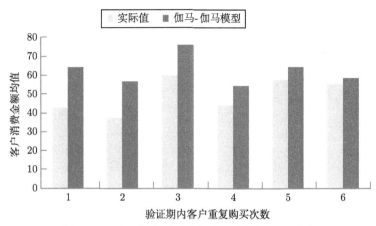

图 5-12　验证期内不同重复购买次数的 MV 均值

表 5-8　验证期内不同重复购买次数的 MV 均值

重复购买次数	实际值	伽马-伽马模型	误差
1	42.53	64.19	50.93%
2	37.48	56.60	51.02%
3	59.73	75.87	27.02%
4	44.05	54.19	23.02%
5	57.64	64.24	11.45%
6	55.11	58.43	6.02%

5.4　自然截断型半契约子情景 CLV 总模型

5.4.1　CLV 计算公式及实证研究

1. CLV 计算公式

本书采用的 CLV 计算公式为

$$E(\text{CLV}) = \int_0^\infty E[v(t)]S(t)d(t)\mathrm{d}t \tag{5-55}$$

其中，$E[v(t)]$ 为在 t 时刻客户的期望收入 (假设他仍然存活)，$S(t)$ 为生存函数，$d(t)$ 为在 t 时刻现值的贴现率。

但是式 (5-55) 并不容易直接代入数据进行计算，所以对原公式进行了变形。公式变形存在一个前提，即仅当一名 MV 均值固定并与购买次数独立时。同时，又由于本书只考虑客户未来的期望收益，将计算范围从 CLV 缩小到客户剩余价值 (residual lifetime value, RLV)。通过变形，公式最后变为

$$E(\text{RLV})$$

$$= E(\text{net cashflow/transaction}) \times \int_T^\infty E[t(t)]S(t|t>T)d(t-T)\mathrm{d}t \qquad (5\text{-}56)$$

其中, 式 (5-55) 中的 $v(t)$ 被拆成 net cashflow/transaction $\times t(t)$, $t(t)$ 为在 t 时刻客户的购买率。

从式 (5-56) 可以看出, 两个子模型是如何通过合并最终计算得出 CLV 的。$E(\text{net cashflow/transaction})$ 就是个体 MV 均值期望, 这个可由 MV 模型得到。$\int_T^\infty E[t(t)]S(t|t>T)d(t-T)\mathrm{d}t$ 又称为预期剩余交易次数的贴现值 (discounted expected residual transactions, DERT), $E[t(t)]$ 反映了客户的购买行为特征, $S(t|t>T)$ 反映了客户的流失行为特征, 二者虽然并不是 CBA 模型的直接输出结果, 但是仍然可以通过 CBA 模型的其他输出结果计算得到, $d(t-T)$ 为贴现率函数, 贴现率 d 是人为主观设定的。

推导出完整的 CLV 计算公式还剩最后一步, 即推导出 DERT 的计算公式。对于一名在 T 时刻仍然 "存活" 的客户, 其 DERT 可以表示为

$$\text{DERT}(d|p,\theta,\text{alive at }T)$$

$$= \sum_{t=T+1}^\infty \frac{P(Y_t=1|p,\text{alive at }t)P(\text{alive at }t|\theta,t>T)}{(1+d)^{t-T}} \qquad (5\text{-}57)$$

式 (5-57) 中包含了 $P(\text{alive at }t|\theta,t>T)$, 由于 $P(\text{alive at }t|\theta,t>T)$ 的分子分母都存在多项式, 并且, t 和 T 可在取值范围内变动, 导致多项式也在变动, 所以无法推导出 DERT 的精确计算公式。这里仍然采用 $P(\text{alive at }t|\theta,t>T)$ 的近似计算公式完成推导, 进一步得到:

$$\text{DERT}(d|p,\theta,\text{alive at }T)$$

$$= p\sum_{t=T+1}^\infty \frac{(1-\theta)^{t-T}}{(1+d)^{t-T}}$$

$$= p\frac{1-\theta}{1+d}\sum_{s=0}^\infty \left(\frac{1-\theta}{1+d}\right)^s$$

$$= \frac{p(1-\theta)}{d+\theta} \qquad (5\text{-}58)$$

将式 (5-58) 再乘以历史购买行为为 $(x,\,t_x,\,T,n)$ 的个体客户在观察月份 T 时刻末的 "存活" 概率, 得

$$\text{DERT}(d|p,\theta,x,t_x,T,n) = \frac{p^{x+1}(1-p)^{T-x}(1-\theta)^{T+1}}{(d+\theta)L(p,\theta|x,t_x,T,n)} \qquad (5\text{-}59)$$

已知参数 p 和 θ 均服从伽马分布，使用二者的联合后验分布进行替换，于是得到历史购买行为为 (x, t_x, T, n) 的个体客户的 DERT 公式：

$$\text{DERT}(d|\alpha, \beta, \gamma, \delta, x, t_x, T, n)$$

$$= \frac{\text{B}(\alpha + x + 1, \beta + T - x)}{\text{B}(\alpha, \beta)} \frac{\text{B}(\gamma, \delta + T + 1)}{\text{B}(\gamma, \delta)(1 + d)}$$

$$\times \frac{{}_2F_1(1, \delta + T + 1; \gamma + \delta + T + 1; 1/(1 + d))}{L(\alpha, \beta, \gamma, \delta | x, t_x, T, n)} \qquad (5\text{-}60)$$

2. 实证研究

1) 相关性检验

要想按照式 (5-55) 顺利计算出 CLV，实证数据还必须符合一项模型假设：MV均值变化与购买次数无关。所以，此处对实证数据中 MV 均值和购买次数这两个变量进行相关性检验。

两个变量 (列向量) 的数据来自在建模期中重复购买次数大于等于 1 的客户，共 5023 名，相关性检验结果如表 5-9 所示。

表 5-9　购买次数与消费金额均值相关性检验

项目		购买次数	消费金额均值
购买次数	皮尔逊相关性	1	0.075**
	显著性 (双侧)	−	0.000
	N	5023	5023
消费金额均值	皮尔逊相关性	0.075**	1
	显著性 (双侧)	0.000	−
	N	5023	5023

** 表示在 0.01 水平上 (双侧) 显著相关

从表 5-9 中可以看出，消费金额均值与购买次数的皮尔逊相关系数为 0.075，并且通过了显著性检验 ($p = 0.000$)，由此可判别二者是存在相关性的，但是其相关性极低，因而可以视为相互独立。为了更为直观地观察两个变量的相关性，本书又使用了箱线图描述消费金额均值在不同重复购买次数下的分布情况，如图 5-13 所示。从图 5-13 中也可以看出，两个变量并无明显相关性，组内的方差大于组间的方差。

通过相关性检验，证实了在本实证场景中，消费金额均值与购买次数独立，因而可以采用式 (5-55) 计算 CLV。补充说明一点，在本场景中两个变量独立也比较符合预期，因为电信业务本来就属于购买频率很高的业务，客户几乎每月都会购买，每月中消费的金额基本趋于稳定，除了在一些节假日，金额波动通常不会太大，所以二者基本独立。在另外一些场景中，该假设就可能不成立，如 B2C 网站，购买频率更高的客户可能在每次购买中的消费金额较低，这类客户属于想起来要买什么就马上去买的类型；另一类客户则偏向囤到一定数量才发生一次集中性采购，所以会出现购买频率虽然不高，但是每次消费金额更高的情况。

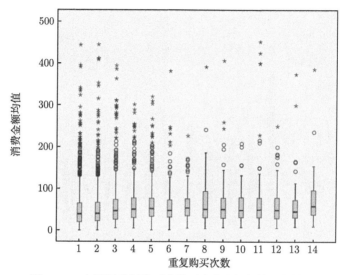

图 5-13　在不同重复购买次数下消费金额均值分布情况

2) 结果分析

由于验证期只有 6 个月，其间还有很多客户并没有流失，所以无法计算出每名客户实际的 CLV，因此也无法直接评判本书模型的预测效果。于是选择了一种间接的方式：在不考虑贴现的情况下，将每名客户在验证期中贡献收入的实际值与模型值 (预测消费金额均值 × 预测购买次数) 进行对比。MV 模型可以预测每名客户在验证期中的消费金额均值，客户分析基模型可以预测每名客户在验证期内的购买次数以及判断他是否仍然 "存活"，所以模型可以支持输出每名客户在验证期内贡献的收入金额。如果在这个输出结果上，模型表现良好，那么也就可以说明模型输出的 CLV 能够很好地反映客观情况，具有参考意义。

图 5-14 显示了在建模期内不同重复购买次数的客户在验证期内消费总额的累计值。从图 5-14 可知，模型达到了很好的预测效果。误差最大之处是在重复购买次数为 0 时，模型高估了 581.24%，但是该部分预测金额只占总预测金额的0.62%，所以对模型的整体预测效果影响不大。其余重复购买次数下的消费金额被高估或者低估的范围基本都在 25% 以内，可以接受。

鉴于 CLV 模型能够对客户在验证期中贡献的收入金额进行良好的预测，我们就可以完成最后一步，即利用本书模型计算出每名客户的 CLV。由于公式中的贴现率需要主观设定，这里设定为 $d = 0.1$，企业在实践过程中可以选取更符合实际的贴现率。在得到每名样本客户 (共 5703 名) 的 CLV 之后, 为了形象地展示 CLV 在样本客户中的分布和变化趋势, 选择从重复购买次数 x 和最近一次购买时间 t_x 两个维度对客户进行分类, 计算出每个细分领域中每名客户的 CLV 均值, 如图 5-15 所示。

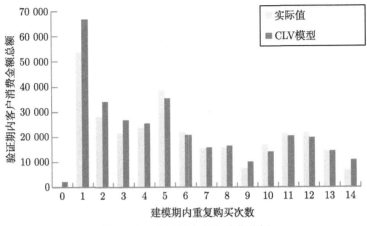

图 5-14　验证期内客户消费总额

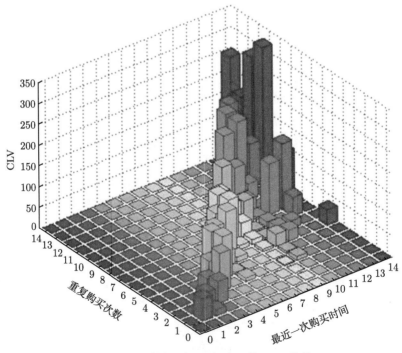

图 5-15　不同 x 和 t_x 组合下的 CLV 均值

　　从图 5-15 中可以看出，CLV 大致的变化趋势为：重复购买次数越多，CLV 越大；最近一次购买时间越近，CLV 越大。这可以成为一名企业决策者管理客户资源时比较粗略的、定性的判断。但是，此处其实还存在一个 "假象"，由于每名客户的消费金额均值是不同的，并且观察时长 T 也是不同的，所以在一定程度上会干扰决策者判断两个分类维度对 CLV 的影响。接下来模拟出当 $T = 14$ 时，样本客户的 DERT 在这两个维度中的分布和变化趋势，从而有效地剔除掉消费金额均值和观察时长的干扰，如图 5-16 所示。

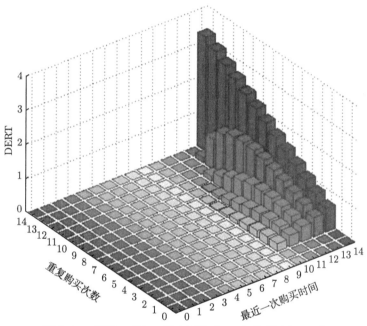

图 5-16　不同 x 和 t_x 组合下的 DERT 均值 $(T = 14)$

　　从图 5-16 中可以看出，在最近一次购买时间维度上，最近一次购买时间越近，DERT 越大；但是在重复购买次数维度上，在部分最近一次购买时间固定的情况下，DERT 出现了先增长后下降的趋势。出现这种现象的原因是，某些客户虽然拥有更多的购买次数，但是他们的最近一次购买时间距建模期结束也相对较远，这意味着他们具有很高的购买频率 x/t_x，却有较长时间没有发生购买行为 $T - t_x$，由于这与他们内在的购买频率不符，所以更有可能流失，于是导致 DERT 降低；而另一些客户虽然购买频率不高，但是他们最近一次购买时间距建模期较近，所以流失概率相对较低，于是能够保持较高的 DERT 值。图 5-17 可以辅助解释这一现象。

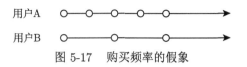

图 5-17　购买频率的假象

　　这一现象给企业决策者的启示是，不要仅根据重复购买次数这一个维度对 CLV 进行判断，最好将购买频率和最近一次购买时间结合进行判断。

5.4.2　管理决策建议

1. 运营商的两难处境

　　完成 CLV 建模之后，我们开始思考另一个问题，这个模型除了能够很好地预测客户未来的交易行为和消费金额，还能给决策者提供什么样的信息和帮助？经过较长时间的思考，发现该半契约型交易情景中的"人为截断"的特征是一个很好的突破口。

　　运营商之所以要主动剔除掉一部分处于"冬眠期"的客户，是因为每名客户入网之后都会被分配一个具有唯一性的手机号码，而这项资源对于运营商而言是有限的。当然运营商还会为每名客户分配其他资源，如交易信息系统中的存储空间等，即使客户没有发生交易行为，这类资源依然会被占用，所以不妨命名这类资源为固定资源，而号码资源就是其中具有代表性的一项。

　　如果一名客户进入较长时间的"冬眠期"，那么他所占有的号码资源就没有得到充分利用。最糟糕的情况是，如果运营商不设置"人为截断"的规则，那么一名客户将永久占有一个甚至多个手机号码，如果他在流失后没有主动注销这些号码，那么这些号码也无法转移给其他客户使用，从而造成资源浪费。也许在客户总体数量不多时，这种固定资源的有限性还没有完全体现，而像中国这样拥有 11 亿多手机用户时，固定资源的有限性就成为运营商需要考虑的问题。

　　另外，虽然设置"人为截断"的规则是非常必要的，但是确定具体的截断时长则值得再琢磨。试想，如果设置的截断时长较短，那么被剔除的客户数量将增多，而这里面可能包含原本 CLV 较高而只是暂时"冬眠"的客户，从而导致整体客户资产降低；如果设置的截断时长较长，虽然可以挽留住更多的客户，但是这些客户可能并不会因为生存时长的增加而给运营商创造更多额外的收入，反而由于延长了资源占用时长而增加运营成本。由此可以看出，运营商需要一套定量化的方法来确定适合的截断时长，从而保证利益最大化。

2. 不同阶段时长下的 CLV

　　本书所建立的 CLV 模型可以帮助运营商解决这一问题，具体操作过程如下。

　　在实证场景中，研究的是截断时长为 5 个月的情况。在这一特定情况下，首先从 5706 名样本客户中收集到模型所需要的输入数据，包括客户基分析模型中

的 (x, t_x, T, n) 和客户消费金额模型中的 $(\bar{z}, x)$，然后通过最大似然函数法，估计出模型所需的全部参数值，包括客户基分析模型中的 $(\alpha, \beta, \gamma, \delta)$ 和客户消费金额模型中的 (p, q, γ)，最后依靠这些输入数据和参数值就可以计算得到每名客户的 CLV 的条件期望值，模拟过程如图 5-18 所示。

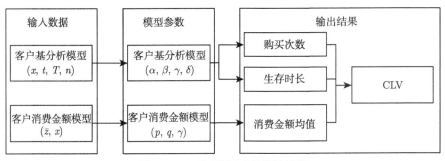

图 5-18　不同截断时长模拟过程

模型中所估计出的各项参数值其实就是客户潜在特质的反映，这也正是概率模型法建模的核心原理。如果保证这些参数值不变，就可以保证客户的潜在特质不变；如果再保证模型的输入数据不变，就可以保证客户的条件期望值不变。在这种前提下，如果只让截断时长 n 发生变化，就可以排除其他因素对 CLV 的干扰，单独研究截断时长对 CLV 的影响。

按照这个思路，设定截断时长 n 的变化范围为从 2 到 8 的正整数，然后模拟出不同取值下的客户资产值 (所有样本 CLV 总和)，结果如图 5-19 所示。

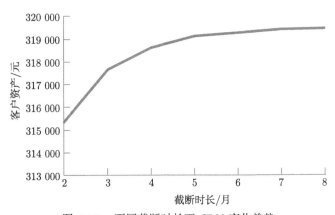

图 5-19　不同截断时长下 CLV 变化趋势

从图 5-19 中可以看出，在 $2 \leqslant n \leqslant 4$ 时，由于截断时长较短，CLV 将快速增长；在 $6 \leqslant n \leqslant 8$ 时，虽然截断时长较长，但是 CLV 的增长变得非常缓慢。由此可知,当截断时长取值为 $4 < n < 6$ 时,运营商能够拥有比较经济的客户资产。从而也说明,目前所设定的截断时长 $n = 5$ 的交易规则比较科学合理。

如果还想更定量化地研究如何设定截断时长,可以利用规划论的方法来解决。例如,建立一个目标函数 (利润 = 收入 − 成本),收入就采用 CLV 的值,成本可以采用机会成本 (释放号码资源而获取的新客户可能创造的收入),然后再根据实际场景设定一些约束函数,最后通过最优化目标函数得到该最优值下的 n 值。但是由于本书篇幅所限,对这个建模思路暂不作深入研究,这可以成为今后扩展的方向。

5.5　本 章 小 结

(1) 本章选择了一个相对新兴的交易情景,即半契约型交易情景,开展研究。由于半契约型交易情景提出的时间较晚,因而还并没有引起营销领域学者的广泛关注,相关的论文成果也很少。基于此,本书决定在半契约型交易情景中进行一些尝试和探索。本章首先对三类交易情景的定义进行了重新梳理,使得各类交易情景中的客户行为特征更加明确;然后选择了"另一种半契约情景"完成了 CBA 建模和 CLV 建模;最后进行了实证研究并证明模型取得了不错的预测效果。这一系列的研究成果可以为之后学者的研究起到抛砖引玉的作用。

(2) 本章创新性地构建了 BG-t/BB 模型。在整个 CLV 建模过程中,在消费金额建模中沿用了经典的伽马-伽马模型,在 CBA 建模中提出了自己原创的模型。提出的背景是,在所研究的半契约型交易情景中客户生存时长存在被"人为截断"的特征,为了使模型能够体现出该特征,基于经典的 BG/BB 模型,对其中关于个体客户生存时长的假设进行了修改,最后得到了 BG-t/BB 模型。虽然只是在已有模型上进行的修改,但是模型的推导难度极大增加,因而最终完成 BG-t/BB 模型的构建,具有一定的理论价值。

(3) 本章通过模拟不同截断时长下 CLV 的变化趋势,帮助运营商更科学合理地制定交易规则。由于客户生存时长存在"人为截断"是半契约型交易情景中的特有现象,因此我们试图从这一变量中挖掘更多支撑管理者决策的信息。通过控制模型参数和其他输入数据不变而仅调整截断时长值,实现对 CLV 变化趋势的呈现和掌握,从而也成功地帮助运营商检验其交易规则的合理性。

第 6 章　互联网型半契约子情景 CLV 建模

6.1　研究过程设计

由于互联网的发展，客户的消费模式也产生了变化。不同于传统的非契约型交易情景，c/t 互联网型半契约交易情景中，电子会员系统和客户在电子平台的参与增强了企业和客户的联系，转化为一种新型的半契约型交易情景。客户参与是客户承诺的一种外在表现形式，一般来说，客户在电子平台的参与越多，电子平台的黏性越强，也就意味着客户对企业的承诺越多。那么在 c/t 互联网型半契约交易情景下，客户承诺会对 CLV 有什么影响，c/t 互联网型半契约交易情景下的 CLV 又具有怎样的形式？

本章主要研究这两个问题，首先构建 Logit 回归模型研究了客户承诺对客户购买的影响，并将客户承诺作为协变量引入客户购买次数的预测模型中；其次构建了客户消费金额预测模型；最后将购买次数模型和消费金额模型结合起来构建了 c/t 互联网型半契约交易情景下的 CLV 模型。

6.2　客户承诺对客户购买的影响

6.2.1　Logit 回归模型概念框架

根据相关研究报道，以客户承诺度为代表的客户参与行为是研究相关情景下 CLV 的重要参数。一般情况下，客户承诺度被认为与客户参与行为线性相关，也就是说客户参与行为水平越高代表其承诺度越高，相应的 CLV 也就越大。研究表明，客户通过客户评论参与到与企业的关系构建中，在客户评论和客户参与中产生客户承诺，进而影响客户购买的意向。目前，研究人员广泛认为客户当前期的行为表现作为一个重要的间接证据最能够反映客户潜在的购买行为特征，进而预判其是否会在下一阶段流失。需要特别注意的是，客户的评论行为作为能够增加用户黏性的潜在变量，在研究客户当前期行为与其购买流失行为之间的关系中，占据着重要的基础地位。例如，大众点评网之所以能够在短期内打开并占据国内众多一线/准一线城市的团购业务市场，就是因为其在创立伊始就重视依靠客户评论行为来增加客户黏性。

如表 6-1 所示，目前关于影响客户购买行为变量的研究主要分为两部分：客户自身变量和客户历史购买行为。前者主要在构建客户流失预测模型中考虑人口

统计学特征 (客户性别、客户职业、客户类别、客户年龄、婚否、客户收入、受教育程度等) 对购买流失行为的影响。例如，朱帮助和张秋菊 (2010) 将客户性别、客户年龄、婚否、受教育程度、年收入这五个人口统计学特征因素成功引入其构建的预测模型；曹国等 (2012) 在 RFM 模型的基础上引入人口统计变量并最终建立了多维商业银行客户流失预测模型，证明性别和年龄等基本人口统计变量的确显著影响客户的流失行为；王志君 (2013) 在预测客户流失行为时考虑了客户分类和客户所从事的职业。相对地，关于客户历史购买行为的研究则主要关注购买总金额、白天购买次数、客户信誉分值、重复购买次数、晚上购买次数、工作时间段购买次数、购买总次数、深夜购买次数、末次购买时间、首次购买时间等具体参数以及其他购买行为特征，结合 RFM 模型对用户购买流失行为进行有效预测。例如，曹国等 (2012) 预测客户购买流失行为时，在 RFM 模型基础上增加了末次购买时间、购买频率和购买总金额等参量；朱帮助和张秋菊 (2010)、任剑锋和张新祥 (2012) 在预测客户购买流失行为时将购买次数分为不同的时间段 (白天、晚上、工作时间段、深夜)；王志君 (2013) 不仅考虑了 RFM 模型所涉及购买总金额、购买总次数和末次购买时间构成的三项基本指标，还将购买金额和数量分为不同的时间段考虑，并进一步引入了客户信誉分值。

表 6-1　影响客户购买行为的变量

分类	变量名称		
客户自身变量	客户性别	客户职业	客户类别
	客户年龄	婚否	–
	客户收入	受教育程度	–
客户历史购买行为	购买总金额	末次购买时间	工作时间段购买次数
	购买总次数	白天购买次数	客户信誉分值
	重复购买次数	晚上购买次数	–
	首次购买时间	深夜购买次数	–

综上所述，作为客户承诺外在表现的评论行为对于购买流失行为影响的相关研究还未被关注过。因此，本书拟在相关研究的基础上进一步引入客户当前评论行为的影响，其重点在于：① 客户自身评论行为作为体现客户承诺度的重要承载变量是否会对客户的购买流失产生影响；② 客户自身评论行为的引入能否提高模型对客户购买流失行为预测的准确性。根据图 6-1 所示的概念模型，客户历史购买行为和客户历史评论行为被视为模型中的关键自变量，关键因变量为客户未来购买流失行为，客户自身变量则作为控制变量予以考虑。

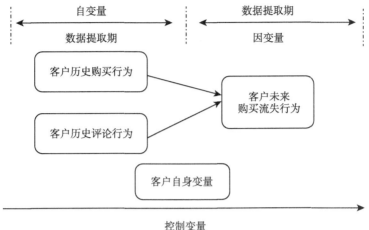

图 6-1　概念模型

6.2.2　Logit 回归模型建立

1. 基本模型

本书数据源于大众点评网，全面引入客户历史购买行为、客户历史评论行为和客户自身变量来预测客户未来购买流失行为，构建了 Logit 回归分析预测模型，着重考察客户历史评论行为作为反映客户承诺度水平指标的可行性及功能性。

基于"客户承诺能否对其下一阶段购买流失行为产生影响，并进一步建立可行的购买流失行为预测模型"的研究目的，并根据类似研究文献中普遍采用的参考模型，本书在所建立基本形式如式 (6-1) 所示的一种二值响应模型 (binary response model)——Logit 回归模型过程中，因变量设定为客户的购买流失行为并假定其为二元变量 (binary variable)，即流失和不流失两种情况分别对应于 1 和 0；同时，自变量为客户历史购买行为和评论行为，客户自身因素体现为控制变量。

一般情况下，Logit 回归模型的基本形式如下：

$$P_i = \frac{\mathrm{e}^{L_i}}{1 + \mathrm{e}^{L_i}} \tag{6-1}$$

$$L_i = \ln\left(\frac{P_i}{1 - P_i}\right) = \beta_1 + \beta_2 X_i \tag{6-2}$$

其中，P_i 为被测量的变量等于 1 时的概率，$P_i/(1 - P_i)$ 为被测量的变量等于 1 的比值比。根据数学理论分析，P_i 和 L_i 之间以及 P_i 和 X_i 之间均存在着非线性关系，$P_i \in [0,1]$ 而 $L_i \in (-\infty, +\infty)$，符合 Logit 回归模型的具体特点以及进一步分析该模型的具体要求：① 当 $L_i \in (-\infty, +\infty)$ 时，$P_i \in [0,1]$；② P_i 与 X_i 相关关系为非线性；③ 变量或回归元的数量可根据实际需求变动，从而拓展模型的应用范围。

　　因此，针对同时对客户购买流失行为影响因素进行分析并预测下一阶段的具体流失情形的客户购买流失模型，定义因变量——客户下一阶段的流失概率为 Churn_{it}，将客户历史购买行为和评论行为定义为自变量，客户自身变量定义为控制变量。考虑到因变量 Churn_{it} 的二分变量本质 (0：不流失，1：流失)，本书采用 Logit 回归模型分析流失概率的基础表达形式为

$$\text{Churn}_{it} = \frac{\mathrm{e}^{L_{it}}}{1 + \mathrm{e}^{L_{it}}} \tag{6-3}$$

$$L_{it} = \gamma \text{Purchase}_{it-1} + \delta \text{Comment}_{it-1} + \beta \text{User}_i + \varepsilon_{ijt} \tag{6-4}$$

其中，Churn_{it} 为具体的个体客户 i 未来的流失概率，取值为 0，1 的二分变量；Purchase_{it-1} 为个体客户 i 历史购买行为数据 (包括购买金额、购买时间以及购买次数等信息)；Comment_{it-1} 为个体客户 i 历史评论行为数据 (包括评论次数、评论时间段以及累计评论贡献值等信息)；User_i 为个体客户 i 自身变量 (包括性别、年龄、婚否以及年收入情况等)，相关信息均提取于大众点评网平台。β, γ, δ 为三类自变量的线性相关系数，ε_{ijt} 为因变量受模型中未体现的潜在影响而产生的随机误差项，通常情况下满足 $\varepsilon_{ijt} \sim N(0, \varphi)$ 的数学模型假设。

　　2. 模型变量设计与分析

　　如图 6-1 所示的概念模型，本章的数据来源于 2011 年 1 月 1 日至 2011 年 6 月 30 日期间，在线评论网站大众点评网上参加过具体购买行为的 921 名客户，提取相关客户在此期间发生的购买行为和评论行为及网站注册信息中包含的人口统计学特征数据作为自变量；同时，将因变量——上述 921 名客户的购买次数的提取时间选取在 2011 年 7 月 1 日至 2011 年 9 月 30 日，认定此段时间内未发生任何购买行为即表示该客户发生了流失，事件概率记为 1；反之，只要发生过购买行为即代表该客户没有流失，事件概率记为 0。

　　1) 模型因变量

　　根据表 6-2 所述，模型的因变量表示客户在未来 (2011 年 7 月 1 日至 2011 年 9 月 30 日) 购买流失行为的一个虚拟二元变量。具体来说，客户在这一阶段的购买流失行为用 Churn_{it} 表示 (若个体客户 i 在 t 时间内实际购买，则 $\text{Churn}_{it} = 0$；否则 $\text{Churn}_{it} = 1$ 即客户没有购买，已经流失)。根据大众点评网提供的 921 名客户在此考察期内的相关数据，可以有效地对客户历史购买数据 (包括购买金额、购买时间、购买次数等信息) 进行统计分析，为验证模型预测购买流失行为的相关研究提供了基础平台和数据验证集。

　　2) 模型自变量

　　类似地，模型的自变量描述如表 6-3 所示，本章将自变量进行了具体划分：客

表 6-2　模型因变量描述

变量命名	符号表示	具体描述
购买流失	$Churn_{it}$	虚拟变量: 个体客户 i 在 t 时间内的购买流失行为, 1 代表没有购买; 0 代表产生购买

表 6-3　模型自变量描述

变量类型	变量命名	符号表示	具体描述
购买行为	购买金额累计	Gm_{it-1}	表示客户 i 在 $t-1$ 时间段内购买金额累计 (2011.1.1-2011.6.30)
	最高购买金额	Gm_top_{it-1}	表示客户 i 在 $t-1$ 时间段内的最高单次消费金额值 (2011.1.1-2011.6.30)
	购买次数累计	Gf_{it-1}	表示客户 i 在 $t-1$ 时间段内的购买次数累计 (2011.1.1-2011.6.30)
	末次购买时间	$G\_lasttime_{it-1}$	表示客户 i 在 $t-1$ 时间段内的末次购买时间距分析节点的间隔天数 (2011.1.1-2011.6.30)
	首次购买时间	$G\_firsttime_{it-1}$	表示客户 i 在 $t-1$ 时间段内的首次购买时间距分析节点的间隔天数 (2011.1.1-2011.6.30)
	工作时间段购买次数	$G\_worktime_{it-1}$	表示客户 i 在 $t-1$ 时间段内的在周一到周五 9a.m.-5p.m. 的购买总次数 (2011.1.1-2011.6.30)
	深夜购买次数	$G\_midnight_{it-1}$	表示客户 i 在 $t-1$ 时间段内在 0a.m.-6a.m. 的购买总次数 (2011.1.1-2011.6.30)
	白天购买次数	G_day_{it-1}	表示客户 i 在 $t-1$ 时间段内在 6a.m.-6.p.m. 的购买总次数 (2011.1.1-2011.6.30)
	晚上购买次数	G_night_{it-1}	表示客户 i 在 $t-1$ 时间段内在 6p.m.-0a.m. 的购买总次数 (2011.1.1-2011.6.30)
评论行为	累计评论贡献值	Cm_{it-1}	表示客户 i 在 $t-1$ 时间段内的累计评论贡献值 (2011.1.1-2011.6.30)
	最高评论贡献值	Cm_top_{it-1}	表示客户 i 在 $t-1$ 时间段内的单次评论最高贡献值 (2011.1.1-2011.6.30)
	评论次数	Cf_{it-1}	表示客户 i 在 $t-1$ 时间段内的累计评论次数 (2011.1.1-2011.6.30)
	工作时间段评论次数	$C\_worktime_{it-1}$	表示客户 i 在 $t-1$ 时间段内在周一到周五 9a.m.-5p.m. 的总评论次数 (2011.1.1-2011.6.30)
	深夜评论次数	$C\_midnight_{it-1}$	表示客户 i 在 $t-1$ 时间段内在 0a.m.-6a.m. 的总评论次数 (2011.1.1-2011.6.30)
	白天评论次数	C_day_{it-1}	表示客户 i 在 $t-1$ 时间段内在 6a.m.-6.p.m. 的总评论次数 (2011.1.1-2011.6.30)
	晚上评论次数	C_night_{it-1}	表示客户 i 在 $t-1$ 时间段内在 6p.m.-0a.m. 的总评论次数 (2011.1.1-2011.6.30)

户历史购买行为和评论行为，从两个维度上对自变量进行分析讨论。具体来说，本书针对大众点评网 921 名客户 2011 年 1 月 1 日至 2011 年 6 月 30 日的历史购买行为数据，在构建模型时考虑如下九个历史购买行为变量：Gm_{it-1} 为购买金额累计、Gm_top_{it-1} 为最高购买金额、Gf_{it-1} 为购买次数累计、$G\_lasttime_{it-1}$ 为末次购买时间、$G\_firsttime_{it-1}$ 为首次购买时间、$G\_worktime_{it-1}$ 为工作时间段购买次数、$G\_midnight_{it-1}$ 为深夜购买次数、G_day_{it-1} 为白天购买次数、G_night_{it-1} 为晚上购买次数。针对用户当前阶段的评论行为，本书主要考虑如下七个相关变量：Cm_{it-1} 为累计评论贡献值、Cm_top_{it-1} 为最高评论贡献值、Cf_{it-1} 为评论次数、$C\_worktime_{it-1}$ 为工作时间段评论次数、$C\_midnight_{it-1}$ 为深夜评论次数、C_day_{it-1} 为白天评论次数、C_night_{it-1} 为晚上评论次数。

3) 模型控制变量

结合相关参考文献的研究报告及大众点评网站提供的人口统计特征数据，本章实证模型中的控制变量为上述 921 名客户的自身因素。如表 6-4 所示，主要的客户自身因素控制变量包括 $Gender_i$ 为客户性别，Age_i 为客户年龄，$Contribution_i$ 为客户对网站的整体贡献值。其中，前两个统计特征变量——用户年龄 (Age_i) 和用户性别 ($Gender_i$) 均来源于客户在网站上所填写的个人注册基本信息，$Contribution_i$ 为客户行为的评分等级值，由大众点评网提供。

表 6-4　模型控制变量描述

变量类型	变量命名	符号表示	具体描述
自身变量	性别	$Gender_i$	客户 i 的性别，0 代表女性；1 代表男性
	年龄	Age_i	客户 i 的年龄信息
	贡献值	$Contribution_i$	点评网提供的客户 i 整体贡献值

4) 变量描述性统计

如表 6-5 所示为对模型变量描述性统计，因变量 $Churn_{it}$ 的均值为 0.347，代表未来仍然产生购买行为的客户比例为 65.3%。值得注意的是，大众点评网观测样本中客户的年龄普遍较小且女性客户占了绝大多数 (平均年龄为 28 岁，标准方差为 8.181，观测样本性别的平均值为 0.174，标准方差为 0.379)，符合当前互联网消费客户群体的一般特征，说明观测样本具有较高的代表性和研究价值。

3. 购买流失预测模型构建——未考虑评论行为

根据前期的研究基础以及相关参考文献的研究报道，本章首先考虑构建不考虑评论行为情况的购买流失预测模型——仅考虑客户自身因素和客户购买行为。结合电子商务客户流失的关键影响因素以及变量数据获得的可行性，选取了如下 12 个变量指标作为不考虑评论行为构建预测模型的待选解释变量，即年龄 (Age_i)、性别 ($Gender_i$)、用户贡献值 ($Contribution_i$)、购买金额 (Gm_{it-1})、最高购

表 6-5　模型变量描述性统计

变量	均值	标准差	最小值	最大值	观测值
Churn_{it}	0.347	0.476	0	1	921
Gender_i	0.174	0.379	0	1	921
Age_i	28.129	8.181	0	112	921
Contribution_i	124.619	187.988	−271	3044	921
Gm_{it-1}	330.102	590.035	1	5773.8	921
Gm_top_{it-1}	151.773	229.059	1	2580	921
Gf_{it-1}	3.664	4.286	1	42	921
G_lasttime_{it-1}	49.142	45.904	0	174	921
$\text{G\_firsttime}_{it-1}$	97.701	51.810	0	180	921
G_worktime_{it-1}	1.993	2.687	0	23	921
G_day_{it-1}	2.457	3.057	0	29	921
G_night_{it-1}	0.733	1.388	0	18	921
G_midnight_{it-1}	0.212	2.672	0	12	921
Cm_{it-1}	9.219	31.609	0	415	921
Cm_top_{it-1}	1.195	1.713	0	5	921
Cf_{it-1}	3.483	11.592	0	183	921
C_worktime_{it-1}	0.691	3.798	0	53	921
C_day_{it-1}	1.011	5.398	0	64	921
C_night_{it-1}	0.524	2.949	0	42	921
C_midnight_{it-1}	0.093	1.044	0	27	921

买金额 (Gm_top_{it-1})、购买次数累计 (Gf_{it-1})、末次购买时间 (G_lasttime_{it-1})、首次购买时间 ($\text{G\_firsttime}_{it-1}$)、工作时间段购买次数 ($\text{G\_worktime}_{it-1}$)、白天购买次数 ($\text{G\_day}_{it-1}$)、晚上购买次数 ($\text{G\_night}_{it-1}$) 以及深夜购买次数 ($\text{G\_midnight}_{it-1}$)。其具体表达形式如下：

$$\text{Churn}_{it} = \beta_1 \text{Age}_i + \beta_2 \text{Gender}_i + \beta_3 \text{Contribution}_i + \gamma_1 \text{Gm}_{it-1} + \gamma_2 \text{Gm\_top}_{it-1}$$

$$+ \gamma_3 \text{Gf}_{it-1} + \gamma_4 \text{G\_lasttime}_{it-1} + \gamma_5 \text{G\_firsttime}_{it-1} + \gamma_6 \text{G\_worktime}_{it-1}$$

$$+ \gamma_7 \text{G\_day}_{it-1} + \gamma_8 \text{G\_night}_{it-1} + \gamma_9 \text{G\_midnight}_{it-1} + \varepsilon_{ijt} \tag{6-5}$$

其中，β_1，β_2，β_3 和 $\gamma_1 \sim \gamma_9$ 分别为客户自身因素和客户购买行为的相关系数。

4. 购买流失预测模型构建——综合考虑评论和购买行为

本章引入客户评论行为的影响，提出综合考虑客户评论行为、客户购买行为和客户自身因素的购买流失预测模型。关键的变量个数从 12 个增加至 19 个，进一步囊括了累计评论贡献值 (Cm_{it-1})、最高评论贡献值 (Cm_top_{it-1})、评论次数 (Cf_{it-1})、工作时间段评论次数 (C_worktime_{it-1})、白天评论次数 (C_day_{it-1})、晚

上评论次数 (C_night_{it-1}) 和深夜评论次数 (C_midnight_{it-1}) 等共计 7 个指标作为解释变量，从而将模型公式 (6-5) 拓展为公式 (6-6) 的形式：

$$\begin{aligned}
\text{Churn}_{it} = {} & \beta_1 \text{Age}_i + \beta_2 \text{Gender}_i + \beta_3 \text{Contribution}_i + \gamma_1 \text{Gm}_{it-1} + \gamma_2 \text{Gm\_top}_{it-1} \\
& + \gamma_3 \text{Gf}_{it-1} + \gamma_4 \text{G\_lasttime}_{it-1} + \gamma_5 \text{G\_firsttime}_{it-1} + \gamma_6 \text{G\_worktime}_{it-1} \\
& + \gamma_7 \text{G\_day}_{it-1} + \gamma_8 \text{G\_night}_{it-1} + \gamma_9 \text{G\_midnight}_{it-1} + \delta_1 \text{Cm}_{it-1} \\
& + \delta_2 \text{Cm\_top}_{it-1} + \delta_3 \text{Cf}_{it-1} + \delta_4 \text{C\_worktime}_{it-1} + \delta_5 \text{C\_day}_{it-1} \\
& + \delta_6 \text{C\_night}_{it-1} + \delta_7 \text{C\_midnight}_{it-1} + \varepsilon_{ijt} \qquad (6\text{-}6)
\end{aligned}$$

6.2.3　模型分析结果

1. 模型检验

一般情况下，由于经济变量相关的共同趋势、滞后变量的引入以及样本资料的限制，线性回归模型中解释变量存在相关关系——多重共线性，使得模型估计失真或难以估计准确。对于变量间多重共线性的检验，统计学中多采用方差膨胀因子 (variance inflation factor, VIF) 进行分析判断：VIF>10，变量间存在共线性，反之则不存在共线性。本章在构建流失预测模型之前对相关变量均进行了多重共线性检验，对应的结果如表 6-6 所示。明显地，购买次数累计、白天购买

表 6-6　VIF 因子分析

变量	VIF	1/VIF
Gf_{it-1}	48.91	0.020
G_day_{it-1}	41.97	0.024
C_day_{it-1}	34.47	0.029
C_worktime_{it-1}	25.53	0.039
Cm_{it-1}	17.51	0.057
Cf_{it-1}	14.40	0.069
G_worktime_{it-1}	13.62	0.073
G_midnight_{it-1}	8.44	0.0118
G_night_{it-1}	6.52	0.153
C_night_{it-1}	3.69	0.0271
Gm_{it-1}	2.51	0.398
Contribution_i	2.15	0.0465
G_lasttime_{it-1}	1.92	0.521
$\text{G\_firsttime}_{it-1}$	1.89	0.529
Cm_top_{it-1}	1.85	0.541
Gm_top_{it-1}	1.65	0.606
C_midnight_{it-1}	1.58	0.633
Gender_i	1.04	0.962
Age_i	1.03	0.971

次数、白天评论次数、工作时间段评论次数、累计评论贡献值、评论次数和工作时间段购买次数的 VIF 因子均高于临界条件 (VIF>10)。因此，本章在变量筛选处理方面选用逐步回归的方法来消除变量间的多重共线性影响，从而得到影响客户购买流失的核心变量。

2. 结果分析

1) 训练集结果分析

根据 80:20 的分配比例，将 921 名样本总体划分为训练集和验证集，包括 737 名训练集客户和 184 名验证集客户。其中，训练集包含发生购买流失行为的客户 258 名，未发生购买流失行为的客户 479 名；验证集包含发生购买流失行为的客户 62 名，未发生购买流失行为的客户 122 名。进一步根据逐步回归分析训练集的 Logit 回归模型的具体结果如表 6-7 所示，其中公式 (6-5) 经过逐步回归后的因素影响结果用模型一表示；公式 (6-6) 经过逐步回归后的因素影响结果用模型二和模型三表示。

表 6-7 训练集模型结果

Churn_{it}	模型一	模型二	模型三
Gender_i	0.5566^{**}	0.5634^{**}	0.5320^{**}
	(0.2186)	(0.2194)	(0.2217)
Gm_top_{it-1}	0.0010^{**}	0.0010^{**}	0.0010^{**}
	(0.0004)	(0.0004)	(0.0004)
G_lasttime_{it-1}	0.0093^{***}	0.0093^{***}	0.0089^{***}
	(0.0020)	(0.0020)	(0.0020)
Gf_{it-1}	-0.3009^{***}	-0.3046^{***}	-0.3046^{***}
	(0.0506)	(0.0517)	(0.1468)
Cf_{it-1}	—	-0.0032	-0.0218
		(0.0083)	(0.0169)
$\text{Cf}_{it-1} * \text{Gf}_{it-1}$	—	—	0.0045^{**}
			(0.0089)
_cons	-0.5104^{***}	-0.5134^{***}	-0.3817^{*}
	(0.2080)	(0.2082)	(0.1757)
obj.	737	737	737
LRchi2(5)	142.64	142.78	147.79
偏 R^2	0.712	0.707	0.712
AIC	1.115	1.118	1.113

* 表示 $p < 0.1$, ** 表示 $p < 0.05$, * * * 表示 $p < 0.01$

根据模型一的分析结果，仅考虑客户自身变量和历史购买行为进行购买流失预测模型构建时，客户性别、最高购买金额、末次购买时间以及购买次数等因素的相关系数分别为 $\beta_2 = 0.5566$、$\gamma_2 = 0.001$、$\gamma_4 = 0.0093$ 以及 $\gamma_3 = -0.3009$，这四个变量会显著影响客户未来购买流失行为。其中，客户的最高购买金额和末次购买时间对于客户的购买流失均呈现显著的正向影响 (最高购买金额越高或者分析时间距离末次购买时间越近，客户在未来就越有可能流失)，客户的购买次数则对客户的购买流失有显著的负向影响 (用户前期的购买次数越多，对网站的使用黏性越大，客户未来发生购买流失的概率就越低)。

进一步综合模型二和模型三的分析结果，以客户自身变量、历史购买行为和评论行为为自变量构建购买流失预测模型时，客户评论次数并不能显著影响客户未来的购买流失行为，客户购买次数和评论次数的交叉项的存在，反而使客户评论行为对未来的购买流失变得非常显著，表明客户评论次数依赖于客户的购买次数从而对未来购买流失产生影响 (评论次数越多，客户未来流失的概率就越低)，并且进一步证明了客户承诺对于客户购买行为存在积极的影响。

因此，基于客户承诺的客户流失预测模型的公式修正为

$$\text{Churn}_{it} = \beta_2 \text{Gender}_i + \gamma_2 \text{Gm\_top}_{it-1} + \gamma_3 \text{Gf}_{it-1}$$
$$+ \gamma_4 \text{G\_lasttime}_{it-1} + \delta_3 \text{Cf}_{it-1} + \alpha \text{Cf}_{it-1} \text{Gf}_{it-1} + \varepsilon_{ijt} \qquad (6\text{-}7)$$

2) 模型预测结果分析

在评价预测效果优劣时可以采用混淆矩阵来表示，预测值用混淆矩阵的行来表示，实际值用混淆矩阵的列来表示。表 6-8 表示一个典型的混淆矩阵。

表 6-8   混淆矩阵

项目		实际值		总数
		p	n	
预测值	p'	真正类 (TP)	假正类 (FP)	P'
	n'	假负类 (FN)	真负类 (TN)	N'
总数		P	N	

其中，将假正类 (FP) 作为第 1 类错误，将假负类 (FN) 作为第 2 类错误。评价指标采用准确度 (Accuracy)：

$$\text{Accuracy} = \frac{\text{TP} + \text{TN}}{\text{TP} + \text{TN} + \text{FP} + \text{FN}} \qquad (6\text{-}8)$$

但是，只用准确度难以真实评价预测模型的好坏，不能区分第 1 类错误和第 2 类错误。因此考虑采用敏感性 (Sensitivity) 和特异性 (Specificity) 来评价模型的优劣：

$$\text{Sensitivity} = \frac{\text{Truepositive}}{\text{Conditionpositive}} \qquad (6\text{-}9)$$

敏感性即真正类 (true positive rate，TPR) 概率，如公式 (6-9) 所示，敏感

性值越高，第 2 类错误越少，即被错误预测为不流失的流失客户比例越低。

$$\text{Specificity} = \frac{\text{Truenegative}}{\text{Conditionnegative}} \qquad (6\text{-}10)$$

特异性即假正类 (false positive rate, FPR) 概率，如公式 (6-10) 所示，特异性值越高，第 1 类错误越少，即被错误预测为流失客户的不流失客户比例越低。因此，使用敏感性与特异性评价模型的预测效果，使用 ROC(receiver operating characteristic, 受试者特征) 曲线与 AUC(area under the curve, 曲线下面积) 值评测模型。如图 6-2 所示，ROC 曲线表示混淆矩阵中 FPR-TPR 两个量之间的相对变化情况，描述了 FPR 与 TPR 之间权衡的结果，TPR 增速越快，ROC 曲线越向上凸起，曲线下的面积越大，模型的预测效果越好。AUC 值表示 ROC 曲线下的面积。

如图 6-2 所示，在模型预测效果最好时，ROC 曲线紧贴模型的左侧和上侧，AUC 取得最大值 1；当 AUC 值在 0.5~1 时，模型预测效果比随机预测效果要好；当 AUC 取值 0.5 时，模型预测的结果和随机预测相差不多，模型没有预测的实用价值；当 AUC 取值小于 0.5 时，模型预测的效果更加不理想，它比随机预测效果还要差。本书将采用 AUC 取值作为模型的评测指标，AUC 取值越大，模型预测效果越好。

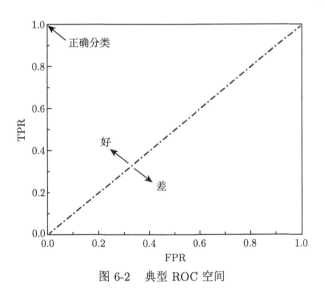

图 6-2　典型 ROC 空间

图 6-3 为预测模型的 ROC 曲线，点划线表示随机预测结果，虚线表示模型一预测结果，实线表示模型三预测结果。模型一的 AUC 值为 0.843316，模型三

的 AUC 值为 0.882761。可见模型一和模型三的预测效果均优于随机预测，具有一定的预测准确度，相对来说模型三的预测效果优于模型一。结果表明，客户历史消费评论的确会影响客户未来的购买流失率，相对应的，客户购买预测模型在增加客户评论行为的影响因子之后，对客户购买流失率的预测命中率效果也有了显著的提高。客户评论数据作为客户承诺的外在表现因素，可以说明客户承诺对客户消费次数有正向影响。

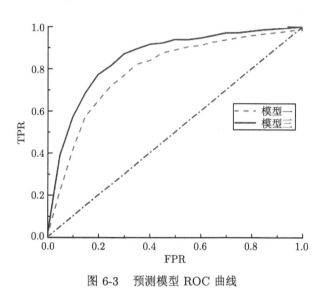

图 6-3　预测模型 ROC 曲线

6.3　引入客户承诺协变量的客户购买次数预测模型

6.3.1　Pareto/NBD 预测模型

1. 基本假设与模型定义

为了研究非契约客户关系情景下的客户重复购买行为，Schmittlein 等 (1987) 提出了著名的 Pareto/NBD 模型，其核心思路就是用该模型来预测购买次数和客户活跃度 $P(\text{active})$，并且该模型的提出必须遵循如下五项基本假设。

假设 1：活跃客户的购买。存活时，任何客户在感兴趣公司所做的购买在时间上随机分布，客户长期的购买率为 λ，存活客户在 t 时间内购买次数 X 是一个泊松随机变量：

$$P[X = x \,|\, \lambda, t] = \frac{(\lambda t)^x}{x!} \mathrm{e}^{-\lambda t}, \quad x = 0, 1, 2, \cdots \tag{6-11}$$

假设 2：个体客户流失率。任意客户的存活时间 (并不能真实观测) 记为 τ，在 τ 时间后，客户不再购买，随机流失概率为 μ。也就是说客户在活跃 t 时间后，在未来很短时间内流失概率 (变为永久不活跃) 为 μ，客户活跃的时间为随机指数变量，密度为

$$f(t\,|\,\mu) = \mu \mathrm{e}^{-\mu t}, \quad t > 0 \tag{6-12}$$

假设 3：购买概率的异质性。现实中一些客户购买率高，一些客户很少购买。不同客户购买率的异质性服从伽马分布：

$$f(\lambda\,|\,r,\alpha) = \frac{\alpha^r}{\Gamma(r)} \lambda^{r-1} \mathrm{e}^{-\alpha\lambda}, \quad \lambda > 0, \quad r, \alpha > 0 \tag{6-13}$$

不同客户购买率的平均值为 $E[\lambda] = r/\alpha$，方差为 r/α^2，r 为不同客户购买率异质性的参数。

假设 4：流失率的异质性。不是所有的客户在同一时间流失，或者以相同的概率流失，不同客户流失率 μ 服从伽马分布：

$$g(\mu\,|\,s,\beta) = \frac{\beta^s}{\Gamma(s)} \mu^{s-1} \mathrm{e}^{-\beta\mu}, \quad \mu > 0, \quad s, \beta > 0 \tag{6-14}$$

流失率的平均值为 $E[\mu] = s/\beta$，方差为 s/β^2，s 为不同客户流失率异质性的参数。

假设 5：概率 λ 和 μ 独立。不同客户的购买率 λ 和流失率 μ 独立变化。

2. 参数估计

通过构建 Pareto/NBD 模型，本章将依据目标用户的购买行为数据统计对该用户的活跃度 (某种程度上与用户承诺度正相关) 进行分析研究。企业可以据此模型的分析预测实施具体的后续工作——根据用户的活跃度值的高低，差异化处理不同用户的营销策略。类似大多数 Pareto/NBD 模型进行用户购买流失的相关报道，本章也采用最大似然函数的方法对相关参数 α, β, r 和 s 进行估计。首先，对于任一客户，若其在 $(0, T)$ 的时间段内购买次数为 X 次且末次购买时间满足 $t_X < T$，则其不发生客户流失行为的概率如下所示：

$$P(\alpha, \beta, r, s\,|\,x, t_x, T) = \frac{\Gamma(r+x)\alpha^r\beta^s}{\Gamma(r)}$$

$$\times \left\{ \frac{1}{(\alpha+\beta)^{r+x}(\beta+T)^s} + \left(\frac{s}{r+s+x} A_0 \right) \right\} \tag{6-15}$$

如果 $\alpha \geqslant \beta$, 则

$$
\begin{aligned}
A_0 = & \frac{{}_2F_1\left(r+s+x,s+1,r+s+x+1,\dfrac{\alpha-\beta}{\alpha+t_x}\right)}{(\alpha+t_x)^{r+s+x}} \\
& - \frac{{}_2F_1\left(r+s+x,s+1,r+s+x+1,\dfrac{\alpha-\beta}{\alpha+T}\right)}{(\alpha+T)^{r+s+x}}
\end{aligned}
\tag{6-16}
$$

如果 $\alpha < \beta$, 则

$$
\begin{aligned}
A_0 = & \frac{{}_2F_1\left(r+s+x,r+x,r+s+x+1,\dfrac{\beta-\alpha}{\beta+t_x}\right)}{(\beta+t_x)^{r+s+x}} \\
& - \frac{{}_2F_1\left(r+s+x,r+x,r+s+x+1,\dfrac{\beta-\alpha}{\beta+T}\right)}{(\beta+T)^{r+s+x}}
\end{aligned}
\tag{6-17}
$$

根据上述公式所示, 需要进行分析估计的参数为对应于输入数据集 (x, t_x, T) 的四个模型参量: α, β, r 和 s。其中, x 为观察期内任一客户购买次数, t_x 为个体客户在观察期内发生末次购买行为的时间, T 为模型所设定的具体观察期时长。因此, 样本集中 N 个客户总体层面上的似然函数对数总和如公式 (6-18) 所示:

$$
\mathrm{LL}(\alpha,\beta,r,s) = \sum_{i=1}^{N} \ln[L(\alpha,\beta,r,s\,|x_i,t_x,T_i)]
\tag{6-18}
$$

通过相应的数学分析和软件计算 (如含有多种计算工具包的可编程软件 MATLAB7.0), 上述四个参数的具体值可以通过最大化该似然函数的对数总和来获得求解。

3. 模型预测公式

针对个体客户水平上的三个主要预测数值: 客户购买次数数学期望、客户活跃度以及客户未来购买次数的条件期望, 本章将使用如下的计算公式进行模型效果的检验。

对于 $(0,t]$ 时间内, 个体客户重复购买次数的数学期望可以通过如下公式进行计算:

$$
E(X(t)|\alpha,\beta,r,s) = \frac{\beta r}{\alpha(s-1)}\left[1-\left(\frac{\beta}{\beta+t}\right)^{s-1}\right]
\tag{6-19}
$$

对于代表观察期 T 时刻客户没有流失的概率的活跃度，可以通过公式 (6-20) 进行计算：

$$P(\delta > T|\alpha,\beta,s,x,t_x,T) = \left\{1 + \left(\frac{s}{r+s+x}\right)(\alpha+T)^{r+X}(\beta+T)^s A_0\right\}^{-1} \tag{6-20}$$

对于历史购买记录为 (x,t_x,T) 的个体客户在未来 $(T,T+t]$ 时刻内购买次数的数学期望，可以通过公式 (6-21) 进行计算：

$$E(Y(t)|\alpha,\beta,\gamma,s,x,t_x,T) = \frac{(\gamma+x)(\beta+T)}{(\alpha+T)(s-1)}\left[1 - \frac{(\beta+T)^{s-1}}{\beta+T+t}\right]$$
$$\times P(\delta > T|\alpha,\beta,\gamma,s,x,t_x,T) \tag{6-21}$$

6.3.2　实证研究

1. 数据提取

如图 6-4 所示，本节基于大众点评网所提供的数据，重点研究 519 名在 2011 年 1 月 1 日至 3 月 31 日共 90 天的时间段内存在购买行为的客户。观察期设置为 2011 年 1 月 1 日至 2011 年 6 月 30 日，共 181 天；验证期设置为 2011 年 7 月 1 日至 9 月 30 日，共 92 天。通过检索目标客户的 ID，观察期可提取的购买数据为 3881 条，进一步去除相同 ID 客户在单一天数之间产生的多次重复购买行为后，导出 (x,t_x,T) 数据集含有 3458 条有效的购买数据。天数 0 定义为目标客户第一次发生购买行为的时刻，x(次) 代表特定的客户个体在 2011 年 1 月 1 日至 2011 年 6 月 30 日共 181 天的观察期内发生的重复购买次数；T(天) 代表客户个体第一次发生购买时间与观察期末 (2011 年 6 月 30 日) 的时间差 (例如，$T = 181$ 对应于 2011 年 1 月 1 日第一次购买的客户)；t_x(天) 表示客户在 $[0,T]$ 时间段内发生的最后一次购买行为的时间 (例如，$t_x = 30$ 对应于最后一次购买行为发生在 2011 年 1 月 30 日的客户；X_2(次) 表示客户在 2011 年 7 月 1 日至 2011 年 9 月 30 日的验证期内发生重复购买行为的次数。

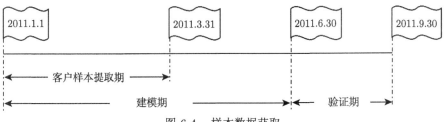

图 6-4　样本数据获取

2. 结果分析

对 Pareto/NBD 模型的参数 α, β, r 和 s 最大似然估计，基于 MATLAB 7.0 软件的程序分析与计算，结果见表 6-9。

表 6-9　Pareto/ NBD 模型参数估计值

参数名称	α	β	r	s
估计值	20	8.8865	0.5887	0.0001

将上述参数 α, β, r 和 s 的估计值和数据集 (x, t_x, T) 一起代入式 (6-19)~式 (6-21)，从而获得各项预测结果并计算出 $(0, t]$ 时刻内任一客户购买次数的数学期望，进而最终求得目标客户在观察期和验证期内每天累计购买次数的数学期望。

如图 6-5 所示，对比了模型预测结果与实际数据，其中建模期在虚线左端，验证期在虚线右端。可以发现 Pareto/NBD 模型预测结果与实际数据的总体变化趋势基本吻合，说明该模型具有比较好的分析预测结果。对于不足之处，也注意到该模型预测前期的结果整体较实际数据值略偏低，且两者之间的差异随着观察期的逐渐延长而越来越小，说明该模型在现有假设条件下的预测准确度与观测期的具体设置有关。

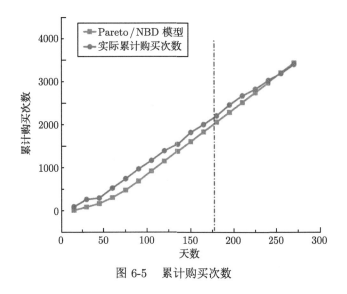

图 6-5　累计购买次数

如图 6-6 所示，根据普遍采用的客户活跃度计算公式得到的目标客户个体的活跃度，并据此得到观察期内发生了相同购买次数行为的目标客户所具有的平均活跃度 (对比值为实际的客户活跃度)。明显地，客户的实际活跃度情况随着购买次数的增加而逐步提高，Pareto/NBD 模型对于客户活跃度的预测值并不随客户重复购买次数的变化呈现出规律性的变化趋势 (存在较多无法精确分析而取值为1 的情况)。因此，Pareto/NBD 模型对平均客户个体的活跃度的预测结果并不理想，说明非契约型交易情景中的 Pareto/NBD 模型对 c/t 互联网型半契约交易情景不太适用，需要加以改进。

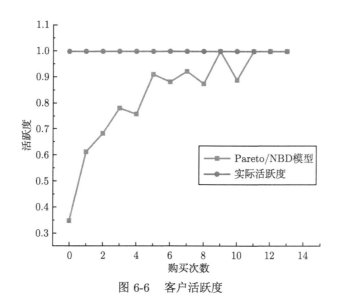

图 6-6　客户活跃度

类似地，在计算得到的购买次数条件期望的基础上，进一步通过计算得出客户在验证期内购买次数的平均值 (这些客户是指在建模期内拥有相同购买次数的客户)，如图 6-7 所示。同样发现了 Pareto/NBD 模型能够较好地体现出客户购买行为的走向，其波动趋势也与实际情况相吻合。然而，Pareto/NBD 模型的预测值高于客户在验证期发生的实际购买次数，并且拟合差值随着建模期客户购买次数的逐渐增加而不断增大。因此，现阶段的 Pareto/NBD 模型预测的效果并不是很理想，客观上存在着一些不足亟待改进。下面将对 Pareto/NBD 模型进行可能的改进，从而提高其在购买流失行为预测中的精准度。

综上所述，针对大众点评客户购买行为进行基于 Pareto/NBD 模型的购买流失预测时，预测结果能够很好地反映客户实际购买行为的变化趋势，仅对客户活跃度的预测结果与实际情况偏差较大。这说明 Pareto/NBD 模型刻画 c/t 互联网型半契约交易情景具有可行性。针对 Pareto/NBD 模型对预测客户活跃度方面的不足，下面将引入协变量从而对 Pareto/NBD 模型进行改进。

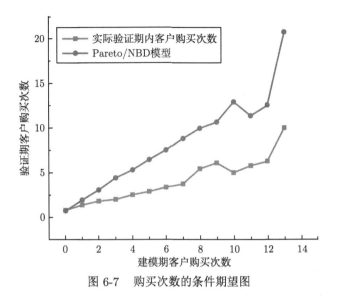

图 6-7　购买次数的条件期望图

6.3.3　Pareto/NBD 模型改进

1. 改进原理与方法

首先，针对模型中引入协变量的方法和原理，Fader 等 (2007) 运用 PHM 模型思想的推导结果证明，只需将参数 α 和 β 作相应替换就可以在 Pareto/NBD 模型中引入协变量：

$$\alpha = \alpha_0 \exp(-\gamma_1' z_1) \tag{6-22}$$

$$\beta = \beta_0 \exp(-\gamma_2' z_2) \tag{6-23}$$

其中，原模型参数 r 和 s 保持不变，z_1 为调节客户间发文行为异质性的协变量向量，γ_1 为系数向量；z_2 为流失行为异质性的协变量向量，γ_2 为系数向量。同时，最为常见的 PHM 的具体表达形式如公式 (6-24) 所示：

$$h(t|\theta, \gamma, z_i) = h_0(t|\theta) \exp(\gamma' z) \tag{6-24}$$

其中，$h_0(t|\theta)$ 为具备 "基准线" 作用的原始概率分布危险函数，z 为具备调节基准线作用的协变量，γ 为决定对基准线造成的具体影响程度的系数。

2. 引入协变量

客户承诺会对客户的购买流失行为产生影响。因此，本章进行购买行为预测时将客户承诺作为协变量引入。考虑到计算求解极值过程中，如果引入的协变量数据具有较大的差异性，在最大似然估计的过程中，循环算法可能会因为过多的奇异值而中断，导致无法快速准确求解。本章拟采用 Max-Min 标准化 (Max-Min normalization) 方法在参数估计之前对客户承诺这个协变量数据进行标准化处理，从而最大限度地保证运算求解过程的可靠性和准确性，具体过程如下所示。

对于序列 $x_1, x_2, \cdots, x_n$ 进行规范变换，则 $y_1, y_2, \cdots, y_n \in [0, 1]$ 并且

$$y_i = \frac{x_i - \min_{1 \leqslant j \leqslant n} \{x_j\}}{\max_{1 \leqslant j \leqslant n} \{x_j\} - \min_{1 \leqslant j \leqslant n} \{x_j\}} \tag{6-25}$$

对客户承诺进行标准化处理之后，将此变量作为协变量引入客户消费次数预测模型中：

$$\beta = \beta_0 \exp(-yt_c)$$

其中，t_c 为客户承诺做了 Max-Min 标准化处理后的数据，y 为协变量向量的系数向量，原模型参数 r 和 s 保持不变。

3. 模型改进的具体效果

接下来将针对原始 Pareto/NBD 模型以及引入协变量后模型的实证预测结果与实际情况进行对比，如图 6-8 所示的累计购买次数预测结果和图 6-9 所示的客户活跃度的预测结果。

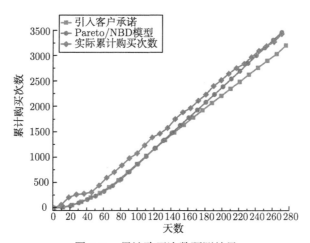

图 6-8　累计购买次数预测结果

首先，虽然 Pareto/NBD 模型对于客户累计购买次数的预测效果已经比较理想，在引入客户承诺作为协变量后，预测效果有了更进一步的提升，更好地拟合了客户购买行为。

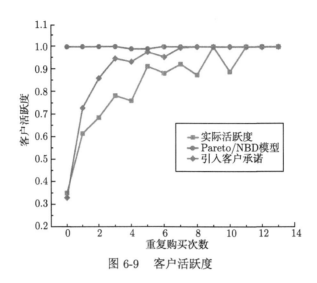

图 6-9　客户活跃度

其次，对于客户平均活跃度与实际经验值的比较结果（图 6-9），将客户承诺作为协变量引入 Pareto/NBD 模型之后，预测效果相对于原始模型具有一定程度上的优化改善，能够很好地拟合实际活跃度。这说明改进的 Pareto/NBD 模型能够很好地解释半契约型交易情景。

进一步如图 6-10 所示，在预测客户购买次数时，引入客户承诺协变量的改进模型相对原始的 Pareto/NBD 模型，拟合效果有较大提升。

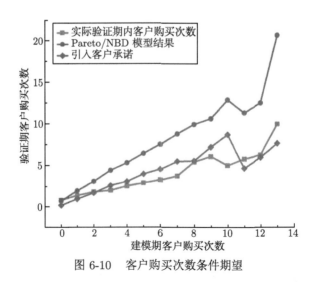

图 6-10　客户购买次数条件期望

总体而言，Pareto/NBD 模型作为非契约型交易情景下的经典模型，在预测 c/t 互联网型半契约交易情景时具有较大的误差。通过引入客户承诺协变量改进模型后，预测结果能够很好地拟合实际值，说明改进的 Pareto/NBD 模型适用于 c/t 互联网型半契约交易情景。

6.4　客户消费金额预测模型

伽马-伽马模型为成熟的消费金额模型，在建模时不考虑交易情景的影响，只考虑消费金额这一个建模对象。本书在刻画 c/t 互联网型半契约交易情景的购买金额特征时，不对伽马-伽马模型进行改进。模型假设、似然函数构建、模型输出结果部分具体内容可参见 5.4.1 节。

实证数据由大众点评网提取，建模期为前 6 个月 (2011 年 1 月 1 日至 2011 年 6 月 30 日)，验证期为后 3 个月 (2011 年 7 月 1 日起)。如图 6-11 所示为具体的建模过程。

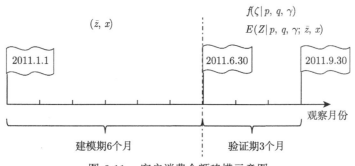

图 6-11　客户消费金额建模示意图

本书比较了伽马-伽马模型输出值和客户实际消费金额数值，并使用函数 $f(\bar{z}|p,q,\gamma;x)$ 和 $E(Z|p,q,\gamma;\bar{z},x)$ 来评价伽马-伽马模型对真实值的预测拟合效果。表 6-10 统计了个体客户的消费金额均值的数据，正如预期效果，个体客户的消费金额均值呈现出右偏分布的特点。

表 6-10　描述性统计：个体客户的消费金额均值

参数	取值
极小值	3
下四分位数	81.83
中位数	118.33
上四分位数	175.13
极大值	2677
平均数	156.42
标准差	180.3
众数	194

伽马-伽马模型的三个参数值可以使用最大似然函数估计方法得到，数值如表 6-11 所示。

表 6-11　　最大对数似然函数估计结果

参数	取值
p	2.8815
q	3.6568
γ	133.9820
LL	-2255.5352

从图 6-12 两条曲线的拟合程度来看，伽马-伽马模型能够很好地拟合样本客户消费金额实际值。伽马-伽马模型的输出预测结果均值期望是 146.58 元，样本客户实际消费金额均值是 156.42 元，两者差值仅为 9.84 元，进一步证明伽马-伽马模型具有良好的预测效果。

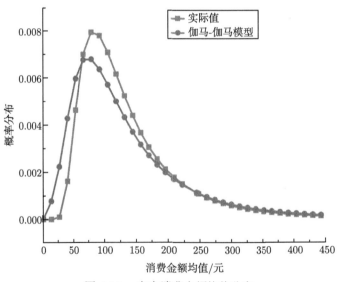

图 6-12　　客户消费金额均值分布

图 6-13 为建模期内具有不同重复购买次数客户的消费金额均值，模型预测值和实际值的图形对比表明，伽马-伽马模型具有很好的拟合效果。没有参照模型的存在，使用残差平方和无法衡量模型的优劣，因此采用直观百分比误差来描述模型的预测效果，具体数值如表 6-12 所示。伽马-伽马模型预测最大误差值 -17.72%，此时重复购买次数为 1，说明历史购买记录较少的情况下模型预测存在偏差。除此之外，预测误差大部分在 5% 以内，个别在 5% ~ 10%，进一步证明伽马-伽马模型具有良好的预测拟合效果。

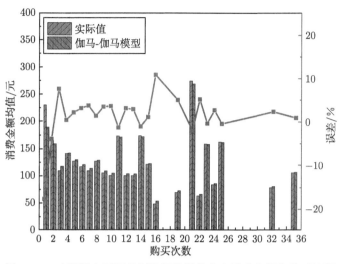

图 6-13　建模期内不同重复购买次数的客户消费金额均值对比图

表 6-12　建模期内不同重复购买次数的客户消费金额均值预测误差

重复购买次数	实际值	伽马-伽马模型	误差
1	230.427	189.598	−17.72%
2	165.751	159.303	−3.89%
3	109.530	117.942	7.68%
4	141.680	142.362	0.48%
5	127.266	130.076	2.21%
6	117.173	120.921	3.20%
7	109.531	113.696	3.80%
8	127.295	129.157	1.46%
9	105.331	109.046	3.53%
10	101.156	104.883	3.69%
11	173.54	171.357	−1.26%
12	100.663	103.849	3.17%
13	100.611	103.571	2.94%
14	173.843	172.080	−1.01%
15	121.667	123.036	1.13%
16	48.456	53.734	10.89%
19	69.337	72.853	5.07%
21	274.943	269.491	−1.98%
22	63.223	66.529	5.22%
23	159.026	158.498	−0.33%
24	83.771	86.048	2.72%
25	162.688	162.070	−0.38%
32	78.763	80.626	2.37%
35	105.800	106.814	0.96%

　　图 6-14 对比了验证期内具有不同重复购买次数的客户消费金额均值的伽马-伽马模型预测值和真实值。对比图表明，验证期伽马-伽马模型预测的消费金额均值整体上比实际值高，预测效果不如建模期。表 6-13 列出了不同重复购买次数情

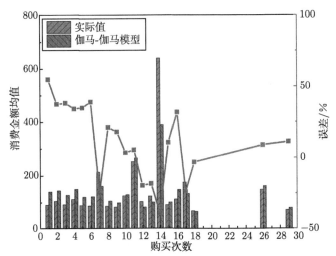

图 6-14　验证期内不同重复购买次数的客户消费金额均值对比图

表 6-13　验证期内不同重复购买次数的客户消费金额均值预测误差

重复购买次数	实际值	伽马-伽马模型	误差
1	90.183	139.635	54.84%
2	104.618	143.764	37.42%
3	92.044	127.186	38.18%
4	111.423	149.417	34.10%
5	89.142	120.266	34.92%
6	87.000	121.004	39.08%
7	213.476	160.600	−24.77%
8	86.421	104.703	21.15%
9	83.267	98.244	17.99%
10	124.165	128.353	3.37%
11	252.541	265.905	5.29%
12	102.619	82.389	−19.71%
13	123.092	100.460	−18.39%
14	640.471	390.939	−38.96%
15	90.613	100.073	10.44%
16	112.038	147.682	31.81%
17	175.229	133.152	−24.01%
18	68.756	66.529	−3.24%
26	148.762	162.070	8.95%
29	72.497	80.626	11.21%

况下伽马-伽马模型对实际值的预测误差，其中最大高估误差为 54.84%，此时重复购买次数为 1，进一步说明历史购买记录的缺乏会导致模型预测偏差。伽马-伽马模型的预测误差随着历史购买记录的丰富而减小，整体的误差在可接受范围内，且模型输出能够反映客户消费金额的增减趋势，因此可以认为伽马-伽马模型达到了一定的预测效果，也存在一定的提升空间。

6.5　CLV 模型

6.5.1　模型构建

通用的 CLV 计算公式可以表示为

$$\text{CLV} = \sum_{t=0}^{T} \frac{(p_t - c_t) r_t}{(1 + d)^t} - \text{AC} \tag{6-26}$$

其中，p_t 为在 t 时刻客户支付的价格；c_t 为服务客户的直接成本；r_t 为在 t 时刻客户持续购买的概率；d 为折现率；AC 为吸引客户的成本；T 为估算 CLV 的时间区间。

范琳琳 (2010) 在 Pareto/NBD 和 BG/NBD 模型基础上，将 CLV 定义为

CLV = 边际利润 × 次交易金额 × 预期交易次数的贴现值(DET)

其中，预期交易次数的贴现值 (DET) 表达式为

$$\text{DET} = \sum_{i=1}^{n} \frac{E[Y(t)|X = x, t_x, T] - E[Y(t-1)|X = x, t_x, T]}{(1 + d)^t} \tag{6-27}$$

本书在计算 DET 时采用范琳琳 (2010) 的改进，即

CLV = 边际利润 × 次交易金额 × 预期交易次数的贴现值(DET)

CLV 的计算模型需要明确的问题有以下几点。

(1) 运用伽马-伽马模型公式，可以计算此交易金额。

(2) 运用 Pareto/NBD 模型公式 (6-21)，可以计算客户在时间范围 t 内的交易次数，即 DET 的分子。

(3) 公式 (6-27) 中贴现率 d、预测时间范围 n 等参数要根据实际情况来分析。

本书选取大众点评网的客户数据作为分析对象，本书主观设定贴现率 $d = 0.1$，边际利润为 0.3，在工作实践中企业和单位也可以根据自己的实际运行情况来选取最佳的贴现率；预测时间范围 $n = 90$ 天。

6.5.2 相关性检验

为了能够方便得出 CLV，实证数据还必须和模型假设保持一致：消费金额均值变化与购买次数无关。因此，本书对实证数据所涵盖的两个变量：客户消费金额均值和购买次数做了相关性检验，表 6-14 为检验结果。

表 6-14 相关性检验：购买次数与消费金额均值

项目		购买次数	消费金额均值
购买次数	皮尔逊相关性	1	0.081**
	显著性（双侧）	–	0.000
	N	519	519
消费金额均值	皮尔逊相关性	0.081**	1
	显著性（双侧）	0.000	–
	N	519	519

** 表示在 0.01 水平上（双侧）显著相关

表 6-14 显示，在 $p = 0.01$ 水平上 (双侧)，购买次数与消费金额均值存在相关关系，但是皮尔逊相关系数是比较低的，仅为 0.081，因此可以将购买次数与消费金额均值看作两个相互独立的变量。

6.5.3 实证研究

研究结果表明，在 Pareto/NBD 模型中引入协变量：标准化处理的客户承诺，改进模型的预测效果更佳。因此，本书将采用改进的 Pareto/NBD 模型和伽马-伽马模型，表 6-15 为两个模型对应的参数估计值。

表 6-15 模型参数估计值

Pareto/NBD 改进模型		伽马-伽马模型	
α	20	p	2.8815
β	8.9613	q	3.6568
r	0.7325	γ	133.9820
s	0.7608		
LL	7612.5	LL	-2255.5352

将 Pareto/NBD 模型和伽马-伽马模型的参数估计值逐一代入计算公式，可以在客户历史购买记录基础上预测其 CLV。表 6-16 所列为验证期 CLV 模型预测误差。

表 6-16 显示，在预测 CLV 时误差最大的几类客户重复购买次数分别为 14、32 和 35。在建模期 6 个月时间内，这三类客户群体购买行为频率比较高，在估计模型参数时保留了客户潜在的高购买频率。验证期 3 个月时间内，这三类客户的购买行为却呈现出急剧下降的现象，最终导致了 CLV 的预测偏差。深入研究这三类客户数据，发现其评论频率很低，通过 6.1 节研究结论知道客户的评论次数与

其未来的购买流失行为呈显著负相关性,即评论的次数越少,越有可能流失。这一结论能够很好地说明为什么上述三类客户群体在建模期高频率购买的情况下,验证期购买次数急剧减少。统计发现这三类客户群体只占样本总量的 0.58%,基本上不会影响整体数据的预测效果。

表 6-16　验证期 CLV 模型预测误差

重复购买次数	实际值	模型预测值	误差
1	18.208	19.111	4.96%
2	44.119	30.591	−30.66%
3	34.411	32.750	−4.83%
4	44.146	46.558	5.46%
5	56.258	51.157	−9.07%
6	54.589	58.457	7.09%
7	77.542	61.892	−20.18%
8	76.949	82.725	7.51%
9	92.174	78.116	−15.25%
10	69.786	91.934	31.74%
11	143.881	132.540	−7.88%
12	97.916	86.007	−12.16%
13	87.173	97.788	12.18%
14	83.833	163.198	94.67%
15	258.667	196.080	−24.20%
16	44.600	68.432	53.43%
19	146.562	89.693	−38.80%
21	461.571	365.552	−20.80%
22	68.756	96.845	40.85%
23	149.480	263.003	75.94%
24	116.750	135.190	15.79%
25	248.762	282.151	13.42%
32	72.497	242.779	234.88%
35	102.992	243.790	136.71%

6.6　本章小结

本章主要针对 c/t 互联网型半契约交易情景下 CLV 进行建模。在 c/t 互联网型半契约交易情景下,客户参与可以看作客户承诺的外在表现形式,本章利用客户评论数据作为衡量因素,首先利用 Logit 回归模型验证了客户承诺对客户消费次数的积极影响作用,然后将客户承诺作为协变量,改进了传统的客户消费次数预测模型。在构建客户消费金额模型时,本章没有进行理论创新,直接引用了成熟的伽马-伽马经典模型。最后,综合客户消费次数预测模型和客户消费金额预测模型得到了 c/t 互联网型半契约交易情景下的 CLV 模型。

第 7 章　最低消费约束型半契约子情景 CLV 建模

7.1　研究过程设计

对承诺的研究主要基于两个方面：影响客户承诺的因素和客户承诺带来的影响作用。其中，客户承诺带来的影响作用方面的研究大多数都是基于客户承诺对客户忠诚的作用展开的，也有部分学者认识到客户承诺对客户价值和客户资产的重要作用，有少数研究探究了客户承诺对重复购买、客户保留和客户资产的影响作用，但仅限于客户关系领域的定性研究。本书创造性地将客户承诺作为影响因子引入 CLV 研究，构建了基于客户承诺度的最低消费金额-最短期限半契约子情景 ($C_0 + c/T_0 + t$ 型) CLV 模型。

首先,利用双重差分 (difference in difference, DID) 模型检验承诺度对客户价值的影响。双重差分方程主要用在时间维度上政策对行为的影响，本书将客户对合约套餐的选择看作政策影响变量，在构建承诺度模型时考虑了客户是否选择合约、合约期长短、合约期最低消费额、合约期是否选择终端、终端价格五个因素，在加和这些因素之前，要对各个因素进行归一化处理，并且赋予相应的权重。选取客户历史价值作为因变量，探究客户承诺对客户价值的影响，研究结果表明客户承诺对客户价值具有正向影响，并得到承诺度模型各影响因素的权重进而计算承诺度因子。本书还设计调查问卷针对选择合约和未选择合约的客户分组进行调查，结果佐证了客户承诺对客户价值的正向影响。

其次，将承诺度因子引入 CLV 建模中，通过训练合约期内 CLV 模型，预测合约期外客户 CLV。CLV 模型分消费金额和生存时长两方面考虑，消费金额采取简单处理对训练集客户消费金额通过伽马-伽马模型取均值，生存时长方面将承诺度因子引入到 BG/BB 模型中修正四个参数。某运营商的真实数据验证了所建立 CLV 模型的有效性。

最低消费金额-最短期限半契约子情景 ($C_0 + c/T_0 + t$ 型) 为最典型的半契约情景，本书对此类子情景下 CLV 建模思路添补了半契约型交易情景研究的空白、增加了理论基础，创造性地将客户承诺因子引入 CLV 模型中，通过修正生存时长假设参数体现客户承诺对客户价值的影响，为未来研究提供新的思路。

7.2　最低消费约束型半契约子情景介绍

在 $C_0 + c/T_0$ 型半契约型交易情景 (图 7-1) 中，企业对客户的最低消费金额和最短生存时长做了约定，在超出最低消费金额的服务中，客户需要支付超出部分的费用；在超出最短生存时长后，客户若想继续维持与企业的合约关系，则需要续约。例如，在某会员制会馆中，约定只有缴纳会员费才有资格进入消费，基本会员费用为 200 元 (C_0)，有效期为 3 个月 (T_0)，每次消费根据消费内容需要额外支付所需费用 (c)。在 3 个月有效期 (T_0) 结束后，客户有权自由选择是否续约，如果续约则进入下一个 3 个月有效期 (T_0)；如果不续约，则客户流失。

图 7-1　$C_0 + c/T_0$ 型半契约型交易情景

在 $C_0 + c/T_0 + t$ 型半契约型交易情景 (图 7-2) 中，企业对客户的最低消费金额和最短生存时长做了约定，在超出最低消费金额的服务中，客户需要支付超出部分的费用；在超出最短生存时长后，不同于 $C_0 + c/T_0$ 型半契约型交易情景，客户的选择增多，如果客户续约，则继续 T_0 周期的消费，每个计费单位时间的消费金额为 $C_0 + c$；如果客户没有续约，则企业依然默认每个计费单位时间的消费金额为 $C_0 + c$，只是不再有周期 T_0 的限制，客户这部分的生存时长记为 t。例如，在运营商套餐中，客户选择每月最低消费 58 元 (C_0)，最短 12 个月 (T_0) 的合约套餐，在实际消费中，如果客户使用量没有超出 58 元 (C_0) 套餐提供的服务，则客户实际支付 58 元 (C_0)，如果客户使用量超出了 58 元 (C_0) 套餐提供的服务，则除了 58 元 (C_0) 最低消费外，客户还需要额外支付超出部分费用 (c)。在 12 个月 (T_0) 结束后，如果客户续约，则进入下一个 12 个月 (T_0) 计费周期；如果客户不续约，则默认客户基本消费仍为每月最低消费 58 元 (C_0)+ 超出部分费用 (c)，时间上则没有限定 (t)，一直到客户主动流失。

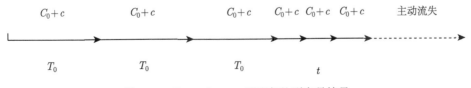

图 7-2　$C_0 + c/T_0 + t$ 型半契约型交易情景

7.3 客户消费金额模型

在 $C_0 + c/T_0$ 型及 $C_0 + c/T_0 + t$ 型半契约型交易情景下，在消费金额方面，由于有了最低消费金额 C_0 的限制，客户的消费金额分布与非契约型交易情景下消费金额 c 有所不同。客户选择了最低消费金额 C_0 的限制，既是对企业的承诺，也可以看作客户承诺的一种外在表现形式。本节建模过程中，首先通过双重差分模型验证了客户承诺对客户消费金额具有正向影响作用，进而根据 PHM 模型的思想将客户承诺作为一个协变量引入经典的伽马-伽马模型中，改进对客户消费金额的预测。

7.3.1 客户承诺对客户消费金额的影响作用

1. 基于双重差分模型的建模方法

双重差分模型是测量因果关系中最重要的一种方法。双重差分模型主要应用在经济领域，用来验证政策实施或改变产生的效果。在实验数据缺失的情况下，自然实验被广泛应用于应用经济学和其他社会科学的实证中，通过对比效应实施前和效应实施后接受效应的个体和不接受效应的个体的不同来得出效应实施对个体的影响作用。双重差分模型的提出正是基于这样的简单思想，并被广泛应用于政策出台或者政策改变的影响作用研究。在解释中存在不可观测的变量或者特征时，双重差分模型集合了固定效应和因果关系分析的优势。双重差分模型的最大优点是方法简单并可以避免由不可观测的内生变量引起的问题。

政策的实施可以使一部分群体受到影响，另外一部分群体不受影响，或者受到很小的影响。因此，政策实施可以类比于自然科学实验中对被试对象的"处理效应" (treatment effect)。作为外生事件，政策实施效果对个人、家庭、厂商的影响作用所产生的数据，可以看作自然实验或准实验产生的数据。双重差分模型在自然实验中被广泛应用于因果关系的验证。

在最基本的双重差分模型中通常有两组群体在两个时间段内观测到的个体数据。一组群体在第一个时间段没有受到政策的"处理效应"影响，第二个时间段受到了政策的"处理效应"影响；一组群体自始至终都没有受到政策的"处理效应"影响。受到政策影响的一组群体称为实验组，没有受到政策影响的一组群体称为控制组。通过简单地对比实验组和控制组即政策发生前后不同群体的数据，将会忽视不同群体间潜在的异质性；或者简单地对比实验组 (控制组) 在不同时期的数据，将会忽视政策实施期间所存在的其他影响因素，两种方法所得到的结果都是有偏的。通过比较政策实施所带来的横向群体和时间序列之间的双重差异，双重差分模型能够识别该政策的"处理效应"。

双重差分模型的一般形式为

$$y_i = \alpha_0 + \alpha_1 \cdot G_i + \alpha_2 \cdot T_i + \alpha_3 \cdot G_i \cdot T_i + \varepsilon_{it} \tag{7-1}$$

其中，y_i 为被解释变量，G_i 为实验组虚拟变量，$G_i = 1$ 为预测对象在实验组，$G_i = 0$ 为预测对象在控制组，刻画了实验组和控制组的分组差异；T_i 为实验期虚拟变量，$T_i = 1$ 为实验发生后，$T_i = 0$ 为实验发生前，刻画了实验前后两期的时间差异；互动项 $G \cdot T$ 为实验组虚拟变量和实验期虚拟变量的交互项，互动项的系数 α_3 可用来度量实验组的处理效应；ε_{it} 为误差项，表示不可观测的特性，与虚拟变量无关。

如图 7-3 所示，可以用最小二乘法估计出实验组与控制组平均变化的差值，也就是双重差分模型的效果估计量 α_3。图示直观描述了双重差分估计量不再包含实验组与控制组 "实验前差异" 的影响。双重差分估计量的数学表达式为

$$\alpha_3 = (\bar{y}_{\text{treat},1} - \bar{y}_{\text{treat},0}) - (\bar{y}_{\text{control},1} - \bar{y}_{\text{control},0}) \tag{7-2}$$

其中，$\bar{y}_{g,t}$ 为 t 期 g 组的平均结果。

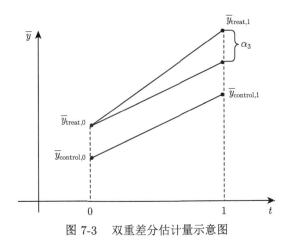

图 7-3　双重差分估计量示意图

早期研究中，双重差分模型被广泛应用于应用经济学和社会科学中的政策实施或改变带来的效果评估。Ashenfelter 和 Card (1985) 在劳动力市场中应用双重差分模型研究了是否接受培训项目对成年人收入的影响作用；Heckman 和 Payner (1989) 在民权法案调制规则中利用双重差分模型研究了联邦反种族歧视法案的实施对南卡罗来纳州黑人经济地位快速提升的影响作用；Card (1990) 利用双重差分模型研究了移民的加入对本地工资和就业的影响；Card 和 Krueger (1994) 利用双重差分模型研究了宾夕法尼亚提高最低就业工资对邻州

新泽西就业率的影响, 作为对比新泽西州并没有提高最低就业工资; Gruber 和 Madrian (1994) 利用双重差分模型研究了健康保险政策改革对就业流动性的影响作用; Meyer 等 (1995) 利用双重差分模型研究了临时残疾补助的提高对工人伤后休工时间长短的影响作用; Poterba 等 (1995) 利用双重差分模型研究了美国 401(k) 退休计划对个人储蓄的影响作用; Eissa 和 Liebman (1996) 利用双重差分模型研究了美国 1986 税法改革法案对劳动力参与和单身女性工作时间的影响作用; Garvey 和 Hanka (1999) 利用双重差分模型研究了反收购法案对企业财务杠杆的影响作用; Duflo (2000) 利用双重差分模型研究了印度尼西亚兴建小学基础设施对教育和收入的影响作用; 周黎安和陈烨 (2005) 基于双重差分模型研究了中国农村税费改革对农民收入增长产生的政策影响; Alderman 等 (2009) 利用双重差分模型研究了塞内加尔基于社区的营养增强计划对农村地区低体重幼儿比例的影响作用。

　　双重差分模型在应用经济学和社会科学领域的成功应用引起了管理科学领域学者的关注, 越来越多的学者尝试在管理领域应用双重差分模型解决实际问题。Goldfarb 和 Tucker(2015) 利用双重差分模型研究了网页条幅广告的形状标准对广告效果的影响作用。通过研究人们对不同条幅广告的记忆效果, 发现使用标准条幅形状的广告相对于没有使用标准条幅形状的广告, 广告效果有显著的下降。Deschacht 和 Goeman(2015) 利用双重差分模型研究了混合学习对成人学术成功的影响作用。在比利时一所大学商学院新生的一组学生中引入混合学习方法, 另一组学生中没有引入混合学习方法, 两组学生参加相同的考试, 对比考试成绩和课程参与率, 发现混合学习方法对学生的考试成绩有积极影响, 对学生的课程参与率具有消极影响。Qu 等 (2017) 利用双重差分模型研究了信息披露对市场流动性的影响作用, 通过对比标普 500 成分股公司的股价数据, 发现相对于没有在推特 (Twitter) 进行信息披露的公司, 在推特有信息披露的公司股价买卖价差有显著下降。

　　本节将利用双重差分模型比对实验组和控制组客户是否做出客户承诺所对应消费金额的差异, 验证客户承诺是否对客户消费金额具有影响作用。

　　2. 客户承诺对客户消费金额的影响作用模型

　　(1) 模型假设:

$$Y_i = \beta_0 + \beta_1 G_i + \delta_0 T_i + \delta_1 T_i \cdot G_i + \varepsilon_t \tag{7-3}$$

其中, Y_i 为客户消费金额; G_i 为分组虚拟变量, $G_i = 1$ 为处理组, 客户加入了合约套餐, 即对企业做出了客户承诺, $G_i = 0$ 为对照组, 客户没有加入合约套餐, 即没有对企业做出客户承诺; T_i 为时间虚拟变量, $T_i = 1$ 为客户做出客户承诺时间点之后，$T_i = 0$ 为客户做出客户承诺时间点之前；$T_i \cdot G_i$ 为客户承诺对客户价值的影响作用；δ_1 用来度量客户承诺对客户价值的影响作用，如果 δ_1 显著为正，则说明客户承诺对客户价值的影响具有正向效应，如果 δ_1 不显著，则不能说明客户承诺对客户价值的影响作用；ε_t 为误差项，与组别虚拟变量无关，并且在不同的时期具有相同的分布。

(2) 数据描述。

如图 7-4 所示，本书所选用的数据集来源于中国移动某公司。数据集中，客户加入中国移动的时间范围为 2011 年 1 月 ~ 2011 年 6 月，数据时间范围为 2011 年 1 月 ~ 2013 年 11 月，所以选取实证数据时间范围为 2011 年 6 月 ~ 2013 年 11 月。为了研究客户承诺对客户消费金额的影响，选取客户开始最低消费金额限制 C_0 即对企业做出客户承诺的时间为 2012 年 7 月。经过数据清洗后，最终实验数据包含 2000 个客户：1380 个客户具有客户承诺，作为处理组，客户承诺变量为 1(treated=1)；620 个客户没有客户承诺，作为对照组，客户承诺变量为 0(treated=0)。从时间变量划分，前 13 个月 (2011 年 6 月 ~ 2012 年 6 月) 的客户数据时间变量为 0(time=0)，表示没有客户承诺；后 17 个月 (2012 年 7 月 ~ 2013 年 11 月) 的部分客户数据时间变量为 1(time=1)，表示部分客户做出了客户承诺。描述性统计如表 7-1 所示。

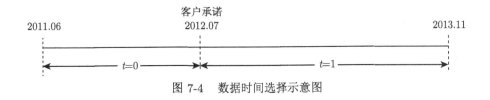

图 7-4　数据时间选择示意图

表 7-1　描述性统计

变量	样本量	均值	标准差	最小值	最大值
客户消费金额 (mv)	2000	131.38	180.04	0	4396.6
时间虚拟变量 (time)	2000	0.567	0.496	0	1
客户承诺 (treated)	2000	0.69	0.462	0	1
交叉项 (gd)	2000	0.391	0.488	0	1

(3) 结果分析。

从表 7-2 可以看出，交叉项 (gd) 系数为正 (19.106)，在 1%水平显著 ($p = 0.007 < 0.01$)。交叉项为客户承诺 (treated) 和时间虚拟变量 (time) 的乘积，交叉项的系数度量了自变量客户承诺对因变量客户消费金额的影响作用，系数为正且显著，说明客户承诺对客户消费金额有正向影响作用。这说明，客户承诺可以促

进客户消费金额，做出客户承诺的客户具有更高的客户消费金额，企业可以通过提升客户的承诺度来提高客户的消费金额，在对客户消费金额的建模估计中，应该将客户承诺度考虑进来。

表 7-2　　双重差分效应结果

mv	回归系数	稳健标准误	t	p	95%置信区间
gd	19.106	7.085	2.7	0.007	5.217~32.994
treated	56.754	5.081	11.17	0.001	46.793~66.716
time	13.533	2.962	4.57	0.003	7.727~19.340
constant	77.083	2.208	34.91	0.000	72.754~81.411

7.3.2　伽马-伽马改进模型

本节利用 PHM 模型思想指导对伽马-伽马模型进行改进。

引用最广的 PHM 模型公式为

$$h(t|\theta, \gamma, z_i) = h_0(t|\theta) \exp(\gamma' z) \tag{7-4}$$

其中，$h_0(t|\theta)$ 为具备"基准线"作用的原始概率分布危险函数，z 为具备调节基准线作用的协变量，γ 为决定对基准线造成的具体影响程度的系数。因此，可以对伽马-伽马模型的参数做相应替换，从而成功引入协变量。

根据双重差分模型结果发现客户承诺对客户消费金额有正向影响。因此，选取客户承诺作为预测客户消费金额的协变量。由于客户承诺在不同客户间具有较大的差异，若直接将此变量作为协变量引入客户消费金额预测模型中，在最大似然估计的过程中，循环算法可能会因为过多的奇异值而中断，导致无法快速准确求解。本章拟采用 Max-Min 标准化方法在参数估计之前对客户最低消费金额限制变量数据进行标准化处理，具体处理方法如下所示。

对于序列 $x_1, x_2, \cdots, x_n$ 进行规范变换，则 $y_1, y_2, \cdots, y_n \in [0, 1]$ 并且

$$y_i = \frac{x_i - \min_{1 \leqslant j \leqslant n}\{x_j\}}{\max_{1 \leqslant j \leqslant n}\{x_j\} - \min_{1 \leqslant j \leqslant n}\{x_j\}} \tag{7-5}$$

在对客户承诺做标准化处理后，将此变量作为协变量引入到伽马-伽马模型中，令

$$p' = p_0 \exp(-\beta_1 c_0') \tag{7-6}$$

其中，c_0' 为客户承诺做 Max-Min 标准化处理后的数据，β_1 为协变量向量的系数向量，原伽马-伽马模型中参数 q，γ 保持不变。则改进的伽马-伽马模型预测

结果为

$$E(Z(c_0))|p', q, \gamma, \overline{z(c_0)}, x = \frac{p'(\gamma + x\overline{z(c_0)})}{p'x + q - 1}$$

$$= \left(\frac{q-1}{p'x + q - 1}\right)\frac{p'\gamma}{q-1} + \left(\frac{p'x}{p'x + q - 1}\right)\overline{z(c_0)} \quad (7\text{-}7)$$

7.4　客户购买次数模型

对于大多数商业行为，保留现有客户的能力是一个非常重要的关注点，尤其是对那些获得新顾客成本较高且竞争激烈的成熟行业，一种有效的办法就是识别客户的潜在流失行为并采取针对性的营销措施鼓励客户存留下来。因此，预测未来的客户流失行为已经成为分析客户收益的重要投入。在 $C_0 + c/T_0$ 型半契约型交易情景下，一个比较重要的问题就是如何在不可预知使用行为的前提下，同时预测客户的续约行为和使用行为。尽管市场研究、应用统计以及数据挖掘领域的很多模型都已经被提出并尝试解释或预测契约型交易情景和非契约型交易情景下客户的流失行为，还没有相关模型来预测半契约型交易情景下客户续约和使用行为的焦点问题。假定半契约型交易情景下客户使用行为和续约行为均受到客户承诺的影响 (不可观测且随时间演变的潜在变量)，利用隐马尔可夫模型 (hidden Markov model, HMM) 对使用行为和续约行为进行建模，并同时在使用过程中纳入未被观察到的异质性因素。

如图 7-5 所示，$C_0 + c/T_0$ 型半契约型交易情景下的典型用户行为可通过客户在合约期内的使用行为来构建反映其潜在变化规律的客户承诺度，从而通过其在合约结束时客户承诺度临界阈值的确定来反映其是否决定续约。在 $C_0 + c/T_0$ 型半契约型交易情景下续约周期和使用周期时间尺度不同，一个续约周期 T_0 包含若干个使用周期，且每个使用周期的最低消费为 C_0，超出部分费用记为 c，即每个使用周期的消费额可以表示为 $C_0 + c$，c 取值可以为 0。续约周期为使用周期的 4 倍。考虑到退出情形的唯一性，个体客户在特定时间存活意味着其客户承诺的潜变量值高于续约阈值。

本书用隐马尔可夫模型表示客户承诺 (客户潜变量) 随时间的演化，能够允许同时预测客户的未来使用行为和流失行为，该模型确立必须具备以下三个特征。

(1) 能够处理二项变量，并且其中一个变量 (如流失行为) 是二元的而另一个不是 (如使用行为)；

(2) 使用和续约的时间刻度不一样 (如每月使用、按年缴费)；

(3) 适用于可被告知的退出情形 (如一旦流失，二元变量流失行为不能从 0 变为 1)，客户离开将被告知。

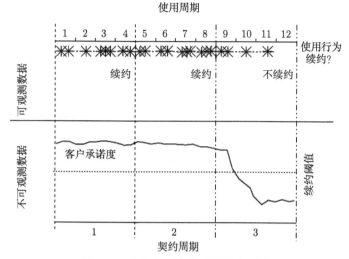

图 7-5　隐马尔可夫模型预测直观图

此外，模型确立之前需要明确一些技术参数的含义：定义 t 为使用行为发生的时间单位 (周期)，i 为每一个客户个体 $(i = 1, 2, \cdots, I)$。对于任意的客户个体 i，可得到共计 T_i 个客户行为观测结果。定义 n 为合约周期内使用行为发生的单位时间周期 t 的个数。该模型包含三个过程，且所有时间事件均发生在个体层面。

(1) 潜变量 (如客户承诺度) 是一个随时间演化的变量。

(2) 仅在每 n 个周期对续约过程进行观测，如果续约则概率值为 1，否则记为 0。

(3) 客户使用行为过程的观测发生在任意的时间周期。

7.4.1　隐马尔可夫模型

在营销领域，隐马尔可夫模型最早由 Poulsen (1982) 提出，作为品牌选择行为建模的灵活框架。Netzer 等 (2008) 利用隐马尔可夫模型构建了客户购买行为的不同转移状态，企业可以依此来判断客户的状态并改变客户长期的购买行为。

隐马尔可夫模型的三个主要因素如下。

(1) 初始状态分布：客户 i 在初始时刻 1 处在状态 s 的概率 $P(S_{i1} = s) = \pi_{is}$。

(2) 转移概率：一系列马尔可夫转移 $(Q_{i, t-1 \to t})$ 用概率表示，客户行为从先前阶段转移到另一个状态的概率。客户从 $t-1$ 时刻状态 s_{t-1} 转移到 t 时刻状态 s_t 的概率为 $P(S_{it} = s' | S_{it-1} = s) = q_{itss'}$。

(3) 状态依存选择：客户在 t 时刻选择当前行为的概率为 $P(Y_{it} = 1 | S_{it} = s) = m_{it|s}$，其中 S_{it} 为客户 i 在 t 时刻在马尔可夫过程中的状态，Y_{it} 为客户 i 在 t 时刻所做出的行为选择。

隐马尔可夫模型可以针对具有记忆效应的客户行为状态变化构建状态转移矩阵，并且可以刻画不可观测的潜在状态行为，因此本书采用隐马尔可夫模型构建客户在典型半契约型交易情景下的购买行为预测模型。

7.4.2　客户承诺

客户承诺作为考虑的潜变量，描述的是客户在何种程度上愿意继续保有客户关系并使用产品或服务的倾向。考虑其时间演化特性及其在模型预期中的不可观测特性，将承诺度定义为一种遵循动态随机过程的潜在变量。

如图 7-5 所示，尽管潜变量客户承诺度在连续的时间过程中不断演化，仍将其建模为一个离散时间的隐马尔可夫过程。假设存在包含 K 个状态的状态集 $\{1, 2, \cdots, K\}$，其中 1 对应最低级别的承诺度，K 对应最高级别的承诺度，这些状态代表着任意客户个体在任意时间点上可能的承诺度级别。假设 S_{it} 为客户个体 i 在周期 t 所拥有的客户承诺度状态，其随着时间演化而遵循马尔可夫过程的转移矩阵为 $\prod = \{\pi_{jk}\}, j, k \in \{1, 2, \cdots, K\}$。为了简化模型，限制马尔可夫链仅能在相邻状态之间转换，即

$$p(s_{it} = k | s_{it-1} = j) = \begin{cases} \pi_{jk}, & k \in \{j-1, j, j+1\} \\ 0, & \text{其他} \end{cases} \tag{7-8}$$

同时，也需要对周期 1 的初始客户承诺状态进行确认，假设客户个体 i 在周期 1 拥有的承诺状态 k 满足矢量 $Q = \{q_1, q_2, \cdots, q_K\}$，其中，$P(S_{it} = k) = q_k, k = 1, 2, \cdots, K$。根据 $C_0 + c/T_0$ 型半契约型交易情景设定，客户流失行为是可观测的变量并据此信息确定潜变量的状态，同时企业和客户之间不存在相互影响使得潜变量的演变过程的行为是均相的。

7.4.3　客户使用行为模型

对于客户使用行为，预期高的客户承诺度级别可通过高的客户使用级别来反映，并且需要明确不同个体之间存在不同的使用行为本征特性 (异质性)，所以此处使用的隐马尔可夫模型可允许两个拥有同样潜在客户承诺度构型的客户拥有不同的客户使用行为。根据以往研究经验和相关报道，描述客户使用行为的两个可能的分布函数为泊松分布和二项分布。其中，泊松分布是对计数建模过程的最自然的选择，如每月的信用卡数量演变、每月付费电视电影数目的订购数量演变以及每周电话通话数量的演变等。然而，客户使用行为在一些特定的情形下具有上限，其原因可能是企业层面的容量受限或者用于观测客户使用行为的时间太短，如合约期特定一周内客户光顾体育馆的天数以及乐队的售票数目预测 (①客户参加的演出数目受乐队提供的总演出数目影响；②乐队提供的总演出数目可能会

对未来预测客户的参与产生影响), 因此, 对于此类客户行为的描述可采用二项分布。

对于泊松分布情形, t 时刻处于状态 k 的客户个体使用行为的具体分布形式为

$$\lambda_{it}|[s_{it} = k] = \alpha_i \theta_k \tag{7-9}$$

其中, k 为客户个体 i 在 t 时刻不可观测的客户承诺度状态。因此, 该情形下的客户使用行为可以由随潜在的客户承诺级别变化的承诺状态而改变的变量 θ_k 以及不随时间变化的客户个体参数 α_i 所确定。α_i 包含全部客户个体在使用行为中的异质性, 并且也允许两个不同的客户个体具有相同的客户承诺度级别和不同的客户使用行为表现。α_i 值更高的客户个体一般情况下具有更高的交易倾向, 不论其客户承诺度的级别如何。因此, 可将反映客户个体水平的变量 α_i 假定为服从尺度函数为 r 且平均值为 1.0 的伽马分布的变量。进一步, 还可以定义适量 $\theta = \{\theta_k\}, k = 1, 2, \cdots, K$ 为特定的状态参数, 从而保证客户的平均使用行为水平随着时间变化, 与潜变量客户承诺度的时间演化行为类似。同时, 对于任意的状态 k 满足 $\theta_k > 0$ 且 $0 < \theta_1 < \theta_2 < \cdots < \theta_K$, 也就是说参量 θ_k 为随承诺度级别递增而增大的正变量。对于定义为 $\widetilde{S}_i = [S_{i1}, S_{i2}, \cdots, S_{iT_i}]$ 的未被观测客户个体 i 在其全部生存周期内的状态序列, 实现代码序列为 $\tilde{s}_i = [s_{i1}, s_{i2}, \cdots, s_{iT_i}]$, S_{it} 的取值范围为 $k = 1, 2, \cdots, K$。因此, 泊松分布情形下的客户使用行为似然函数为

$$L_i^{\text{usage}}(\theta, \alpha_i | \tilde{s}_i = \tilde{s}_i, \text{data})$$
$$= \prod_{t=1}^{T_i} p(Y_{it} = y_{it} | s_{it} = k, \theta, \alpha_i) = \prod_{t=1}^{T_i} \frac{e^{-\alpha_i \theta_k}(\alpha_i \theta_k)^{y_{it}}}{y_{it}!} \tag{7-10}$$

其中, y_{it} 为客户个体 i 在 t 时刻观测得到的使用行为。

对于二项分布情形, 定义 m_t 为任意给定的交易机会条件下, 客户个体 i 在 t 时刻交易机会 (提供的演出场次、特定周期的天数) 的数量, P_{it} 为相应的交易发生的概率。与泊松分布类似, 交易概率依赖客户个体的特定非时变参数 α_i 以及每个周期的承诺度状态变量 θ_k, 其具体表达形式为

$$p_{it}|[s_{it} = k] = \theta_k^{\alpha_i} \tag{7-11}$$

可见该表达式仍满足交易概率随承诺度水平增加而增大, 参量 α_i 仍假定为服从尺度函数为 r 且平均值为 1.0 的伽马分布。此时, 对于任意的状态 k 满足 $0 < \theta_1 < \theta_2 < \cdots < \theta_K < 1, \alpha_i$ 以指数形式存在可满足交易概率保持在 $0 \sim 1$。

因此，二项分布情形下的客户使用行为似然函数为

$$L_i^{\mathrm{usage}}(\theta, \alpha_i | \tilde{s}_i = \tilde{s}_i, \mathrm{data})$$

$$= \prod_{t=1}^{T_i} p(Y_{it} = y_{it} | s_{it} = k, \theta, \alpha_i, m_t) = \prod_{t=1}^{T_i} \binom{m_t}{y_{it}} (\theta_k^{\alpha_i})^{y_{it}} (1 - \theta_k^{a_i})^{m_t - y_{it}} \quad (7\text{-}12)$$

比较而言，二项分布比泊松分布具有更简洁的表达形式，可以简化模型应用过程中的计算量，扩大模型的使用范围，因此，本书将采用二项分布。

7.4.4　客户流失行为建模

1. $C_0 + c/T_0$ 型半契约型交易情景

在 $C_0 + c/T_0$ 型的半契约型交易情景设定中，客户个体将在每个合同期结束时 $(t = n, 2n, 3n, \cdots, \alpha n)$ 存在续约问题且是否在接下来 n 个观测周期的合同期内续约取决于其当前的潜变量客户承诺度水平 (仅在客户承诺度水平为最低的 1 状态时，该客户个体将不会续约从而流失)。考虑到周期 1 时刻，所有的客户都能自由选择是否签订合约，将该时期的客户个体承诺度水平强行限定不为 1。同样地，如果客户个体在给定的时刻 t 存活，其承诺度状态在所有的续约观测期内 $(\tau = n, 2n, 3n, \cdots, \alpha n)$ 均不为 1，否则该客户个体将流失并不会续约。需要指出的是，活跃客户个体的客户承诺度状态可在非续约观测期 $(t \neq n, 2n, 3n, \cdots, kn)$ 内为 1，即其客户承诺度分布以及可能情况如下：

$$\mathrm{Commitment\ State} = \begin{cases} k \in \{2, 3, \cdots, k\}, & t = n, 2n, \cdots, \alpha n \\ k' \in \{1, 2, \cdots, k\}, & t \neq n, 2n, \cdots, \alpha n \end{cases}$$

表 7-3 列举了 $C_0 + c/T_0$ 型半契约型交易情景下客户承诺度的几种状态序列，将 $t = 1$ 时刻和 $t = kn$ 时刻 (续约观测期) 承诺度为 1 的情况加粗，以此来判断客户是否继续存续。在第一行的承诺状态序列中，客户的初始承诺状态为 1，这和假设中客户的初始承诺状态不为 1 矛盾，所以第一行的情况是不存在的。在第二行中，在 $t = 4$ 时刻客户承诺状态为 1，则客户不可能在下一阶段续约，所以第二行的情况不存在。同理，第三行中，在 $t = 8$ 时刻客户承诺状态为 1，情况不存在。第四行和第五行数据则正好说明，若在 $t = 4$ 时刻、$t = 8$ 时刻 (即 $t = n, 2n, \cdots$) 客户承诺状态为 1，则客户不续约。而最后一行中，客户在其他时刻客户承诺状态为 1，则不影响客户的存活状态。

表 7-3　$C_0 + c/T_0$ 型半契约型交易情景客户承诺度状态序列

$t=1$	$t=2$	$t=3$	$t=4$	$t=5$	$t=6$	$t=7$	$t=8$	$t=9$	
1	3	1	2	2	3	2	2	3	×
2	3	**1**	1	2	3	2	2	3	×
2	3	2	2	2	3	2	**1**	3	×
2	3	**1**	1	-	-	-	-	-	✓
2	3	2	2	2	3	2	**1**	-	✓
2	3	2	2	2	3	2	2	3	✓
2	1	1	2	2	1	2	2	1	✓

对于任意的客户个体 i，能够通过不可观测的状态序列 $\tilde{S}_i$ 来确定其续约行为随时间的变化趋势。同时考虑到 $\tilde{S}_i = \tilde{s}_i$ 的实现条件确定二项分布情形下的客户使用行为似然函数。为进一步去掉 $\tilde{s}_i$ 的条件限制，需要考虑所有可能的 $\tilde{S}_i$ 情况并对每一个路径概率下的客户使用行为似然函数进行加权求和，其表达式为

$$L_i(\alpha_i, \theta, \Pi, Q|\text{data}) = \sum_{\tilde{s}_i \epsilon \gamma} L_i^{\text{usage}}(\theta, \alpha_i|\tilde{S}_i = \tilde{s}_i, \text{data})f(\tilde{s}_i|\Pi, Q) \quad (7\text{-}13)$$

其中，γ 为客户个体 i 在其全部存活时间内所有可能的客户承诺度状态，$f(\tilde{s}_i|\Pi, Q)$ 为 $\tilde{s}_i$ 路径发生的概率，L_i^{usage} 为与实际消费情形相关的二项分布型客户使用行为的似然函数。考虑到续约行为发生对潜变量客户承诺度的条件限制，γ 包含的可能路径数目为 $(K-1)^{[(T_i-1)/n]}K^{T_i-[(T_i-1)/n]}$。

总体层面上，考虑到参量 α_i 的随机本质，客户总体的客户购买行为似然函数为

$$L(\theta, \Pi, Q, r|\text{data}) = \prod_{i=1}^{I}\int_0^\infty L_i(\alpha_i, \theta, \Pi, Q|\text{data})f(\alpha_i|r)\mathrm{d}\alpha_i \quad (7\text{-}14)$$

至此，基于隐马尔可夫模型并结合异质性二项分布的客户使用行为模型就已经成功建立起来。其中，隐马尔可夫过程从个体层面获取动态数据及续约行为，而二项分布则将这些潜在的动态变量与使用行为结合在一起，并保证个体之间不可观测的异质性。该模型的参数空间为 $(3K-2)+(K-1)+K+1=5K-2$，分别对应于变量 Π, Q, θ 和 r（可通过分层贝叶斯框架进行估计。例如，通过数据展开技术研究限定路径条件下的潜变量状态 S_{it} 以及个体层次的参数 α_i）。

2. $C_0 + c/T_0 + t$ 型半契约型交易情景

表 7-4 列举了 $C_0 + c/T_0 + t$ 型半契约型交易情景下客户承诺度的几种状态序列，将 $t=1$ 时刻和 $t=kn$ 时刻（续约观测期）承诺度为 1 的情况加粗，以此来判断客户是否继续存续。在 $C_0 + c/T_0 + t$ 型半契约型交易情景下，若客户在

$t = kn$ 时刻不再续约消费周期 T_0，客户不会马上流失，客户仍然可以按照单个计费时间段来进行消费，消费金额部分仍然为 $C_0 + c$，直到客户主动流失。即若客户在 $t = kn$ 时刻客户承诺状态为 1，企业不会立刻将客户判定为流失，客户依旧存续，接下来对客户承诺状态的判断不再只是 n 的整数倍，而是每个计费时间段都在判断，只要出现客户承诺度为 1，则判断为客户流失。在第一行中，由于客户在 $t = 1$ 时刻客户承诺状态为 1，与假设客户的初始承诺状态不为 1 矛盾，所以第一行的情况是不存在的。在第二行中，由于客户在 $t = 4$ 时刻客户承诺状态为 1，则客户在使用一个消费周期 T_0 后，不再续约，转为每月消费，消费金额部分仍然为 $C_0 + c$，由于后面的客户承诺状态皆不为 1，则客户一直存续。在第三行数据中，客户在 $t = 8$ 时刻客户承诺状态为 1，则客户在使用两个消费周期 T_0 后，不再续约，转为每月消费，消费金额部分仍然为 $C_0 + c$，由于后面的客户承诺状态皆不为 1，则客户一直存续。在第四行数据中，客户在 $t = 4$ 时刻客户承诺状态为 1，则客户在使用一个消费周期 T_0 后，不再续约，转为每月消费，消费金额部分仍然为 $C_0 + c$，在 $t = 6$ 时刻客户承诺状态为 1，判定为客户流失。同理，在第五行数据中，客户在 $t = 8$ 时刻客户承诺状态为 1，则客户在使用两个消费周期 T_0 后，不再续约，转为每月消费，消费金额部分仍然为 $C_0 + c$，在 $t = 9$ 时刻客户承诺状态为 1，判定为客户流失。在第六行数据中，客户在 $t = kn$ 时刻，客户承诺状态都不为 1，则客户一直按照最低消费 $C_0 + c$，消费周期 T_0 进行消费。

表 7-4　$C_0 + c/T_0 + t$ 型半契约型交易情景客户承诺度状态序列

$t=1$	$t=2$	$t=3$	$t=4$	$t=5$	$t=6$	$t=7$	$t=8$	$t=9$	$t=10$	$t=11$	$t=12$	$t=13$	
1	3	1	2	2	3	2	2	3	2	3	2	3	×
2	3	**1**	1	2	3	2	2	3	2	3	3	3	✓
2	3	2	2	2	3	2	**1**	3	2	2	2	2	✓
2	3	**1**	1	3	1	-	-	-	-	-	-	-	✓
2	3	2	2	2	3	2	**1**	1	-	-	-	-	✓
2	1	1	2	2	1	2	2	1	2	2	2	3	✓

考虑到 $C_0 + c/T_0 + t$ 非契约型交易情景与 $C_0 + c/T_0$ 情景的差别，在进行 CLV 建模过程中客户购买行为及客户使用行为时，需对 $C_0 + c/T_0$ 情景的相关模型假设、定义或结论予以说明 (修正)。

首先，针对模型确立必须具备以下三个特征，使用时间和续约时间的刻度分为两种：与 $C_0 + c/T_0$ 情景类似，合约期内二者的观测不一样；与 $C_0 + c/T_0$ 情景不同，合约期结束之后的客户存活时间内，使用时间和续约时间的刻度相同。相对应地，针对模型包含三个所有时间事件均发生在个体层面的过程，在合约期内仅在每 n 个周期对续约过程进行观测，合约期外的任一周期都对客户个体的存活 (等同于合约期内的续约行为) 过程进行观测，续约或存活则概率值为 1，否则记为 0。

其次，客户使用行为及其相关的随时间演变的潜变量客户承诺度的具体定义不变，仅其客户承诺度分布以及可能情况发生如下改变：

$$\text{Commitment State} = \begin{cases} k \in \{2, 3, \cdots, k\}, & t = n, 2n, \cdots, (\alpha - 1)n \\ k' \in \{1, 2, \cdots, k\}, & t \neq n, 2n, \cdots, (\alpha - 1)n \end{cases}$$

其中，α 为契约结束时间周期。

最后，服从二项过程客户使用行为的似然函数以及考虑续约行为 (流失行为) 的整体客户使用行为似然函数的表达式不发生改变。定义为客户个体 i 在其全部存活时间内所有可能的客户承诺度状态 γ 包含的可能路径数目变为 $(K-1)^{[(T_i-2)/n]}K^{T_i-[(T_i-2)/n]-1}$。

由于 $C_0 + c/T_0 + t$ 型半契约型交易情景中，客户承诺度状态转移矩阵发生了变化，新的转移概率可以表示为 $f(s_i'|\Pi', Q')$，客户总体的客户购买行为似然函数为

$$L(\theta, \Pi'Q'r|\text{data}) = \prod_{i=1}^{I} \int_0^\infty L_i(\alpha_i, \theta, \Pi', Q'|\text{data}) f(\alpha_i'|r) \mathrm{d}\alpha_i' \tag{7-15}$$

7.5　CLV 模型

通用的 CLV 计算可以表示为

$$\text{CLV} = \sum_{t=0}^{T} \frac{(p_t - c_t)r_t}{(1+d)^t} - \text{AC} \tag{7-16}$$

其中，p_t 为客户在 t 时间支付的金额；c_t 为在 t 时间企业用于服务该客户的直接成本；d 为现金流的折现率；r_t 为在 t 时间内客户持续购买的概率；AC 为吸引客户的成本等；T 为估算 CLV 的时间区间。

不论企业用于服务客户的直接成本 c_t 还是吸引客户的成本 AC 等，对于企业来说都可以看作已知数据项，且一般的客户数据库中无法获取企业成本。因此在构建 CLV 模型时，可以将已知的成本项忽略，将 CLV 简化为

$$\text{CLV} = 购买金额期望 \times 购买次数期望 \times 折现率$$

在非契约型交易情景下，对 CLV 的预测主要集中在客户活跃度，在不考虑企业成本的情况下，可以将 CLV 的计算公式简化为

$$\text{CLV} = 客户活跃度 \times 期望单次交易金额 \times 存续时间内期望交易次数$$

在契约型交易情景下，对 CLV 的预测主要集中在对客户是否续约的估计，在不考虑企业成本的情况下，可以将 CLV 的计算公式简化为

CLV= 期望单次交易金额 × 单个合约期内期望交易次数 × 期望合约次数

在半契约型交易情景下，客户的 CLV 模型可以用以下形式表示：

CLV= 期望单次交易金额 × 存续时间内期望交易次数 × 客户存续概率

本章主要研究 $C_0 + c/T_0$ 及 $C_0 + c/T_0 + t$ 型半契约型交易情景下 CLV 建模，首先利用伽马-伽马模型计算客户交易金额的期望值，其次构建客户购买次数预测模型，最后将两个模型综合得到 CLV 的最终模型，可以表示为

$$\text{CLV} = \int_0^\infty E[v(t)]S(t)d(t)\mathrm{d}t \tag{7-17}$$

其中，$E[v(t)]$ 为客户消费金额的期望值，由 4.1 节改进的伽马-伽马模型得到；

$$E[v(t)] = \left(\frac{q-1}{p'x+q-1}\right)\frac{p'\gamma}{q-1} + \left(\frac{p'x}{p'x+q-1}\right)\overline{z(c_0)} \tag{7-18}$$

其中，$S(t)$ 为客户购买次数的期望值 × 客户存活概率，由 4.2 节模型得到。

$C_0 + c/T_0$ 型半契约型交易情景中

$$s(t) = \binom{m_t}{y_{it}}(\theta_k{}^{\alpha_i})^{y_{it}}(1 - \theta_k{}^{\alpha_i})^{m_t - y_{it}} \times f(\tilde{s}_i | \Pi, Q) \tag{7-19}$$

$C_0 + c/T_0 + t$ 型半契约型交易情景中

$$s(t) = \binom{m_t}{y_{it}}(\theta_k{}^{\alpha_i})^{y_{it}}(1 - \theta_k{}^{\alpha_i})^{m_t - y_{it}} \times f(\tilde{s}_i' | \Pi', Q') \tag{7-20}$$

$d(t)$ 为 t 时刻现值的折现率。

7.6　本章小结

本章主要针对 $C_0 + c/T_0$ 型和 $C_0 + c/T_0 + t$ 型两种半契约型交易情景进行 CLV 建模，将 CLV 模型拆分为消费金额模型和购买次数模型两部分。首先，在消费金额方面，由于有了最低消费金额 C_0 的限制，客户的消费金额分布与非契约型交易情景下消费金额为 c 有所不同。本章依据 PHM 模型的思想将最低消费

金额限制 C_0 作为协变量引入到伽马-伽马模型中，从而改进了对消费金额的预测模型。在购买次数模型中，由于消费周期 T_0 的存在，客户会产生一定的客户承诺度，从而影响接续的客户行为。在构建模型时，利用二项分布来描述客户的购买概率，利用隐马尔可夫模型来描述客户的流失概率，从而构建购买次数的预测模型。最后综合消费金额和购买次数两部分模型得到了 CLV 的模型。$C_0 + c/T_0$ 型和 $C_0 + c/T_0 + t$ 型两种半契约型交易情景下在消费金额方面具有相似的客户行为，因此可以采用同一种方法对伽马-伽马模型进行改进；在购买次数方面，由于两种情景下判断客户是否存续的方法不同，因此表示函数也有所不同，具体体现在客户承诺度状态转移矩阵的概率函数上。

由于有效数据难以获取，本章只从数学建模方面来构建 CLV 模型，并没有对所建立模型进行实证，在下一步研究中，将尝试更多的途径来获取有效数据，完成对模型的实证检验。

第 8 章 半契约型交易情景下考虑客户风险的 CLV 模型修正

8.1 研究过程设计

在以客户为中心的关系营销时代，客户资产越来越受到企业的重视。由于客户给企业带来的现金流收入的脆弱性和波动性，客户风险的存在具有客观性和必然性。另外，企业与客户所建立的契约关系的约束力有所不同。相比契约型交易情景与非契约型交易情景，半契约型交易情景下的客户行为不确定性情况复杂，对风险形成和类型影响非常大。因此，半契约型交易情景下的客户风险的形成机理以及量化度量的研究，是客户关系管理研究领域中具有挑战性和前沿性的方向。本章主要研究内容如下。

(1) 基于客户行为、系统识别及分析半契约型交易情景下的客户风险。本章将通过具体分析半契约型交易情景下的客户购买行为和流失行为特征，识别出该情景下的客户风险综合表现。此外，本章还将对不同半契约子情景的客户风险特征进行具体分析比较。

(2) 基于 β 系数思想，提出客户风险及其风险因子的量化方式。本章研究客户群体内的单个客户层面的现金流风险，基于 β 系数思想，本章将构建量化模型衡量单个客户的客户违诺度及风险因子等与所在群体平均水平的相对大小。这种量化方式将定性分析与数据表现相结合，克服主观性或纯粹数据驱动的缺点。

(3) 通过改良的贝叶斯网络，构建客户风险的度量预测模型。不能表示各类数据的理论机理以及无法处理时间序列数据是传统贝叶斯网络的缺点。本章通过理论推演构建拓扑结构，用原始时间序列数据计算得到节点值，再进行贝叶斯网络的学习，这种方法克服了上述两个缺点。同时，该模型适用于用历史行为数据预测未来客户风险。

8.2 半契约型交易情景下的客户风险形成与识别

8.2.1 基于客户行为的客户风险形成与分析

为企业带来经济利益的资源，即为资产。企业内部因素、外部宏观环境、行业竞争环境等往往受到许多不稳定因素的影响。因此，资产都具备风险的特性。

企业把客户视为一种资产，实现资产化管理，从而创造客户价值的最大化。在客户资产化管理的过程中，管理有效与否取决于客户能否与其他资产一样，给企业带来长期的现金流。现金流是指企业追求客户资产带来的即期贡献；长期说明企业应该致力于维系客户资产，从而带来长远贡献。换言之，实现客户资产的现金流价值的最大化，以及提高客户维系的可能性，从而带来长期利益是企业的客户资产管理的两个重点。

显而易见，客户资产也是一种风险资产。因此，客户资产如同其他风险资产一样，具有脆弱性和波动性。

1. 客户风险的四方面成因

视企业所处的内外部环境为一个系统，企业在客户管理中，所面临的不确定因素来自系统中的各个方面，主要可以归结为来自企业内部的不确定性因素、来自企业其他竞争对手的不确定性因素、来自企业外部宏观环境的不确定性因素以及来自客户自身的不确定性因素，如图 8-1 所示。

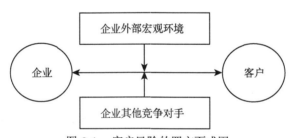

图 8-1　客户风险的四方面成因

1) 来自企业内部的不确定性因素

来自企业内部的不确定性因素，主要是指来自企业内部问题从而使得客户感知价值存在下降可能性的因素。与客户直接相关的企业内部因素主要来自产品、服务、情感三个方面。

首先，企业从客户需求的角度出发，设计产品，但由于客户需求反馈不及时或者误解等，企业所设计的产品并不能满足客户的真正需求；另外，在生产产品时，生产流程中的误差可能导致产品质量不符合标准，从而使得客户不满意。其次，企业给客户提供的服务，包括售前售后服务、相关咨询培训等，需要根据客户需求，高度个性化，由于员工素质或服务流程等，发生不如意是在所难免的。最后，企业与客户之间的交易关系还需要和谐的情感维系，如企业对客户的关怀、快速回应客户反馈等，这种情感维系需要流程标准化的同时，还需要真正从客户角度出发，为其服务，因此情感维系的不可控性更加突出。

2) 来自企业其他竞争对手的不确定性因素

所在行业的竞争激烈程度是企业面临客户风险的另一个外部因素。由于竞争对手给客户提供的产品/服务质量、价格、优惠甚至让用户接触到产品的渠道不同，客户会在企业与竞争对手提供的同类产品或者替代品之间直接进行选择。

竞争对手给企业带来的威胁其实是可预测的，但其威胁程度强弱不一，而且具有波动性，这种竞争强弱程度及波动才是真正带来客户风险的源头。竞争程度越大，也就说明客户在企业与竞争对手之间选择的可能性更大，客户的购买行为不确定性提高，客户风险也就更大了。在竞争强烈程度比较稳定时，企业对竞争对手的行动及如何应对的预测性更强、更精确，因此从风险未发生时就遏制的概率也更大。

3) 来自企业外部宏观环境的不确定性因素

来自企业外部宏观环境的不确定性因素，主要是指外部环境的变化对企业和客户产生影响的因素。正如 Holloway 和 Hancock(1973) 对外部环境中的营销活动问题的研讨中，发现政治、经济、文化和技术的变迁都会成为客户风险发生的风险因子。

政治、经济、文化和技术是企业所处的社会大环境中的主要因素，它们对企业的影响、对客户风险的发生并非直接和快速的，是间接的、需要一定反馈时长的，但一旦发生作用，那效果具有破坏力，非企业一家之力可以扭转局面。

4) 来自客户自身的不确定性因素

来自客户自身的不确定性因素，是指由于客户自身的人口属性特征、情感以及行为所带来客户风险的因素。客户行为实际上是人口属性以及情感等深层次原因诱发的外在表现。此外，前面分析的来自企业内部、企业其他竞争对手和企业外部宏观环境的不确定性因素，实际上最终将反映为客户行为的不确定性。也就是说，客户行为是其他所有因素的综合外在表现。

由于客户行为的不确定性，客户给企业带来的现金流收入表现出波动性与客户生命周期长度的不可预见性。本书将主要研究客户行为如何导致客户风险的产生。

2. 半契约型交易情景下的客户行为分析

1) 客户购买行为特征分析

目前，对购买行为的研究中，主要集中于契约型交易情景与非契约型交易情景。

契约型交易情景下，客户由于契约约束而保持稳定的购买行为。客户与企业按照契约的规定进行交易，客户的总支出金额是固定的。

根据前面对半契约型交易情景的定义，从购买行为上来说，六个半契约情景可以划分为两类：规定最低购买金额和无限制最低购买金额。本书将从购买频率 (也反映为购买间隔) 和购买金额两个方面来刻画半契约型交易情景下的客户购买行为。

最低购买金额类型的客户购买行为特征。属于最低购买金额类型的半契约型交易情景，包括最低购买金额-固定期限型、最低购买金额-最短期限型和最低购买金额型三种。图 8-2 以最低购买金额-固定期限型的客户行为为例，表示最低购买金额类型的客户购买行为特征。

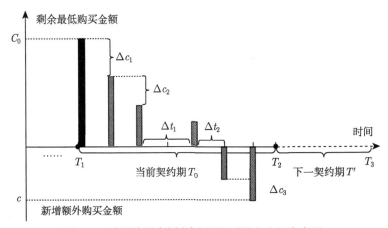

图 8-2　最低购买金额-固定期限型的客户行为表现

该类客户，在购买金额方面，由于有最低购买金额的约束，在固定契约期 [如图 8-2 的 T_0 区间 ($T_0 = T_2 - T_1$) 内] 开始时预先支付最低购买金额 C_0。客户在每次消费中，花费部分预先支付金额 (Δc_1、Δc_2、Δc_3)，随着客户继续消费，有两种可能发生的情况：①在契约期结束之前，预先支付的购买金额消耗完，而发生额外的购买金额 (c)，因此客户总购买金额为最低购买金额与额外购买金额的总和 ($C = C_0 + c$)；②在契约期结束之前，预先支付的购买金额并没有或者刚好消耗完，那么总购买金额为最低购买金额 ($C = C_0$)。

在购买金额和购买间隔的波动性上，客户行为的随机性非常大。可能出现多种情况：①客户购买行为的波动性很小 (购买金额或购买间隔)，即客户消费比较稳定；②客户购买行为的波动性很大 (购买金额或购买间隔)，即客户消费很不稳定；③在固定期限内，有且只有一次消费，该次消费可以发生在契约期开始、结束或者期间的任何时间点。

无限定最低购买金额类型的客户购买行为特征。属于无限定最低购买金额类型的半契约型交易情景，包括固定期限型、最短期限型和弱半契约型三种。以固定期限型的客户行为为例 (图 8-3)，表示无限定最低购买金额类型的客户购买行为特征。

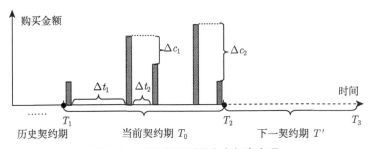

图 8-3　固定期限型的客户行为表现

该类客户在购买行为上，与非契约型的客户购买行为类似，随机性非常大。首先，客户不必向企业支付最低购买金额，即客户的额外购买金额即为总购买金额 $(C = c, C_0 = 0)$。

客户可以根据需求和意愿随机发生购买行为，包括购买金额高低 (Δc_1、Δc_2)、购买时间间隔 (Δt_1、Δt_2)，因此波动性也很大。

2) 客户流失行为特征分析

(1) 客户流失行为的概念。

客户流失的研究一直备受学者的关注。Reichheld(1996) 认为客户购买量以及购买金额占总支出的减少在一定程度上也都可以看作客户流失，至少是部分流失。Stewart(1998) 更加概括地将客户流失界定为 "客户决定与当前服务提供商终止生意往来的现象"。

目前，对客户流失的研究主要集中于流失预测及流失影响因素的分析。流失预测不是本书的研究内容，在此不赘述。影响客户流失行为的因素有很多，主要如表 8-1 所示。其中，服务质量和退出障碍是来自企业内部的不确定性因素，主观规范则是来自企业外部宏观环境的不确定性因素；替代者吸引力源于竞争对手和客户情感等的综合作用；感知价值、客户满意源自客户情感。服务质量、感知价值、客户满意关键受产品/服务质量的影响，主观规范是社会影响力产生作用，因此契约关系对这四者的影响并不显著。

因此，本书将重点分析退出障碍这个客户流失影响因素；另外，还将从客户流失时间 (企业能否确切地察觉客户流失时间)、流失倾向来分析客户流失行为。

(2) 固定期限类型的客户流失行为特征。

属于固定期限类型的半契约型交易情景，包括固定期限型和最低购买金额-固定期限型两种。以固定期限型的客户行为为例，表示固定期限类型的客户流失行为特征。

客户与企业签订明确期限 (如图 8-3 中 $T_0 = T_2 - T_1$) 的契约，在固定契约期限内，客户由于契约的法律效力，无法终止与企业之间的关系；但是，到固定契约期结束时 (T_2)，客户有权利选择是否与当前企业续约，而且企业能够立即知道客户做出的选择，此时，企业明确知道客户流失与否。

表 8-1   客户流失行为的影响因素

影响因素	主要观点
服务质量	关键服务时效是客户流失的最可能原因，流失的客户占全部流失客户的 44%
	服务质量对客户流失有显著影响
感知价值	客户感知价值越低，客户转换服务提供商的倾向就越强
	感知价值直接影响流失倾向；客户期望对感知价值与流失倾向间的关系起部分中介作用
客户满意	客户满意负向影响客户流失倾向
	客户满意是一个多维度变量；客户满意各维度与客户转向竞争者的决定负向相关
主观规范	中国文化背景下，主观规范有正向显著影响
退出障碍	退出障碍对客户流失有直接的负向作用
替代者吸引力	替代者吸引力正向影响客户流失倾向
	替代者吸引力对客户满意与客户流失倾向间的负向关系起调节作用

从客户的退出障碍来说，在固定契约期限内，客户的退出障碍来自法律约束力；在固定契约期限结束时，其退出障碍更大程度上取决于与企业的业务交往深度，但契约期限越长，业务往来的深度可能越深，客户也就越难退出，同时流失倾向也就越低。

(3) 最短期限类型的客户流失行为特征。

属于最短期限类型的半契约型交易情景，包括最短期限型和最低购买金额-最短期限型两种。以图 8-4 最短期限型的客户行为为例，表示最短期限类型的客户流失行为特征。

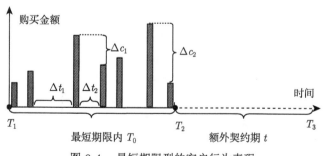

图 8-4   最短期限型的客户行为表现

客户与企业签订的契约，规定客户必须与企业维系某个时间长度的交易关系，即最短期限 (如图 8-4 中 $T_0 = T_2 - T_1$)。在最短契约期限内，与固定契约期限一样，客户需要维持交易关系，不会发生客户流失行为。然后，在最短期限结束后，客户同样有选择是否维持与企业交易关系的权利，不必建立新的契约关系，企业此时也无从明确知晓客户是否选择流失。

在客户退出障碍方面，最短期限内客户面临来自契约约束力的限制。在最短期限结束之后，客户的退出障碍减弱。

(4) 无限定期限类型的客户流失行为特征。

如图 8-5 属于无限定期限类型的半契约情景，包括最低购买金额型和弱半契约型两种。以无固定期限型为例，表示无限定最低购买金额类型的客户流失行为特征。

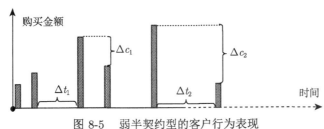

图 8-5　弱半契约型的客户行为表现

当企业对客户的契约期限不做出规定时，客户可以根据意愿与需求随意发生购买行为，也可以选择不再购买当前企业的产品/服务，即发生流失。由此可见，无限定期限类型的客户流失行为随机性很强，而且客户不必知会企业是否流失，因而企业对客户流失的应对有滞后性。该类型下，客户的退出障碍相对上述两种类型要弱很多，主要来源于客户自身感知退出损失和成本。

3) 客户购买行为与流失行为的关系

前面将客户购买行为与流失行为独立分析，实际上两者具有相关性。许多客户都有这样的经历，某一次在超市选购商品的过程中，会冲动性地购买某种自己不需要但正在大降价的商品。那么这个客户在这次突发性的购买后便很大程度上不再重复购买。上述例子说明，客户的购买行为与流失行为之间是存在关联性的。

多数学者在研究客户行为过程中，认为在建立契约的客户关系中，客户购买行为是稳定的，企业对客户流失的预测能力更强，从而客户流失预测相对准确简单；在非契约型交易情景中，则相反。

在半契约型交易情景中，客户购买行为与流失行为的关系更为复杂。从前面的分析可以看出，由于最低购买金额以及是否存在固定期限或最短期限这两个特殊因素的交叉作用，半契约型交易情景下的客户购买行为与流失行为交叉作用，而非单一的波动性上升，客户预期收益降低，客户流失的可能性升高。

4) 半契约型交易情景下的行为特征总结

根据前面的分析，半契约型交易情景下的六种子类型的客户行为特征可以归纳如表 8-2 所示。

表 8-2　半契约型交易情景下的客户行为特征

半契约型交易情景	客户购买行为特征	客户流失行为特征
最低购买金额-固定期限型	◇ 预先支付最低购买金额，其波动性较小 ◇ 额外购买金额的随机性较大 ◇ 购买金额的波动性主要来自额外购买金额的波动性 ◇ 购买间隔和购买次数的波动性大	◇ 客户流失的时间点在固定契约期结束时，企业可以观察到 ◇ 固定契约期内的退出障碍比较大，来自契约的约束力
最低购买金额-最短期限型		◇ 客户流失会发生在最短契约期限到期之后，但企业对客户流失的观察难度比固定期限型大 ◇ 最短契约期内的退出障碍比较大，来自契约的约束力。最短契约期结束后，主要退出障碍来自客户在最短契约期限内形成的对企业的业务依赖
最低购买金额型		◇ 客户流失的可预知性非常弱 ◇ 退出障碍比上述两类情景低，主要由客户意愿和业务依赖等所决定
固定期限型	◇ 购买金额的波动性比三个最低购买金额类型的要大，主要原因来自没有最低购买金额的限制 ◇ 购买间隔和购买次数的波动性也比较大	◇ 同"最低购买金额-固定期限型"
最短期限型		◇ 同"最低购买金额-最短期限型"
弱半契约型		◇ 同"最低购买金额型"

8.2.2　半契约型交易情景下的客户风险识别与特征

半契约型交易情景下的客户资产，同样是一种风险资产。由于资产的脆弱性和波动性，未来收益具有不确定性，企业希望客户给其带来的未来收益具有稳定性和长期性。

在契约型交易情景下，客户在契约结束时是否续约，开始新的契约关系，这是最重要的风险点；在非契约型交易情景下，客户的购买行为随机性大，那么客户是否会发生下次购买，即客户的活跃率大小，是关键风险。

对于半契约型交易情景而言，购买行为和流失行为的特征并不如契约和非契约型交易情景那么突出，它受两者共同作用的影响更为明显，其客户风险综合表现为客户在未来维系稳定的交易关系，从而达到企业期望值的概率。风险因子也就可以归纳为由购买行为不确定性导致的风险因素和与流失行为导致的风险因素。

另外，企业拥有一个庞大的客户群体，如不同的品牌客户、不同价值层次、不同人口统计学特征的客户群体等，客户群体给企业带来的价值不同，企业对其期望也不同。这些客户之间存在的较大差异使得分析所有客户的风险变得不再合理。因此，本书所研究的客户风险是单个客户相对于其所在的客户群体的平均水平的风险程度。下面将对客户风险及其风险因子进行详尽的定义及分析。

1. 半契约型交易情景下的客户风险定义——客户违诺度

基于前面的分析，本书认为，半契约型交易情景下的客户风险，综合表现为客户在未来维系稳定客户交易关系，从而达到企业期望值的概率。从前人的研究发现，客户维系稳定客户交易关系的程度，就是客户承诺的概念。

目前，客户承诺的概念划分为两个学派。一是心理派。绝大部分学者认为承诺是一种心理认同、心理依附、心理纽带。Meyer 和 Herscovitch(2001) 在整合各种观点的基础上，将承诺定义为一种将个体或涉及多个目标对象的行动捆绑在一起的心理力量。二是行为派。最早将承诺作为学术概念加以探讨的是 Becker(1960)，他认为承诺是利益驱动下的一贯性行为。Bar-Haim(2007) 提出类似观点，认为承诺不是心理状态而是选择行为。

综上，本书对半契约型交易情景下的客户风险的定义，来自对行为派的承诺概念的衍生，将半契约型交易情景下的客户风险定义为：客户违诺度，即客户违背承诺的程度，从行为上解释，就是客户在未来无法维系稳定客户交易关系，从而不能达到企业期望的可能性大小。

2. 半契约型交易情景下的两个风险因子定义

1) 客户收入风险因子

客户收入风险因子是指由于客户购买行为不确定性，导致客户现金流收入无法维持稳定，达到预期水平的风险因素，从而影响客户违诺度的程度。客户收入风险因子的风险性越大，即客户现金流收入的起伏程度越大，达到企业期望水平的可能性越低，客户违诺度也越大。

在半契约型交易情景下，客户收入风险因子的影响因素主要包括：最低购买金额风险水平、额外购买金额风险水平以及购买金额波动性。

(1) 最低购买金额风险水平的影响。企业与客户达成规定最低购买金额风险水平的框架契约时，企业可以保证客户的期望现金流收入达到最低购买金额，因此，客户收入的稳定性有一定的保障。由此可见，最低购买金额类型的客户收入风险因子值比不规定最低购买金额类型的客户要低。另外，在同一个客户群体中，客户最低购买金额大，那么这个客户的收入风险因子值也应该比其他客户低。

(2) 额外购买金额风险水平的影响。无论客户是否需要向企业支付最低购买金额，额外购买金额 (如果无最低购买金额，那么客户发生交易时的现金流收入全部为额外购买金额) 越高，说明客户对企业的产品/服务的需求程度高于企业满足客户需求的最低水平，那么客户未来提高最低购买金额或者继续保持高额外购买金额的可能性是非常高的，也就更可能给企业带来稳定的现金流，因此，客户收入风险因子值越小。

(3) 购买金额波动性的影响。购买金额波动性是客户资产波动性最直接的反映。在一定程度上，购买行为波动性是客户风险发生的预兆。

由于最低购买金额通过契约的形式确定，因此其稳定性非常高。该类型的购买金额波动性主要来自额外购买金额的波动性。对于最低购买金额为零的客户而言，其行为特征与非契约型比较类似，客户购买金额波动性随着客户购买行为的随机性提高而增加。

实际上，购买行为的波动性，包括购买金额的波动性和购买时间间隔的波动性。在半契约型交易情景下，购买时间间隔的波动性比较大，因此本书对其进行研究。

2) 客户流失风险因子

客户流失风险因子是指由于客户流失行为不确定性，导致客户现金流收入中断的风险因素，从而影响客户违诺度的程度。客户收入风险因子的风险性越大，即客户现金流收入的中断的可能性越大。显而易见，当客户中断与企业的关系时，客户肯定无法达到企业期望水平，从而导致客户违诺度加剧。

在半契约型交易情景下，客户流失风险因子的影响因素主要包括契约期限和退出障碍。

(1) 契约期限。在企业与客户建立交易关系时，双方需要对其关系的维系进行投资，包括金钱、时间、精力甚至情感投入。

契约期限越长，说明：①企业与客户需要投入更多的金钱、时间来维持关系，如对于"老客户"，企业会投入相当的资源促使其提升忠诚度和价值，如客户经理的服务投入等；②双方的信任基础较强，愿意付出更多的时间来获得共赢。

因此，固定契约越长，客户续约的概率越高，客户流失风险因子值越低；最短期限型的最短期限越长，企业加深客户关系深度的机会越大，客户维持交易关系的概率也越大，此时客户流失风险因子值越小。但对于没有限制契约期限的半契约型交易情景，其客户流失风险因子会相对较大，与非契约型交易情景类似。

(2) 退出障碍。退出障碍是指一个客户当其停止购买使用某个企业的产品/服务，或者转而使用其他竞争对手的产品/服务时，需要付出的一次性成本。

半契约型交易情景下，退出障碍对客户流失风险因子的影响作用主要产生于契约期限的约束力，如固定期限的客户，如果在期限内解除交易关系，其需要负一定的法律责任，客户会因而继续维持，但其流失倾向此时会提高。

因此，固定契约型的退出障碍最大，最短期限型次之，弱半契约型和最低购买金额型最弱。另外，客户与企业的业务交往深度、客户对企业的依赖性等同样会对退出障碍产生作用。退出障碍主要对客户的流失倾向造成影响。

3. 半契约型交易情景下的客户风险因子特征研究

根据前面的分析，本书将半契约型交易情景下的客户风险特征归纳如下。

1) 客户违诺度的特征

一般来讲，六种半契约型交易情景的客户违诺度的大小比较如下。

(1) 最低购买金额-固定期限型 > 最低购买金额-最短期限型 > 最低购买金额型。

(2) 最低购买金额-固定期限型 > 固定期限型。

(3) 最低购买金额-最短期限型 > 最短期限型。

(4) 最低购买金额型 > 弱半契约型。

(5) 固定期限型 > 最短期限型 > 弱半契约型。

2) 半契约型交易情景下的客户风险因子特征

前面叙述了半契约型交易情景下的客户行为特征和客户风险定义，基于此，总结半契约型交易情景下的客户风险因子特征如表 8-3 所示。

表 8-3　半契约型交易情景下的客户风险因子特征

半契约型交易情景	客户收入风险因子	客户流失风险因子
最低购买金额-固定期限型	✧ 最低购买金额越高，客户收入风险因子值越小 ✧ 额外购买金额风险水平越高，客户收入风险因子值越小	✧ 契约期内，客户流失风险值最小 ✧ 契约期限的影响最大，期限越长，流失倾向越低，客户流失风险因子值越小
最低购买金额-最短期限型	✧ 购买金额波动性取决于额外购买金额波动性，波动性较小 ✧ 购买行为波动性越大，客户收入风险因子值越大	✧ 契约期内，客户流失风险值较小 ✧ 退出障碍的影响更明显，障碍越大，客户流失倾向越低，客户流失风险因子值越小
最低购买金额型		✧ 客户流失风险因子值最大 ✧ 退出障碍主要来自客户意愿的限制，其作用并不大
固定期限型	✧ 总购买金额越高，客户收入风险因子值越小	✧ 同 "最低购买金额-固定期限型"
最短期限型	✧ 购买金额波动性比最低购买金额类型的大	✧ 同 "最低购买金额-最短期限型"
弱半契约型	✧ 购买金额的波动性越大，客户收入风险因子值越大	✧ 同 "最低购买金额型"

8.3　半契约型交易情景下的客户风险度量

8.3.1　半契约型交易情景下的客户风险度量的基本思路

本书对半契约型交易情景下的客户风险度量的思路,是从数据层、客户行为层、风险因子层到风险层,自下而上进行的,如图 8-6 所示。

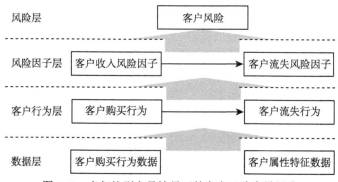

图 8-6　半契约型交易情景下的客户风险度量思路

首先,基于客户购买行为数据以及客户属性特征数据等客观数据对客户购买行为和流失行为进行刻画。本书第 3 章已经对不同半契约子情景下的客户行为特征带来的客户风险因子进行了分析;其次依据客户作为一种风险资产的理论,本书采用度量金融资产风险的传统方法——β 风险度量,对客户收入风险因子和客户流失风险因子及其影响因素进行量化。最后,选择改进的贝叶斯网络方法构建客户风险度量模型。

(1) 基于客观数据的客户行为刻画。客户行为可以通过客观数据、主观数据或者两者组合进行刻画。客观数据包括客户与企业实际发生的现金流金额或者业务量等;主观数据是指通过人为定义并赋予数值,如客户经理依据经验对客户的情感忠诚度进行评级。本书使用客观数据对客户的购买行为和流失行为进行刻画。具体数据包括:客户购买行为数据,如购买金额、购买时间;客户属性特征数据,如客户类型、业务结构等。

(2) 基于 β 系数的客户风险及其风险因子量化。单个客户对客户群体的风险贡献率有所不同。本书将单个客户置于特定的客户群体中,度量和比较不同客户的风险程度,因此需要计算的并非各个客户的风险绝对值,比较他们相对于所在群体平均水平上的风险值更具管理意义。本书基于 β 系数的基本思想——个体相对于群体的风险程度,对客户收入风险因子、客户流失风险因子,以及各个风险因子的影响因素进行量化。

(3) 基于改良贝叶斯网络的客户风险度量。采用理论推演的方法得到半契约型交易情景下的客户风险机理，本章将定性研究得到的理论机理与定量研究的贝叶斯网络学习过程相结合，确定贝叶斯网络结构中的节点关系，并通过底层数据计算得到节点得分后，再进行贝叶斯网络的学习与推理。因此，本书选择改良贝叶斯网络作为客户风险度量方法，具体过程如图 8-7 所示。

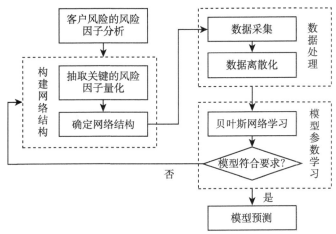

图 8-7　基于改良贝叶斯网络的客户风险度量过程

8.3.2　客户风险因子的度量方式

本书实现半契约型交易情景下的客户风险——客户违诺度的度量，关键环节之一就是利用客观数据对节点进行量化计算。

本书基于 β 系数的思想——个体客户相对于群体客户平均水平的风险程度，对客户违诺度、客户收入风险因子、客户流失风险因子以及各个风险因子的影响因素进行量化。

1. 客户违诺度

半契约型交易情景下的客户风险——客户违诺度，是客户维持历史交易行为的可能性。本书基于客户资产理论，客户违诺度衡量的是客户资产值在某个观察时间点前后保持一致的可能性。以单个客户 A 为例，在第 N_1 时期结束的时间点，其客户违诺度 R_A 的量化公式如下：

$$R_A = \frac{r_A}{\bar{r}_P} \tag{8-1}$$

$$r_A = \begin{cases} \dfrac{\text{CE}_{\text{A}N1}}{\text{CE}_{\text{A}N2-N1}}, & \text{CE}_{\text{A}N2-N1} \neq 0 \\ \max\left(\dfrac{\text{CE}_{\text{A}N1}}{\text{CE}_{\text{A}N2-N1}}\right), & \text{CE}_{\text{A}N2-N1} = 0 \end{cases} \tag{8-2}$$

$$\text{CE}_{\text{AN1}} = \sum_{i=0}^{N_1} \frac{X_i}{(1+d)^i} \qquad (8\text{-}3)$$

其中，CE_{AN1} 和 $\text{CE}_{\text{AN2-N1}}$ 为客户 A 在第 0 到 N_1 时期，N_1 到第 N_2 时期的客户资产值；X_i 为客户 A 在第 i 时期的现金流收入；d 为折现率。

由式 (8-1) 和式 (8-2) 可知，当客户 A 在观察期 N_1 之后的客户资产值高于 N_1 之前的客户资产值时，说明客户 A 给企业带来的收益高于预期水平，维持甚至超过了历史交易水平，那么根据定义，该客户给企业带来的威胁会更小；反之，客户 A 在观察期 N_1 之后的客户资产值越低，说明维持历史交易水平的概率越低，风险越大。当客户 A 在 r_A 低于客户群体 P 的平均值时，客户 A 在群体中的客户违诺度越大，即风险越大。

2. 客户收入风险因子及其影响因素

1) 客户收入风险因子

根据 β 系数的思路，本书衡量客户收入风险因子值的方法是：单个客户在某段时间内的客户资产值，与所在群体对应的平均客户资产值的对比。那么，客户 A 在第 N_1 时期内，其客户收入风险因子值 Rr_A 的量化公式如下：

$$\text{Rr}_A = \frac{\overline{\text{CE}}_{\text{PN1}}}{\text{CE}_{\text{AN1}}} \qquad (8\text{-}4)$$

其中，CE_{AN1} 为客户 A 在第 0 到 N_1 时期的客户资产值；$\overline{\text{CE}}_{\text{PN1}}$ 为客户 A 所在的客户群体 P 在第 0 到 N_1 时期的客户资产平均值。

由式 (8-4) 可知，当客户 A 在客户资产值高于所在客户群体 P 的平均水平时，说明客户属于质量较好的客户，相对于群体中其他客户而言，其客户收入风险因子影响很小；客户 A 在客户资产值低于客户群体 P 的程度越大，客户 A 在群体中的客户收入风险因子值越大。

2) 客户收入风险因子的影响因素

客户收入风险因子的影响因素包括客户的最低购买金额风险水平、额外购买金额风险水平、购买金额波动性三个因素。

(1) 最低购买金额风险水平。最低购买金额风险水平，是衡量客户在半契约型交易情景下，最低购买金额对客户收入风险因子的影响程度。客户 A 在第 N_1 时期内，最低购买金额风险水平 RrC_A 的度量公式如下：

$$\text{RrC}_A = \begin{cases} \max\left(\dfrac{\overline{C}_{0P}}{C_{0A}}\right), & C_{0A} = 0 \\[3mm] \dfrac{\overline{C}_{0P}}{C_{0A}}, & C_{0A} \neq 0 \end{cases} \qquad (8\text{-}5)$$

其中，C_{0A} 为客户 A 在第 N_1 时期的最低购买金额，$\overline{C}_{0P}$ 为客户 A 所在的客户群体 P 在第 N_1 时期的平均最低购买金额。

由式 (8-5) 可见，当无限定最低购买金额时，最低购买金额风险水平最大，也就是对客户收入风险因子的正向影响达到最大化；相反，当某个客户的最低购买金额高于群体平均水平时，相对于群体内的其他客户，其最低购买金额风险水平对客户收入风险因子的影响较小。

(2) 额外购买金额风险水平。额外购买金额风险水平，衡量客户在最低购买金额之外，额外支付给企业的现金流费用。客户 A 在第 N_1 时期内，额外购买金额风险水平 Rrc_A 的度量公式如下：

$$\mathrm{Rrc}_A = \frac{\overline{\mathrm{rc}}_P}{\mathrm{rc}_A} \tag{8-6}$$

$$\mathrm{rc}_A = \frac{\sum\limits_{i=1}^{N_1} C_{0Ai} \Big/ (C_{0Ai} + c_{Ai})}{N_1} \tag{8-7}$$

$$\overline{\mathrm{rc}}_P = \sum_{j=1}^{M} \frac{\sum\limits_{i=1}^{N_1} C_{0ji} \Big/ (C_{0ji} + c_{ji})}{N_1} \Big/ M \tag{8-8}$$

其中，rc_A 为客户 A 在 N_1 时期的平均额外购买金额占总购买金额的份额；$\overline{\mathrm{rc}}_P$ 为客户 A 所在的客户群体 P，在 N_1 时期的平均额外购买金额占总购买金额的份额平均值；c_{Ai} 和 c_{ji} 为客户 A 和客户群体 P 中第 j 个客户在第 i 时期的额外购买金额数；C_{0Ai} 和 C_{0ji} 为客户 A 和客户群体 P 中第 j 个客户在第 i 时期的最低购买金额数；N_1 为观察期数；M 是客户群体 P 的客户数。

由式 (8-6) 可知，单个客户的额外购买金额在其总购买金额中所占的比重越大，客户对企业的现金流收入贡献越超过签订期限时的预期水平，因此，对客户收入风险因子产生正向影响越小；反之，当单个客户的额外购买金额在其总购买金额中所占的比重小于客户群平均水平时，其对客户收入风险因子的影响越大。

(3) 购买金额波动性。根据王海伟 (2007) 的研究证明，客户购买金额的波动性越大，客户购买行为的波动性就越大。传统度量波动性的方法是采用标准差 (standard deviation) 或方差 (variability) 来衡量现金流波动性——现金流与期望偏离程度的变化。因此，本书延续前人的研究，使用标准差来刻画客户收入风险。

对于某个客户群体 P 中的客户 A，其客户购买金额波动性的量化公式如下：

$$\mathrm{Rrcv}_A = \frac{\sigma\mathrm{r}_A}{\sigma\mathrm{r}_P} \tag{8-9}$$

$$\sigma r_A = \sqrt{Vr_A} \tag{8-10}$$

$$Vr_A = \frac{\sum\limits_{i=1}^{N_1}(X_{Ai} - \overline{X}_A)^2}{N_1 - 1} \tag{8-11}$$

$$\overline{X}_A = \frac{\sum\limits_{i=1}^{N_1} X_{Ai}}{N_1 - 1} \tag{8-12}$$

其中，Vr_A 和 σr_A 为客户现金流收入的方差和标准差；σr_P 为客户群体 P 的现金流收入标准差；X_{Ai} 为客户 A 在第 i 时期的客户现金流收入，$\overline{X}_A$ 为客户 A 在 N_1 时期的客户现金流收入，N_1 为观察期个数。

3. 客户流失风险因子及其影响因素

1) 客户流失风险因子

客户流失风险因子，衡量的是客户在观察期结束的时间点上，客户是否流失。那么客户流失的判断标准是：客户在观察期结束的时间点之前，连续五个月不发生购买行为。因此，第 N_1 时期的客户 A 的流失风险因子量化方式如下。

首先，在第 N_1 时期前，连续五个月不发生购买行为，判断该客户 A 已流失，则

$$Rc_A = 1 \tag{8-13}$$

其次，在 0 至 N_1 时期，连续五个月不发生购买行为，但在 N_1 时期之前恢复购买行为，说明该客户流失倾向比较强烈，因此，流失风险因子值与连续不发生购买行为的时长呈正相关关系。由于这种情况下的客户并不属于流失客户，因此客户流失风险因子是 $0 \sim 1$ 的随机数，但恒不为 1；当客户每个时期均发生购买行为时，客户流失风险因子值为 0。为了使得客户流失风险因子值在 (0,1) 比较，本书采用对数 Sigmoid 函数来构建公式：

$$Rc_A = \begin{cases} \dfrac{1}{1 + e^{-(-x)}}, & x \geqslant 1 \\[2mm] \dfrac{1}{1 + e^{-x}}, & x < 1 \end{cases} \tag{8-14}$$

$$x = \frac{\overline{Tc}_P}{Tc_A} \tag{8-15}$$

其中，Tc_A 为 N_1 时期，客户 A 连续不发生购买行为的观察期个数；$\overline{Tc}_P$ 为 N_1 时期，客户群体 P 连续不发生购买行为的平均观察期个数。

2) 客户流失风险因子的影响因素

客户流失风险因子的影响因素包括契约期限和退出障碍。其量化方式如下。

(1) 契约期限。在经理人假设的前提下，客户和企业追求经济效益最大化。契约期限越长，说明客户与企业之间的合作关系持续时间越长，两者之间的关系是符合他们的经济效益的。因此，契约期限越长，客户违诺度越低，即半契约型交易情景下的客户风险威胁承诺越小，当客户 A 不规定契约期限时，客户风险达到最大化。因此，基于 β 系数的思想，契约期限影响因素的量化公式如下：

$$\mathrm{Rct}_A = \begin{cases} \max\left(\dfrac{\overline{T}_{0P}}{T_{0A}}\right), & T_{0A} = 0 \\ \dfrac{\overline{T}_{0P}}{T_{0A}}, & T_{0A} > 0 \end{cases} \tag{8-16}$$

其中，T_{0A} 为客户 A 的固定契约或最短契约期限；$\overline{T}_{0P}$ 为客户群体 P 的平均固定契约或最短契约期限。

(2) 退出障碍。在前人的研究中，退出障碍一般采用量表获得主观数据进行量化。量表的主要问题包括：①停止与当前企业的关系，客户损失多少；②更换产品/服务，客户损失多少；③更换产品/服务，客户需要付出的时间、金钱、精力和情感成本。

本书将采用客观数据对退出障碍进行量化。

首先，客户与企业交易的业务类型越多，客户停止与当前企业的关系带来的损失就越大，因为客户需要投资更多的资源去更换业务产品/服务，所以沉没成本大。因此，本书使用 "业务多样性" 来衡量 "停止与当前企业的关系，客户损失多少"。

其次，在半契约型交易情景下，绑定产品或费用套餐是限制客户流失的主要手段。当企业限制客户的产品/服务使用期限或场景时，客户流失时必须放弃已有投入，损失较大。因此，本书使用 "绑定业务性质" 来衡量 "更换产品/服务，客户损失多少"。

最后，在同一产品/服务中，客户使用竞争对手的比重越大，那么客户对竞争对手的接受程度甚至拥有好感的可能性越大，他不必花费更大的精力或情感去更换服务。因此，本书使用 "使用竞争对手服务比重" 来衡量 "更换产品/服务，客户需要付出的时间、金钱、精力和情感成本"。

总之，量化方式如下：

$$\mathrm{Rce}_A = \sum_{j}^{M} \sum_{i}^{3} e_{ji} \Big/ M \times \sum_{i=1}^{3} e_{Ai} \tag{8-17}$$

其中，e_{Ai} 为客户 A 的第 i 个退出障碍的衡量指标值 (退出障碍的衡量指标包括业务多样性、绑定业务性质、使用竞争对手服务比重)；e_{ji} 为客户 A 所在客户群

体 P 的第 j 个客户的第 i 个退出障碍的衡量指标值；M 为客户群体 P 的客户数。

8.3.3 贝叶斯网络的建立

1. 贝叶斯网络的构成

根据对半契约型交易情景下的客户风险定义与分析，得到本书贝叶斯网络的构成如图 8-8 所示。

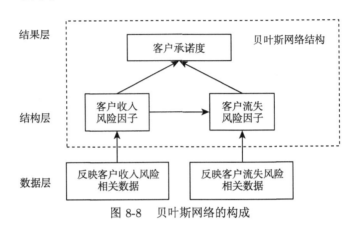

图 8-8　贝叶斯网络的构成

贝叶斯网络结构由结果层、结构层和数据层构成。

(1) 结果层。根据前面的分析，半契约型交易情景下的客户风险综合表现为客户违诺度的高低，也就是贝叶斯网络学习和推理的结果，该数值将表现为一个概率，即客户维持过去行为的可能性。

(2) 结构层。结构层表示贝叶斯网络中各个变量之间的关系。首先，本书构建的网络中，结构层的两个主要变量分别是客户收入风险因子和客户流失风险因子；其次，变量的量化方式；最后，在第 3 章对半契约型交易情景下的客户风险进行分析时，两个客户风险因子实际上受到其他下级变量的影响。

(3) 数据层。数据层表示训练本书贝叶斯网络所需要的数据，包括反映客户收入风险相关数据和客户流失风险相关数据。其中，由于不同半契约型交易情景的特点，具体数据字段的内容可能有所不同，具体选取的数据字段见本书第 5 章实证研究内容。

2. 贝叶斯网络结构的确定

基于前面的分析，在半契约型交易情景下，客户收入风险因子和客户流失风险因子是影响客户违诺度的关键因素。这两个风险因子的产生来自客户行为的不确定性。在度量客户违诺度的过程中，需要考虑客户行为不确定性的影响，因此将其量化后，加入到本书简化的贝叶斯网络结构中，如图 8-9 所示。

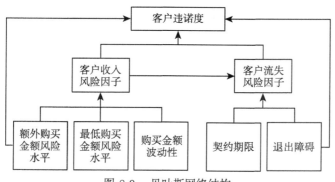

图 8-9　贝叶斯网络结构

根据对半契约型交易情景下的客户风险分析，客户收入风险因子的形成来源于客户购买行为的不确定性，而客户购买行为的不确定性主要表现为客户购买金额 (客户现金流收入) 高低以及波动性大小。因此，根据半契约型交易情景下的客户购买行为特征，本书选取最低购买金额风险水平和额外购买金额风险水平来衡量客户购买金额对客户收入风险因子的影响。

客户流失风险因子的形成则来源于客户流失行为的不确定性，这种不确定性源自客户与企业交易契约的约束力以及其他影响客户流失倾向的因素。因此，依据半契约型交易情景下的客户流失风险的特征，本书用契约期限衡量客户与企业交易契约的约束力，而退出障碍是影响半契约型交易情景下客户流失倾向的主要因素。

此外，由于额外购买金额风险水平和退出障碍延续到对客户后续行为的影响，因此，两者与客户违诺度具有因果关系。例如，当客户额外购买金额风险水平很大时，说明客户的最低购买金额可能超出客户的需求，那么客户有可能不再维持先前的购买行为，降低购买金额等；退出障碍随着客户与企业合作的加深，将不断累积，使得客户维持原来的购买惯性，从而负向影响客户违诺度。

8.4　实 证 研 究

8.4.1　概述

1. 数据描述

本书选取浙江省某电信运营商的客户移动业务数据进行实证研究。本书选取的 1021 个客户包括两种半契约类型。

(1) 865 个客户在使用移动网络时，购买了电信运营商的某套餐业务，该套餐业务规定客户每月至少消费一定的金额，即规定最低购买金额，同时，绑定用户资费若干个月, 即规定最短契约期限。因此, 这部分用户属于最低购买金额-最短契约类型。

(2) 156 个客户购买了运营商的合约计划, 即客户以一定的优惠价格, 购买与运营商合作的手机硬件后, 运营商规定客户必须连续使用其业务若干个月, 即规定最短契约期限, 但运营商并没有规定用户的最低月消费, 即不规定最低购买金额。因此, 这部分用户属于最短契约类型。

实证数据包括客户从 2007 年 4 月到 2009 年 3 月每个月的购买金额数据、流失数据以及其他属性数据。具体包括: 每月消费金额、购买业务种类、网间业务消费金额、套餐类型 (是否是合约计划、最低购买金额、最短契约期限)。

另外, 本书的实证研究所使用的工具如下: 使用 SPSS(statistical product and service solutions, 统计产品与服务解决方案) 软件完成对数据的处理、计算和统计分析; 使用 Netica 软件进行贝叶斯网络的构建、参数学习和分析。

2. 原始数据特征

1) 购买行为的数据特征

(1) 平均购买金额。1021 名客户的每月平均购买金额为 40.3 元, 客户之间的标准差为 33.630, 而且极大值与极小值之间的差距高达 331.66 元, 如表 8-4 所示。可以看出单个客户的购买金额比较低, 而且客户与客户之间的差异非常大。

表 8-4　购买行为的描述统计量

项目	N	极小值	极大值	均值	标准差
平均购买金额	1021	0.110	331.770	40.300	33.630
最低购买金额	1021	0.000	1200.000	108.306	96.575
最大购买时间间隔	1021	0.000	12.000	1.608	3.115
有效的 N(列表状态)	1021				

从图 8-10 客户平均购买金额的直方图来看, 客户集中于低购买金额区域, 特别是低于 40 元的用户占样本的 84.13%。超过 40 元时, 随着每月消费金额的增加, 客户数逐渐减少。

(2) 最低购买金额。样本客户的平均最低购买金额为 108.306 元。其中, 最大值为 1200 元, 最低值为 0 元。样本中包括 156 个客户属于最短期限类型——规定最短契约期限, 但不规定最低购买金额, 也就是说这 156 个客户的最低购买金额为最低值 0 元。而且, 其标准差高达 96.575, 也就是说客户间的差异极大。具体的最低购买金额直方图如图 8-10(b) 所示。

(3) 最大购买时间间隔。本书观察了样本客户的最大购买时间间隔 [观察期 (12 个月) 内, 客户两次购买发生的最长时间间隔]。平均购买时间间隔为 1.608 个月, 标准差为 3.115。其中, 购买时间间隔为 0 的, 说明该用户在观察期内, 每月都发生购买行为, 从未间断; 购买时间间隔为 12 个月, 即为流失客户, 在样本中有 5 个。最大购买时间间隔的直方图如图 8-11 所示。

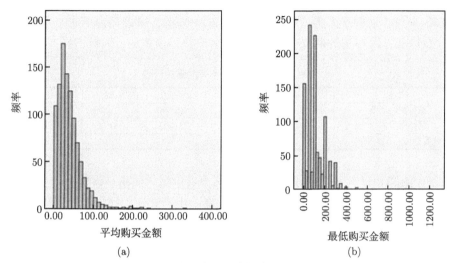

图 8-10　平均购买金额和最低购买金额的直方图

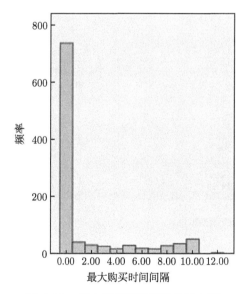

图 8-11　最大购买时间间隔的直方图

2) 流失行为的数据特征

样本中, 确定流失的客户有 5 个, 仅占样本客户数的 0.5%。影响客户流失行为的两个因素 (契约期限和退出障碍) 涉及最短契约期限、网间费用占比、业务种类和绑定业务类型这四个客户属性数据。

(1) 最短契约期限。样本中的客户都属于最短契约期限型客户，因此，最短契约期限均不为 0。如表 8-5 所示，其最小值为 2 个月，最大值为 25 个月，均值为 10.588 个月，而标准差为 5.07。从图 8-12(a) 来看，最短契约期限并不具有明显的分布特征，最短契约期限在 12 个月的客户数是最多的，大概占样本的 35%。

表 8-5　流失行为的描述统计量

项目	N	极小值	极大值	均值	标准差
最短契约期限	1021	2.000	25.000	10.588	5.070
网间费用占比	1021	0.000	1.000	0.487	0.206
有效的 N(列表状态)	1021				

(2) 网间费用占比。网间费用占比是客户退出障碍的衡量指标之一，网间费用占比越高，说明客户的退出障碍越低。该样本中的客户，网间费用占比在 0% ~ 100% 波动，平均值为 48.7%，也就是说网间费用占比平均水平低于 50%，说明客户的退出障碍并不是很高。

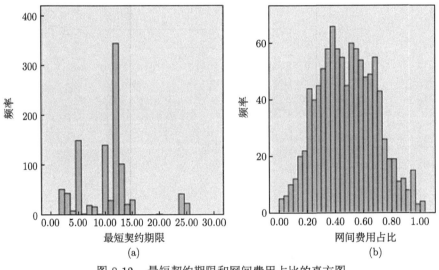

图 8-12　最短契约期限和网间费用占比的直方图

(3) 业务种类。该客户群体与企业发生交易关系的业务类型包括本地通话、国内长途通话、漫游通话、短信、手机上网以及两类定制数据业务。由图 8-13 可以看出，办理 3 种和 4 种业务的客户最多，占 26%，只有 1 种业务或者办理全部业务的客户数仅占 2% 和 1%。

(4) 绑定业务类型。本书选取的客户的绑定业务类型为绑定终端 (即客户只能

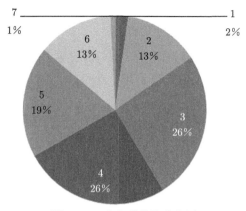

图 8-13　业务种类的分布图

将其终端与该企业提供的移动网络配合使用)。其中, 绑定终端的客户有 24 个, 仅占样本的 2.4%, 其余的都未绑定。也就是说, 这个客户群体的绑定业务类型带来的退出障碍整体上比较弱。

8.4.2　客户风险的量化与分析

1. 客户违诺度

计算样本在 2008 年 3 月的客户违诺度 R, 计算结果如图 8-14 所示。由图 8-14 可以看到, 客户违诺度在 $[0.119, 14.916]$, 均值为 1.558。由直方图可以看出, 客户违诺度集中于中低风险区域, 客户违诺度在 $(0, 1]$ 的客户占比 37.90%, 而在 $(1, 2]$ 的客户占 45.72%。

项目	R	有效的 N (列表状态)
N	1021	1021
极小值	0.119	
极大值	14.916	
均值	1.558	
标准差	1.386	

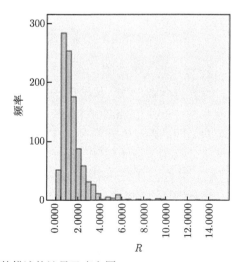

图 8-14　客户违诺度的描述统计量及直方图

2. 客户收入风险因子及其影响因素

1) 客户收入风险因子

根据式 (8-3) 计算客户群体中每个客户在观察时点的客户收入风险因子值 Rr，即在 2007 年 4 月至 2008 年 3 月，单个客户相对于客户群体的客户资产价值水平。

由图 8-15 可以看出，客户收入风险因子值所在的范围为 [0.123, 636.449]，从直方图可以看出，绝大部分客户的客户收入风险因子值在 10 以下，占 92.65%，在 (0,1] 的客户占 39.57%，但出现了 7 个客户的值在 100 以上。该群体的客户收入风险因子分布受到极大值的影响非常大，但整体的客户收入风险因子威胁是较小的。

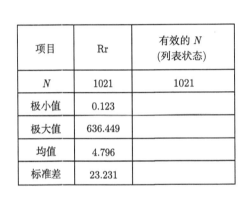

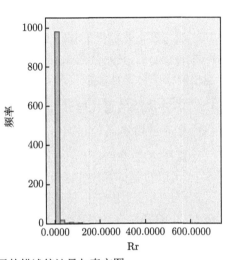

图 8-15　客户收入风险因子的描述统计量与直方图

2) 客户收入风险因子的三个影响因素

计算得到客户收入风险因子的三个影响因素。如表 8-6 所示，额外购买金额风险水平 (Rrc) 在 [0.506, 74.389]，均值为 17.751，而标准差高达 30.577，这说明客户之间的差异性非常大。在 1021 个客户中，其中有 156 个 (占 15.28%) 客户无最低购买金额的限制，根据定义，其额外购买金额风险水平达到最大值，为 74.389；另外，有 29.97% 的客户其额外购买金额风险水平大于 1。

最低购买金额风险水平 (Rrcc) 在 [0.090, 7.220]，均值为 2.2，由图 8-16(b) 可以看出，最低购买金额的分布并没有明显的特征，随机性较大。其中，约 34% 的客户的最低购买金额风险水平介于 0 与 1 之间。

购买金额波动性 (Rrcv) 在 [0.019, 12.685]，其平均水平为 1，标准差为 1.187，说明客户之间的购买金额波动性的离散程度并不大，由图 8-16(c) 可以看出，该影响因素的值集中于 0 ~ 1，78.12% 的用户的波动性低于 1。

表 8-6　客户收入风险因子的三个影响因素的描述统计量

项目	N	极小值	极大值	均值	标准差
Rrc	1021	0.506	74.389	17.751	30.577
Rrcc	1021	0.090	7.220	2.200	2.279
Rrcv	1021	0.019	12.685	1.000	1.187
有效的 N(列表状态)	1021				

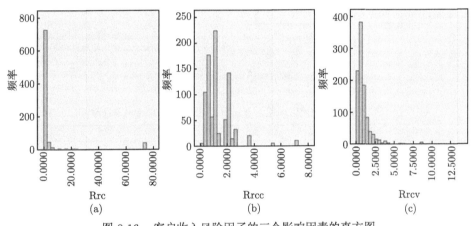

图 8-16　客户收入风险因子的三个影响因素的直方图

3. 客户流失风险因子及其影响因素

1) 客户流失风险因子

由图 8-17 可以看出，客户流失风险因子值为 0 ~ 7.462，表示该客户在考察期内的流失倾向高低，根据定义它与客户的最后一次购买时间以及停止购买的时长相关。有 72.18% 的客户该值为 0，也就是客户的流失倾向几乎可以忽略不计。除去这部分用户，在其他流失倾向程度上，客户的分布比较平均。而样本中，有 5 个客户在考察结束时已经明确流失。

2) 客户流失风险因子的两个影响因素

计算得到客户流失风险因子的两个影响因素。如表 8-7 和图 8-18 所示，契约期限 (Rct) 的计算结果最大值为 7.982，最小值为 0.014，平均值为 2.107。从分布上来说，66.8% 的客户的契约期限小于 1，也就说明了其最短契约期限低于群体平均水平。

退出障碍值 (Rce) 所在的范围是 [0.309, 9.471]，其均值为 1，标准差为 0.731，说明客户群体的退出障碍同样比较集中：66.7% 的退出障碍值在 (0,1]。

项目	Rc	有效的 N (列表状态)
N	1021	1021
极小值	0	
极大值	7.462	
均值	1	
标准差	1.937	

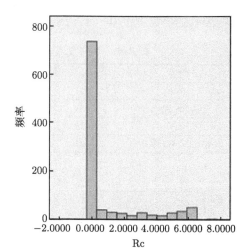

图 8-17　客户流失风险因子的描述统计量与直方图

表 8-7　客户流失风险因子的两个影响因素的描述统计量

项目	N	极小值	极大值	均值	标准差
Rce	1021	0.309	9.471	1.000	0.731
Rct	1021	0.014	7.982	2.107	1.687
有效的 N(列表状态)	1021				

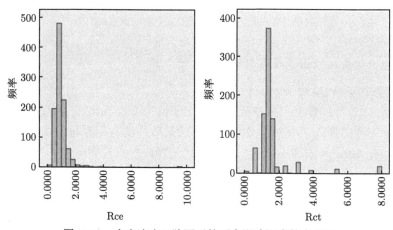

图 8-18　客户流失风险因子的两个影响因素的直方图

4. 客户风险量化结果的分析

1) 客户风险及其因子间的关系

本书从整个客户群体的角度，通过相关性分析验证客户风险及其因子之间的关系。

(1) 客户违诺度及其风险因子的相关性。客户违诺度及其风险因子的相关系数如表 8-8 所示。

客户违诺度 R、客户收入风险因子 Rr 和客户流失风险因子 Rc 三者之间具有显著的正相关性，但相关系数不大，这说明客户违诺度及其两个风险因子之间并非简单的线性关系。

客户收入风险因子 Rr 和客户流失风险因子 Rc 之间的正相关性就是客户购买行为影响客户流失行为的有力证据。

表 8-8　客户违诺度及其风险因子的相关系数

项目		R	Rr	Rc
R	皮尔逊相关性	1	0.396**	0.235**
	显著性（双侧）		0.002	0.263
Rr	皮尔逊相关性	0.396**	1	0.381**
	显著性（双侧）	0.002		0.000
Rc	皮尔逊相关性	0.235**	0.381**	1
	显著性（双侧）	0.263	0.000	
N		1021	1021	1021

** 表示在 0.01 水平（双侧）上显著相关

(2) 客户收入风险因子及其影响因素的相关性。客户收入风险因子 Rr 及其影响因素的相关系数如表 8-9 所示。

表 8-9　客户收入风险因子及其影响因素的相关系数

项目		Rr	Rrc	Rrcc	Rrcv
Rr	皮尔逊相关性	1	0.229**	0.136**	0.100**
	显著性（双侧）		0.000	0.249	0.001
Rrc	皮尔逊相关性	0.229**	1	−0.279**	−0.162**
	显著性（双侧）	0.000		0.000	0.000
Rrcc	皮尔逊相关性	0.136**	−0.279**	1	0.057
	显著性（双侧）	0.249	0.000		0.068
Rrcv	皮尔逊相关性	0.100**	−0.162**	0.057	1
	显著性（双侧）	0.001	0.000	0.068	
N		1021	1021	1021	1021

** 表示在 0.01 水平（双侧）上显著相关

首先，客户收入风险因子 Rr 与三个影响因素都呈显著的正相关关系，也就是说三个影响因素的水平越高，客户收入风险因子的值也越大。

其次，最低购买金额风险水平与额外购买金额风险水平呈负相关关系。其原因是，基于本书对这两个影响因素的定义，假设最低购买金额风险水平越大，那么其真正的客户最低购买金额越小，在这种情况下，企业不能满足客户需求的情况更可能发生，所以客户更倾向于消费额外金额，即额外购买金额越大，根据定义，此时的额外购买金额风险水平越小。

最后，额外购买金额风险水平与购买行为波动性呈负相关关系。在样本中以限制最低购买金额的客户为主，最低购买金额的稳定性强，也就是说额外购买金额是造成购买金额波动性的主要原因。因此，这种负相关关系出现是因为额外购买金额风险水平越大，客户的额外购买金额越小，购买金额波动性也就越小。

(3) 客户流失风险因子及其影响因素的相关性。客户流失风险因子及其影响因素的相关系数如表 8-10 所示。

表 8-10　客户流失风险因子及其影响因素的相关系数

项目		Rc	Rce	Rct
Rc	皮尔逊相关性	1	-0.047^{**}	-0.143^{**}
	显著性（双侧）		0.132	0.000
Rce	皮尔逊相关性	-0.047^{**}	1	-0.011
	显著性（双侧）	0.132		0.736
Rct	皮尔逊相关性	-0.143^{**}	-0.011	1
	显著性（双侧）	0.000	0.736	
N		1021	1021	1021

** 表示在 0.01 水平（双侧）上显著相关

客户流失风险因子 Rc 及两个影响因素呈负相关关系，也就是说退出障碍值和契约期限值越大，客户流失倾向越低，流失概率越小。

2) 两类半契约型的客户风险比较

在样本客户群体中，最短期限型客户有 156 个，最低购买金额-最短期限型客户有 865 个。本书对这两个半契约类型的客户整体进行比较，如表 8-11 所示。

(1) 从客户违诺度来看，两类情景的客户违诺度的差异并不十分显著，最短期限型的平均违诺度比最低购买金额-最短期限型高 9.7%左右。

(2) 从客户收入风险因子来看，最短期限型的平均值比最低购买金额-最短期限型高 14.5%，这符合前面对两者风险特征的分析。

(3) 具体分析客户收入风险因子的影响因素，可知最短期限型的客户收入风险因子值较高的主要原因是最低购买金额风险水平和购买金额波动性较大。首先，最短期限型的额外购买金额风险水平带来的客户收入风险更小；其次，由于最短期限型的最低购买金额为 0，那么该因素给客户收入风险因子带来的正向作用是最大的；最后，最短期限型的购买金额波动性比后者高 17.3%，而且离散程度也较大，这也验证了额外购买金额相对于最低购买金额波动性更大，且客户之间的差异性更大。

表 8-11　两类半契约类型的客户风险比较

半契约类型	变量	N	极小值	极大值	均值	标准差
最短期限型	客户违诺度 R	156	0.188	9.529	1.686	0.866
	客户收入风险因子 Rr	156	0.310	80.173	4.678	12.839
	客户流失风险因子 Rc	156	0.000	6.218	1.208	2.032
	额外购买金额风险水平 Rrc	156	0.506	0.506	0.506	0.000
	最低购买金额风险水平 Rrcc	156	7.220	7.220	7.220	0.000
	购买金额波动性 Rrcv	156	0.148	8.797	1.144	1.065
	退出障碍 Rce	156	0.430	3.850	0.969	0.436
	契约期限 Rct	156	0.665	7.982	4.674	2.385
最低购买金额-最短期限型	客户违诺度 R	865	0.119	14.916	1.537	1.442
	客户收入风险因子 Rr	865	0.123	125.361	4.087	12.060
	客户流失风险因子 Rc	865	0.000	7.462	0.956	1.911
	额外购买金额风险水平 Rrc	865	0.523	74.389	20.799	32.222
	最低购买金额风险水平 Rrcc	865	0.090	7.220	0.975	0.871
	购买金额波动性 Rrcv	865	0.039	12.685	0.975	1.207
	退出障碍 Rce	865	0.309	9.471	0.996	0.718
	契约期限 Rct	865	0.014	7.982	1.644	0.967

注：最低购买金额-最短期限型剔除一个极端值的影响

(4) 从客户流失风险因子来看，最短期限型的平均值比最低购买金额-最短期限型高 26.4%。

(5) 具体分析客户流失风险因子的影响因素，可知客户收入风险因子的作用大于两个影响因素。首先，两种类型在退出障碍上的差异非常小；然而，在契约期限上，最短契约的平均水平更高，说明在最短契约类型下，契约期限对流失倾向的约束力更强，客户流失倾向更弱；客户购买行为会对客户流失产生作用，这可解释在两个影响因素发挥作用不大 (甚至降低流失风险) 时，最短契约类型的客户流失风险因子值更大 (证据在本书 8.4.3 节提出)。

8.4.3　贝叶斯网络的学习与结果分析

1. 各个节点数据的离散化

本书采用 Netica 软件实现贝叶斯网络的数据离散化、参数学习和模型验证。在参数学习之前，需要对连续数据进行离散化。

本书将客户风险及其风险因子的计量值划分为 high、mid 和 low 三个等级，表示其风险程度或诱发风险的程度为高、中、低。离散化的原理如下：① 根据本书对客户违诺度及客户风险因子的定义，当其计量值小于 1 时，说明该客户的风险程度是低于客户群体的平均水平的，因此，将其划分为风险程度低，即 low 等级。② 当计量值高于 1 时，根据该值的偏离群体平均值的程度——z 得分来划分 high 和 mid 等级。若计量值大于 1，且其 z 得分不大于 1，那么，该值对应的风险等级为 mid。若计量值大于 1，且其 z 得分大于 1，那么，该值对应的风险等级为 high。特别要说明的是，实证群体中存在离异点 (偏离平均值 3 倍标准差以上的点)，为了排除这些点对其他值的影响，本书计算 z 得分时不将其计算入内，并将这些点判断为 high 等级。

z 得分的计算方法如下：以第 i 个客户的第 j 个节点为例，有

$$z_{ji} = \frac{x_{ji} - \mu_{jP}}{\sigma_{jP}} \tag{8-18}$$

其中，z_{ji} 为第 i 个客户的第 j 个节点计量值，μ_{jP} 为客户群体 P 的第 j 个节点的平均计量值，σ_{jP} 为客户群体 P 的第 j 个节点计量值的标准差。

根据前面的离散化标准，运用 Netica 软件对节点进行离散化分析的结果如表 8-12 所示。

表 8-12　节点离散化结果

节点变量		high		mid		low	
		用户数	百分比	用户数	百分比	用户数	百分比
客户违诺度	R	124	16.38%	338	44.65%	295	38.97%
客户收入风险因子	Rr	573	62.08%	276	29.90%	74	8.02%
客户流失风险因子	Rc	86	10.35%	79	9.51%	666	80.14%
额外购买金额风险水平	Rrc	233	23.30%	217	21.70%	550	55.00%
最低购买金额风险水平	Rrcc	160	16.00%	503	50.30%	337	33.70%
购买金额波动性	Rrcv	287	28.70%	368	36.80%	345	34.50%
退出障碍	Rce	333	33.30%	628	62.80%	39	3.90%
契约期限	Rct	243	24.30%	689	68.90%	68	6.80%

2. 参数学习

在构建贝叶斯网络拓扑结构之后，需要通过参数学习来获取各个节点的条件概率。参数学习的方法有期望最大算法、梯度下降算法、计数算法和极大似然法等，各类方法具有其适用范围和优缺点。在 Netica 软件中，提供了通常使用的期望最大算法 (expectation maximization algorithm，EM 算法) 和梯度下降算法 (gradient descent algorithm)。两者对于缺失值的容忍度都比较高，而期望最大算法具有更强的鲁棒性，因此采用 Netica 软件通过期望最大算法进行参数学习。

本书将 1021 个客户数据划分为训练集与测试集。随机选取 1000 个客户数据作为训练集，进行贝叶斯网络的参数学习过程；另外 21 个客户作为测试集，用以验证模型可靠性。参数学习结果如图 8-19 所示。

图 8-19 是经过参数学习之后，各个节点在不同等级的条件概率。例如，客户违诺度 R 为 high 的条件概率为 20.1%，mid 的条件概率为 39.5%，low 的条件概率为 40.4%；客户收入风险因子 Rr 为 high 的条件概率为 58.3%，mid 的条件

概率为 29.9%，low 的条件概率为 11.8%；客户流失风险因子 Rc 为 high 的条件概率为 12.8%，mid 的条件概率为 10.9%，low 的条件概率为 76.3%。

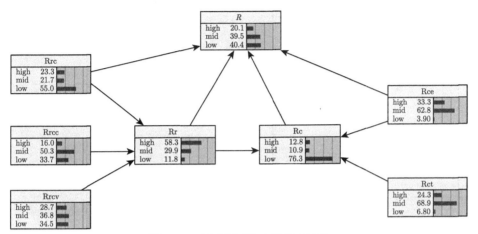

图 8-19　贝叶斯网络参数学习结果

3. 模型可靠性验证

验证模型可靠性是数学建模的必要步骤。本书在测试集中，选取编号为 2、12、14、17 和 18 的五个客户进行模型验证，这五个客户的客户违诺度和风险因子的计量值及对应等级如表 8-13 所示。

表 8-13　模型验证集

编号	R	Rr	Rc	Rrc	Rrcc	Rrcv	Rce	Rct
2	0.649	0.234	0.000	0.567	0.903	6.071	1.575	0.665
	low	low	low	low	low	high	high	low
12	0.427	0.558	0.000	0.679	0.903	0.971	1.548	0.665
	low	mid	low	low	low	mid	high	low
14	0.764	0.811	0.612	0.506	7.220	1.384	1.104	7.982
	low	mid	low	low	high	high	mid	high
17	0.628	0.566	0.000	0.506	7.220	0.845	1.058	7.982
	low	mid	low	low	high	mid	mid	high
18	2.631	3.450	3.000	1.731	2.602	1.396	0.082	0.228
	high	high	high	mid	mid	high	low	low

测试过程以用户 12 为例进行说明。如图 8-20 所示，将用户 12 的末端节点数据输入之后，该客户的客户违诺度 R 为 high 的条件概率为 5.71%，R 为 mid 的条件概率为 32.1%，R 为 low 的条件概率为 62.2%；客户收入风险因子 Rr 为 high 的条件概率为 0，Rr 为 mid 的条件概率为 69.2%，Rr 为 low 的条件概率为

30.8%；客户流失风险因子 Rc 为 high 和 mid 的条件概率都为 0，Rc 为 low 的条件概率为 100%。

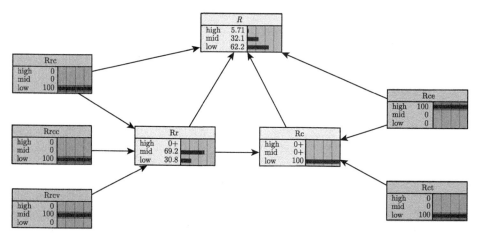

图 8-20 用户 12 输入证据后的概率分布图

按照同样的方法，进行其余四个事件的条件概率的计算，其结果如表 8-14 所示。可以看出，测试结果与实际等级的吻合程度比较高。因此，该模型验证的过程说明了本书所建立的度量客户风险的贝叶斯网络模型具有可靠性，仿真结果即对客户风险等级的准确预测。

表 8-14 测试结果与实际值的比较

编号	节点	实际等级	检验各等级的条件概率			测试结果
			high（%）	mid（%）	low（%）	
2	R	low	3.48	17.50	79.00	low
	Rr	low	0.00	26.70	73.30	low
	Rc	low	0.00	0.00	100.00	low
12	R	low	5.71	32.10	62.20	low
	Rr	mid	0.00	69.20	30.80	mid
	Rc	low	0.00	0.00	100.00	low
14	R	low	8.86	36.40	54.70	low
	Rr	mid	32.30	47.70	20.00	mid
	Rc	low	7.43	7.16	85.4	low
17	R	low	10.50	42.20	47.30	low
	Rr	mid	41.70	52.10	6.25	mid
	Rc	low	9.58	8.84	81.60	low
18	R	high	30.00	40.00	25.00	mid
	Rr	high	100.00	0.00	0.00	high
	Rc	high	75.00	0.00	25.00	high

4. 结果与分析

通过对 1000 个样本数据进行训练，得到各个节点的条件概率结果。

1) 客户违诺度的条件概率

表 8-15 表示在不同等级的客户收入风险因子、客户流失风险因子、额外购买金额风险水平和购买金额波动性的组合下，客户违诺度发生不同风险等级的条件概率。

表 8-15　客户违诺度 R 的条件概率表

编号	Rr	Rc	Rrc	Rrcv	high（%）	mid（%）	low（%）
1	low	mid	low	mid	0.001	0.001	99.998
2	low	mid	mid	mid	33.333	33.333	33.333
3	mid	low	low	mid	4.412	41.912	53.677
4	mid	mid	mid	mid	33.333	33.333	33.333
5	high	low	low	low	40.000	40.000	20.000
6	high	low	mid	low	60.000	40.000	0.000
……	……	……	……	……	……	……	……

以第一行为例，当客户收入风险因子和额外购买金额风险水平的等级为 low，客户流失风险因子和购买金额波动性的等级为 mid 时，客户违诺度的等级为 high 和 mid 的概率都为 0.001%，而为 low 的概率非常高。相比第二行，当额外购买金额风险水平的等级上升为 mid 时，客户违诺度的高等级概率也相应提高。

2) 客户收入风险因子的条件概率

表 8-16 表示在不同等级的额外购买金额风险水平、最低购买金额风险水平和购买金额波动性的组合下，客户收入风险因子发生不同风险等级的条件概率。

表 8-16　客户收入风险因子的条件概率表

编号	Rrc	Rrcc	Rrcv	high（%）	mid（%）	low（%）
1	low	mid	mid	48.781	47.155	4.065
2	low	low	high	0.000	26.667	73.333
3	mid	low	high	19.355	70.968	9.677
4	mid	high	high	33.333	33.333	33.333
5	high	high	high	99.998	0.001	0.001
6	high	low	low	94.915	5.085	0.000
……	……	……	……	……	……	……

以第一行为例，当额外购买金额风险水平的等级为 low，最低购买金额风险水平和购买金额波动性的等级为 mid 时，客户收入风险因子的等级为 high 和 mid 的概率比较接近，分别为 48.781% 和 47.155%，而为 low 的概率仅为 4.065%。相比第五行，当三个影响因素的等级上升为 high 时，客户收入风险因子的等级为 high 的概率高达 99.998%。

3) 客户流失风险因子的条件概率

表 8-17 表示在不同等级的客户流失风险因子、退出障碍和契约期限的组合下，客户流失风险因子发生不同风险等级的条件概率。

表 8-17　客户流失风险因子的条件概率表

编号	Rc	Rce	Rct	high（%）	mid（%）	low（%）
1	low	mid	mid	0.000	5.556	94.444
2	low	low	high	33.333	33.333	33.333
3	mid	high	high	0.000	11.429	88.571
4	mid	low	low	33.333	33.333	33.333
5	high	high	high	31.429	22.857	45.714
6	high	mid	high	23.000	16.000	61.000
……	……	……	……	……	……	……

以第一行为例，当客户流失风险因子的等级为 low，退出障碍和契约期限的等级为 mid 时，客户流失风险因子的等级为 high 的概率几乎等于 0，而等级为 mid 的概率为 5.556%，而为 low 的概率高达 94.444%。相比第四行，当客户流失风险因子的等级上升为 mid，而退出障碍和契约期限的等级下降为 low 时，客户流失风险因子的等级为 low 的概率大大下降。

8.5　管 理 启 发

8.5.1　客户违诺度对客户资产提升的启发

通过前面构建的贝叶斯网络仿真得到 1021 个客户的违诺度等级，将三个等级对应的客户在全生命周期的客户资产值 (也就是该客户的 CLV) 进行比较。

由图 8-21 展示的不同客户违诺度下客户资产值的散点图可以看出，随着客户违诺度升高，客户资产值不断降低；客户违诺度从 0 至 1 提高时，客户资产值的下降幅度比较大，客户违诺度从 1 继续提高时，客户资产值的下降幅度减缓。

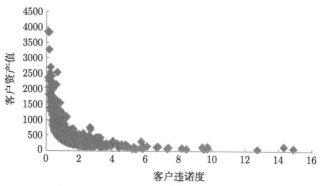

图 8-21　客户违诺度与客户资产值的关系

表 8-18 直观说明：在同一个客户群体中，客户违诺度等级越高的客户，其平均资产值越低。

表 8-18　不同客户违诺度等级的客户资产值

客户违诺度等级	客户数	极小值	极大值	均值	标准差
high	209	42.84	759.16	238.301 3	108.048 01
mid	425	168.81	1 108.65	458.743 8	147.903 49
low	387	374.98	3 850.34	938.286 1	470.875 80

由此可见，企业由客户的历史行为数据，通过贝叶斯网络获得客户违诺度的等级，即客户在未来无法维系稳定客户交易关系，从而不能达到企业期望值的概率高低程度，进而进行客户管理，这是可行的。

而且，半契约型交易情景的客户风险管理的目标可以确定为：降低客户群体内每个客户的违诺度，从而提高客户的资产价值，最终使得企业利润最大化。

8.5.2　不同半契约子情景的客户风险差异化管理

通过理论推理与实证分析发现，不同契约情景下的客户风险确实存在不同的特征，因此不同半契约型交易情景的客户风险管理的着重点不同。例如，最低购买金额-固定期限类型的客户，在固定期限内应该注重对客户的购买行为进行监测与管理，而在固定期限即将结束时，及时预测客户的流失可能性。弱半契约型的客户，实际上框架契约对其约束力非常弱，购买行为与流失行为的随机性都比较大，因此实时监控的必要性比较大。

由此可见，半契约型交易情景的客户风险管理的宗旨是：针对不同半契约型交易情景，对客户风险进行差异化管理。

8.5.3　降低半契约型交易情景客户风险的途径

为了达到上述的客户风险管理目标，降低半契约型交易情景客户风险的途径可以概括为：监测客户购买行为及流失行为，通过行为数据及时预测风险程度及主要风险因子，从而"对症下药"。

在半契约型交易情景下，影响客户风险因子的程度从而导致客户违诺度发生的因素主要有：表征客户购买行为不确定性的最低购买金额、额外购买金额和购买金额波动性；影响客户流失行为不确定性的契约期限和退出障碍。因此，企业可以通过对客户行为的观察与引导来降低半契约型交易情景下的客户风险的发生概率及损失程度。通常来说，主要有以下方法。

(1) 提高客户的最低购买金额。企业可以通过不同的优惠套餐，如电信运营商提供合约计划、不同品牌套餐，健身房俱乐部提供的会员服务等，提高客户必须预先支付的最低购买金额，从而降低客户收入风险因子，以及诱发客户违诺度。

(2) 提高客户的额外购买金额，同时培养用户购买惯性，保持购买金额稳定性。即使客户承诺了最低购买金额，企业也可以通过促销、捆绑销售等营销手段，提高客户的额外购买金额，从而提高客户的营利性。然而，如果是一次性的客户额外购买金额提高，对降低客户风险的作用不大，甚至可能令客户对企业的营销手段反感，带来更大的购买金额波动性，从而提高客户违诺度。

(3) 将客户的额外购买金额转化为最低购买金额。当客户的额外购买金额比较高而且稳定时，说明客户对产品/服务的需求程度高于企业提供给客户的程度。此时，企业可以通过补充契约内容等形式，引导客户将高出的额外购买金额转化为最低购买金额，从而降低客户违诺度。例如，电信运营商现有的增加或修改套餐内容及资费的制度。企业可以通过客户的历史购买行为发现其是否存在这种特征，通过主动引导来使客户将额外购买金额转化为最低购买金额。

(4) 延长契约期限，并在契约期间最大可能地提高客户的退出障碍。这个管理方式的效果是显而易见的。更长契约期限，有利于企业通过各种业务交往提高客户对企业的业务依赖性，同时培养更深厚的"感情"，如企业可以通过 VIP 客户管理、客户关怀、服务拓展等途径来实现。

8.6　本章小结

本章在半契约型交易情景下，从客户行为的不确定性出发，对客户风险进行系统的形成机理推理，将其定义为客户违诺，识别出两个风险因子及五个影响因素；并且基于 β 系数的思想对客户违诺度及风险因子进行量化，同时采用改进的贝叶斯网络构建度量模型，最后通过数据进行实证分析。主要创新点有以下三点。

(1) 基于客户行为，系统识别及分析半契约型交易情景下的客户风险。现有文献并没有专门研究半契约型交易情景客户的行为特征，本章通过具体分析半契约型交易情景下的客户购买行为和流失行为特征，从而识别出该情景下的客户风险综合表现为客户违诺度，并且客户收入风险因子的影响因素为最低购买金额风险水平、额外购买金额风险水平、购买金额波动性；客户流失风险因子的影响因素为契约期限和退出障碍。此外，本书还对不同半契约子情景的客户风险特征进行具体分析和比较。

(2) 基于 β 系数的思想，提出客户风险及其风险因子的量化方式。现有的文献对客户风险的量化多是通过主观综合评价或纯粹数据挖掘的方式进行的。本章研究的是客户群体内的单个客户层面的现金流风险，基于 β 系数的思想，本章构建量化模型衡量单个客户的客户违诺度及风险因子等与所在群体平均水平的相对大小。这种量化方式将定性分析与数据表现相结合，克服主观性或纯粹数据驱动的缺点。

(3) 通过改良的贝叶斯网络，构建客户风险的度量预测模型。不能表示各类数据的理论机理以及无法处理时间序列数据是传统贝叶斯网络的缺点。本章通过理论推演构建拓扑结构，用原始时间序列数据计算得到节点的值，然后再进行贝叶斯网络的学习，这种方法克服了上述两个缺点。同时，该模型适用于用历史行为数据预测未来客户风险。

第 9 章　半契约型交易情景下基于 CLV 的决策支持

9.1　研究过程设计

客户流失是威胁企业经济收益的一个普遍问题。为了解决这个问题，企业采用了多种多样的流失管理策略。这些策略大概可以分为两步：基于客户的流失率对客户排序，然后对流失率高的客户给予刺激措施来保留。通过确定最有可能流失的目标来最大化企业的收益。

现存的营销研究和实践者都旨在最大化对流失和非流失客户的正确判断。然而目标客户所带来的收益不仅依赖于客户的流失率，还与客户价值、客户对保留措施的反应概率以及保留措施的成本有关。此外，企业的总体收益也依赖于企业决定实施保留措施的目标客户数目。

半契约型客户保留措施的好处在于客户在接受保留措施后，会承诺一定的存活时长，带给企业一定的收益。企业应该怎样落实这种半契约型客户保留措施以获得最大收益，或者损失函数最小？

针对以上问题，本章基于半契约型客户保留措施的收益，提出了一个损失函数的预测模型，优化算法应用了随机梯度提升的数值方法。

9.2　传统的损失函数构建

9.2.1　损失函数建模原理

客户流失是企业的一种普遍现象。随着客户获取成本的增加，管理客户流失成为企业收益的关键因素。麦肯锡咨询公司的报告指出，降低流失率可以为典型的美国运营商带来高达 9.9% 的收益增加。

美国和欧洲的高管都指出客户保留为营销第一优先考虑的因素，并给出了很高的保留预算。企业为此开始了各种各样的流失管理和保留措施。这些保留措施包括给予潜在流失客户特殊的保留激励措施。这些激励有多种形式，如促销、折扣、个性化推荐等，共同目标为提升目标客户的行为忠诚度。

迄今为止，营销学术界和产业界普遍的保留措施分为两步。首先，估计客户流失的概率，根据流失概率对客户进行排序。然后，流失率高的客户被选为保留措施的目标群，并给予他们保留激励。

$(y_1, X_1), \cdots, (y_i, X_i), \cdots, (y_N, X_N)$ 是 y 值已知的样本，流失率二元表示，X 是 N 客户的一组客户特征。$y_i = 1$ 表示客户 i 会流失，$y_i = -1$ 表示客户 i 不会流失。F 是 X 到 y 的函数，函数代表每个客户的分值，在本书应用中，为每个客户被选为目标客户的机会值。$F(X_i)$ 的值越大，客户 i 越有可能被选为目标客户。通常，$F(X_i)$ 可以取任意值，或正或负。这个值传统上被认为是客户的流失倾向，而忽略了影响客户被选为目标客户的其他因素 (客户价值、响应概率、措施成本和目标范围)。本节会解释如何将这些因素集成来展示一个更真实的目标客户机会。

对于所有客户 $i = 1, 2, \cdots, N$，目标是构建函数 $F^*(X_i)$ 使损失函数 $\Psi(y_i, F(X_i))$ 在所有 (y_i, X_i)，$i = 1, 2, \cdots, N$，联合分布的期望值最小。

$$F^*(X_i) = \arg\min_{F(X_i)} E_{y,X}[\Psi(y_i, F(X_i))] \tag{9-1}$$

其中，$F^*(X_i)$ 为期望损失最小时 $F(X_i)$ 的值。为了表达简洁，用 $F_i = F(X_i)$ 表示客户 i 的预测分值。

9.2.2　基于客户流失率的损失函数

在分类情景中，最常用的损失函数在预测中惩罚分类错误。对这种错误分类的损失函数，当 $F_i \geqslant 0$ 时，客户被预测为流失者；当 $F_i < 0$ 时，客户被预测为非流失者。存在两种错误分类：①客户实际为非流失者被预测为流失者；②客户实际是流失者被预测为非流失者。结果是，错误分类普遍存在，边际 $y_i F_i$ 为负，$y_i = +1$ 且 $F_i < 0$，或者 $y_i = -1$ 且 $F_i > 0$。相反，正确分类的客户具有正边际 $y_i F_i$，$y_i = +1$ 且 $F_i > 0$，或者 $y_i = -1$ 且 $F_i < 0$。因此，边际可以来判定预测是否正确。

利用边际，损失函数可以用 2×2 的矩阵表示，客户为流失者是否被预测为流失者。对角线元素等于 0(也就是正确预测)，非对角线元素不等于 0(也就是错误预测)。表 9-1 展示了误分类损失函数的损失，所有的错误分类被收取 1 个单元费用。

表 9-1　误分类损失函数

损失矩阵	预测流失 $F_i \geqslant 0$	预测不流失 $F_i < 0$
实际流失 $y_i = +1$	客户正确分类 $\Psi = 0$	客户错误分类 $\Psi = 1$
实际不流失 $y_i = -1$	客户错误分类 $\Psi = 1$	客户正确分类 $\Psi = 0$

数学上，0-1 损失函数 $\Psi_{\text{one-zero}}(y_i, F_i)$ 可以用边际 $y_i F_i$ 写为

$$\Psi_{\text{one-zero}}(y_i, F_i) = I(y_i F_i < 0) \tag{9-2}$$

0-1 损失函数的缺点是无区分度，无法区分极端分类错误（如 $y_iF_i = -0.9$）和轻微的分类错误（如 $y_iF_i = -0.001$）。用更加复杂的损失函数来解释这些问题，负二项对数似然或者异常（也称为交叉熵），是 0-1 损失函数的单调连续近似：

$$\Psi_{\text{negative-binomial}}(y_i, F_i) = \log(1 + e^{-2y_iF_i}) \tag{9-3}$$

对于这个连续错误分类的损失函数，边际越负，分类准确率越差，损失越大。图 9-1 为错误分类的损失函数对比图：0-1 和负二项对数似然，横轴左侧为错误分类的损失函数，右侧为正确分类的损失函数；虚线为 0-1 损失函数，实线为负二项对数似然损失函数。如图 9-1 所示，在负二项对数似然损失函数中，正确分类的损失很小，错误分类的损失为正，随边际指数增加。边际越大，错误分类的准确率越差，损失越大。此外，负二项对数似然是可区分连续函数。负二项对数似然是一种常用的分类方法损失函数，如在最初的梯度提升算法中。

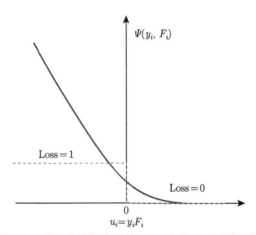

图 9-1　错误分类损失函数：0-1 和负二项对数似然

虽然统计相关，这种错误分类的损失函数在现有的流失预测中不适用，它没有考虑目标客户收益的异质性。异质性决定了不同预测错误的损失，应该在最大化保留措施的收益时被考虑。

9.3　改进的损失函数

9.3.1　目标用户的收益

传统的损失函数构建分为两步：对每个客户的流失倾向进行建模预测；选择流失率最高的客户进行保留刺激措施，如图 9-2 所示。

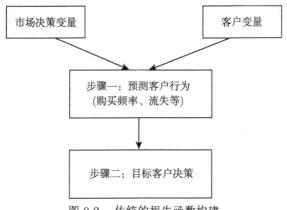

图 9-2　传统的损失函数构建

在流失预测中，学术界和产业界建立了丰富的预测流失建模方法。根据横截面数据，学术界采用了逻辑回归、差异分析、有限混合、分层贝叶斯、决策树、神经网络、随机森林、bagging 和随机梯度提升。当提供纵向数据时，其他方法包括风险模型和隐马尔可夫模型。虽然这些方法在多个维度上不同 (参数与非参、同质性与异质性、时不变与时变效应等)，通过损失函数，这些方法都旨在最小化对客户错误分类的概率，也就是将流失者划分为非流失者和将非流失者划分为流失者的概率，相当于最大化预测流失和非流失的准确率。尽管非常直观，也很容易实现，这种保留措施有一个非常严重的问题：保留措施的这两个步骤都不是用来最大化收益的，因而投入成本有限。

这些方法忽略了每个客户对企业不是同等重要的。特别地，准确预测客户流失倾向的收益随一个企业的客户基础变化，依赖于目标用户决策的潜在收益。因此，最小化错误分类的概率不等同于最大化保留措施的收益。

在很多学术领域 (包括营销)，实证研究者忽略了采用一个损失函数的风险，这与公司的管理目标不一致。大多数情况下，样本估计和样本外评估的损失函数不同，这种错配使得模型选择和预测没有达到最优。有较少的几个例外存在。Blattberg 和 George(2012) 利用基于收益的损失函数通过评估价格敏感度最优化企业价格。Bult(1993)、Bult 和 Wittink(1996) 提出的损失函数考虑了给非目标客户邮寄成本的不对称性。Glady 等 (2009) 构建了 CLV 净值提升的概率模型，紧随不对称错分成本的营销措施。特别地，贝叶斯统计和贝叶斯决策分析是唯一提出选择一个相关损失函数重要性的建模方法。损失函数量化了决策者采取特定措施的损失。9.3.2 节给出了基于收益的损失函数。

利用 Neslin 等 (2006) 提出的概念框架，提出了基于客户异质性的保留措施收益。在客户层面，一个特定目标客户的收益基于四个因素：①不考虑保留措施时客户未来的流失行为；②客户对企业的价值；③如果选为目标客户，对保留措施积极响应从而不再流失的概率；④保留措施的成本。在企业层面，所有保留措施的收益也依赖于保留措施的目标范围。

(1) 保留措施的收益依赖于在没有保留措施时每个客户流失的倾向。由于异质性，在客户基层面客户的流失率不同，因而将特定客户选为目标客户的机会也不同。选择一个未来会流失的客户作为目标客户比选择一个不会流失的客户具有更高的收益。当选择一个不会流失的客户作为保留措施的目标时，这种投入是不必需的。

(2) 保留措施的收益依赖于每个客户对企业的价值。换言之，选择每个客户的概率不仅依赖于客户的流失倾向，而且依赖于客户的价值。不是所有的客户都会在企业消费相同的金额，因此，对于企业来说，损失一个高价值的客户比损失一个低价值的客户具有更大的损失。

(3) 保留措施的收益依赖于客户对保留措施的反应。不是所有的目标客户都会成功地被保留，即使企业正确识别未来的流失者并将其选为保留激励的目标客户，有一些客户还是会流失，所以这些客户的被选定机会比对保留措施积极响应的客户低。

(4) 保留措施的收益依赖于成本。对客户的保留激励不是免费的。这种成本迫使企业对目标客户的数目做一个更好的选择。一方面，企业选择越多的目标客户，将会涉及越多的流失者。另一方面，选择一个非常大的客户群来保证更多的流失者被涉及将会很昂贵，不是最优的。

假定有 N 个客户，所有保留措施在所有客户 i 中选择目标客户的收益 Π 可以写为

$$\Pi = \sum_{i \in \text{target}}^{N} \pi_i \tag{9-4}$$

π_i 为选择一个特定客户 i 的收益，依赖于客户 i 是否为流失者。在不采取保留措施时，如果客户 i 流失，则 $y_i = +1$；如果客户不流失则 $y_i = -1$。可以将目标客户 i 的收益写为

$$\pi_{y_i=+1} = \gamma_i(V_i - \delta) \tag{9-5}$$

$$\pi_{y_i=-1} = -\varphi_i\delta \tag{9-6}$$

其中，γ_i 为打算流失的目标客户接受保留措施并留在企业的概率 (积极响应概率)。类似地，φ_i 为接受保留措施的目标客户不打算流失的概率。在实际中，γ_i 和 φ_i 很可能不同。

在式 (9-5) 中，V_i 为客户 i 的终生价值。为了简化，假设客户在接受保留措施激励后流失率降为群流失率。概念上，认为客户接受的保留激励有效降低了客

户流失的动机。因为半契约型保留措施所带来的必然后果是客户生存时长的延展。例如，客户可能会受到 "免费兑换 100M 流量包" 的邮件，条件是 (有时候会隐藏在脚注中) 他们的合约会自动延长两年。

在式 (9-5) 和式 (9-6) 中，δ 为保留措施的成本。为了简化，认为对每个用户保留措施的成本是同质性的，假设它包含了联系客户的成本。

在非数学方面，没有保留措施时将会流失的目标客户的收益等同于这部分客户对企业的净价值 (也就是收益减去成本)，部分是客户积极响应保留措施的概率。对非流失者来说，一个客户不打算流失而被选为目标客户的收益是负的，等于保留措施的部分成本，分数是非流失者中受到保留措施的倾向。假设非流失者不会接受这个激励，即使他们不打算离开企业。例如，相对于激励来说，一些客户更珍视可以随时离开的自由。

式 (9-4)、式 (9-5)、式 (9-6) 中目标客户收益的异质性意味着精准定位目标客户 (也就是准确预测流失倾向) 很重要。特别地，一个高流失率的客户价值越高，对保留措施的响应概率越大，被选为目标客户的收益越大，或者说没有被选为目标客户的损失越大。换言之，低估具有高价值和高响应概率的流失者预测比低估具有低价值和不响应的流失者预测更不支持。类似地，高估非流失者的流失倾向，不管客户对企业的价值如何，都应该避免，尤其是保留措施的成本很大，非流失者的响应概率很高时。

现存的客户流失建模在错误流失预测的机会成本中忽略了客户异质性。在数学方面，所有客户错误预测的损失都是一样的，这种方法在总的客户基础上最小化错误预测率。换言之，这种方法试图正确预测所有客户的流失倾向。然而，一种预测方法不可能正确预测所有客户的流失倾向，营销实践者错失机会，如果他们将预测聚焦在产生最高收益的客户身上，将会增加保留措施的收益。9.3.2 节基于保留措施的收益构建一个新的损失函数。

9.3.2　基于收益的损失函数

基于之前的章节，将分值代表客户 i 的流失倾向改为代表客户 i 被选为目标的机会。分值抓住了企业选择目标客户的预期收益。如式 (9-4)、式 (9-5)、式 (9-6) 所示，目标收益不仅和客户是否流失有关，还和影响客户被选为目标客户概率的其他参数有关。因此，边际用 $u_i = \text{sign}(\pi_i)F_i$ 替换经典的边际表示 $u_i = y_iF_i$。这种情况的确存在：客户是流失者 $(y_i = 1)$，但是没有正向的目标收益 [也就是他的净值 $(V_i - \delta)$ 为负]。边际是正数 (负数)，当目标收益为正 (也就是 $\pi_i \geqslant 0$) 的客户 i 受到的分值 F_i 大于 (小于)0 时；或者当目标收益为负 (也就是 $\pi_i < 0$) 的客户 i 受到的分值 F_i 小于 (大于) 0 时。

表 9-2 构建了基于这种新边际效用的 2×2 损失矩阵。边际效用为正意味着最佳定位决策损失为 0。表 9-2 表示基于收益的损失矩阵的对角线因素。作为对比，非对角线因素边际效用为负，意味着非最佳定位决策。依据式 (9-5) 和式 (9-6) 的目标收益方程，没有定位一个收益客户的损失为 $\pi_i = \gamma_i(V_i - \delta)$，客户被定义为流失者。定位一个非收益客户的损失为 $|\pi_i| = |-\varphi_i\delta| = \varphi_i\delta$ 当客户为非流失者时，$|\pi_i| = \gamma_i(\delta - V_i)$ 当客户为流失者时。因此，负向边际效用的损失为

$$\Psi_{\text{one-zero}}(\pi_i, F_i) = |\pi_i| \tag{9-7}$$

表 9-2　基于收益的损失矩阵

损失矩阵	目标客户 $F_i \geqslant 0$	非目标客户 $F_i < 0$
正目标收益 $\pi_i \geqslant 0$	目标/流失 $\Psi = 0$	非目标/收益流失 $\Psi = \pi_i$
负目标收益 $\pi_i < 0$	目标/非流失或目标/非收益 $\Psi = |\pi_i|$	非目标/非流失 $\Psi = 0$

基于收益的损失函数的可区分连续估计依然可以用相同的负二项转换，

$$\Psi_{\text{negative-binomial}}(\pi_i, F_i) = |\pi_i| \log(1 + e^{-2u_i}) \tag{9-8}$$

图 9-3 描述了基于收益的损失函数不连续图像和连续可区分近似。横轴左侧为非最佳目标决策客户的损失函数，右侧为最佳目标决策客户的损失函数；虚线为 0-1 损失函数，黑色实线为负二项对数似然的损失函数。

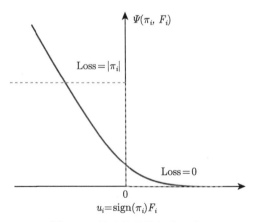

图 9-3　基于收益的损失函数

9.4 节描述随机梯度提升算法的原理和如何将基于收益的损失函数集成到算法中。

9.4　优化方法

9.4.1　随机梯度提升优化原理

随机梯度提升 (stochastic gradient boosting, S.G.B.) 是一种贪婪的数值优化算法，起源于机器学习文献，由斯坦福大学的 Friedman 等提出。随机梯度提升顺序结合了一系列预测模型，尤其是回归树。类似其他聚合方法如 bagging、贝叶斯模型平均或者随机森林，理念是结合多种方法的预测能力。随机梯度提升线性组合 M 回归树 $\text{tree}_0(X), \text{tree}_1(X), \cdots, \text{tree}_M(X)$，权重为 $\beta_0, \beta_1, \cdots, \beta_M$。综合预测每个客户的分值 F(为了简化表示去掉了脚标 i)

$$F(X; \beta_0, \beta_1, \cdots, \beta_M) = \sum_{m=0}^{N} \beta_m \text{tree}_m(X) \tag{9-9}$$

其他聚合方法在迭代中平均估计树并将权重相同的组合起来，随机梯度提升在迭代中逐步改进预测，在之前的迭代中预测错误会被更多地关注，在下一个迭代中最小化。直观上，这种理念是渐进地关注那些难以分类的客户直到没有地方可以改进。

迭代过程大概分为两步。首先，在之前迭代中得到的伪残差上用 L 个节点拟合回归树。回归树用建立好的 CART 算法估计，通过递归地分割节点中的客户数来增长树，用熵作为分割标准。Friedman(2001) 建议，节点的数目应该相对小 ($2\sim 5$) 以防过拟合。这些伪残差代表之前迭代中算法产生的预测误差，由研究者选定的损失函数表示。回归树将每个客户分配到 L 个节点之一。被分配到相同节点的客户预期具有相同的伪残差，分值具有同样的更新。其次，分值在每个节点更新，使每个阶段的损失最小化。当所有的分值都被更新时，新的迭代开始直到最后的损失不再变化。

9.4.2　随机梯度优化方法

利用随机梯度优化使每个节点最小化。函数的负梯度指出函数 "下降最陡" 的方向，优化步骤与当前点的负梯度成正比，直到没有提升。本节的目标是最小化前面定义的基于收益的客户损失函数。因此，在每个迭代中，算法在基于收益的损失函数的负向梯度方向上前进一步。需要注意的是，在实践中，根据研究者的目标和特殊需求使用任何可以区分的损失函数。所有客户分值的提升算法以初始猜测值 $F_0(X)$ 开始：

$$F_0(X) = \frac{1}{2} \log \left(\frac{P_0}{1 - P_0} \right) \tag{9-10}$$

其中，p_0 为样本中客户流失比例。在每个迭代 $m = 1, 2, \cdots, M$ 中，在校准数据中随机选择一个 N' 客户的子样本 (没有替换)，$N' \leqslant N$。随机是为了保证方法不会过拟合。

之后在给定客户分值 $m - 1$ 时计算所有客户的负向梯度值 grad_{im}。$m - 1$ 为之前迭代的伪残差。之后，利用 L 个节点的回归树拟合来估计负向梯度和客户特征 X 之间的关系。基于客户的 X 值 (依赖于落入的节点) 将客户分配至 L 个不同的分段，预测每个阶段 l 的不同常数。形式上，

$$\mathrm{tree}_m(X) = \sum_{l=1}^{L} \overline{y_{lm}} \, 1 \tag{9-11}$$

其中，$\overline{y_{lm}} = \mathrm{mean}_{i \in l}(\mathrm{grad}_{im})$ 是负向梯度的平均值。

$$\mathrm{grad}_{im} = -\left[\frac{\partial \Psi(y_i, F(X_i))}{\partial F(X_i)} \right]_{F(X)=F_{m-1}(X)} \tag{9-12}$$

对于 m 阶树，当树在每个 l 阶段接近常值 $\overline{y_{lm}}$ 时，得到

$$\gamma_{lm} = \arg \min_{\gamma} \sum_{i \in l} \Psi(y_i, F_{m-1}(X_i) + \gamma) \tag{9-13}$$

当前的估计 $F_{m-1}(X)$ 在每个阶段更新

$$F_m(X) = F_{m-1}(X) + \upsilon \gamma_{lm} l \tag{9-14}$$

υ 为 s 参数的学习率，$0 < \upsilon \leqslant 1$，或者

$$F_m(X) = F_{m-1}(X) + \beta_{lm} l \tag{9-15}$$

其中，$\beta_{lm} = \upsilon \gamma_{lm}$。$M$ 次迭代直到得到的损失没有显著的提升。

利用随机梯度提升算法来校准客户样本，估计 M 回归树和校准数据的 β_m 权重参数。通过这些估计，可以利用式 (9-9) 计算预测在校准样本中和外部任意客户的分值 F，只要知道 X 变量的值。分值代表客户被选为目标客户的预测机会。客户的分值相对其他客户的分值越高，被选为目标客户的相对预期收益越高。因此，选择分值排序高的客户给予保留激励预期可以得到最高的收益。

9.4.3　优化目标选择范围

在第二步目标范围选择中，传统方法也忽略了企业最优化收益的目标。现存的实践，选择一个任意的目标范围，如 top 值方法。Verbeke 等 (2012) 计算了目标客户的预期平均收益，考虑了客户对企业的平均价值和对保留措施的平均反应概率，评估了导致最大收益的目标范围。然而这种方法忽略了定位目标客户机会的异质性。

利用随机梯度提升可以对一系列客户的预测被选为目标的机会进行排序。为了最大化保留措施的收益，存在一个重要的问题：从排序榜的头部开始，企业应该选择多少客户作为保留措施的目标？为了确定最优的目标范围，可以计算不同目标范围的累计目标收益。

知道了校准样本中客户的 X，计算他们的 F 分值并进行排序。接下来利用收益方程式 (9-4)、式 (9-5)、式 (9-6) 针对不同的目标范围计算实际的累计目标收益。最后，选择基于客户基能够产生最高总收益的最佳目标范围。

$$T^* = \arg\max_{T} \left(\sum_{i=1}^{T} \pi_i \right) \tag{9-16}$$

式 (9-16) 列出了目标客户决策的最佳客户数目 T^* 所满足的条件，在经过随机梯度提升优化方法后，能够使得企业收益最大的客户数目即为最佳目标客户范围 T^*。此时，企业的最佳收益为

$$\Pi = \sum_{i=1}^{T^*} \pi_i \tag{9-17}$$

结合收益的计算式 (9-5) 和式 (9-6)，在保留措施成本一定的情况下，为了增大企业的收益，应该增大打算流失客户对保留措施的积极响应概率，同时降低保留措施对不打算流失客户的目标定位。

9.5　本　章　小　结

本章提供了判别目标客户来最大化保留措施收益的一种新方法。解释了企业需要更多关注损失函数选择的需求。损失函数应该和他们的营销目标匹配。调整损失函数与营销行为的目标而不是盲目应用二进制预测方法，这对企业的行为有实质性影响。提出了基于收益的损失函数并用随机梯度提升来优化损失函数。此外优化了目标范围。本书的方法可以带来实质性的提升而没有额外的实施成本。

　　本书在两个实质性方面扩展了 CLV 文献。首先，不同于应用 CLV 来引导目标决策，而忽略了客户流失的异质性。例如，Kumar 等 (2008)，Venkatesan 和 Kumar(2004)，Venkatesan 等 (2007) 基于未来花费的异质性决定每个客户身上应该应用多少营销资源。这样的目标决策对于客户发展战略 (而不是保留) 是有用的。然而，对比本书的方法，他们没有考虑客户流失率的异质性，假设是同质的，独立于营销行为。其次，本书的方法也区别于根据客户行为预测客户未来 CLV 的概率模型，考虑了流失率的异质性，但是没有关注客户特征和企业行为可以如何影响它。结果是管理者无法使用这些模型来管理具体的保留措施。

第 10 章　总结与展望

本章首先归纳总结了本书的主要研究成果和结论；其次简要概述了本书的创新点；最后指出本书的局限性，并结合现有研究条件的局限性对未来研究方向进行展望。

10.1　研　究　成　果

本书主要研究了半契约型交易情景以及在情景之下的 CLV 的数学模型构建，主要研究成果如下。

(1) 针对客户生存时长存在"人为截断"的 c/t 型半契约型交易情景，构建了 BG-t/BB CLV 模型。BG-t/BB 模型由两个子模型构成：客户基分析模型和消费金额模型。在客户基分析模型中，基于 BG/BB 模型，再结合"人为截断"的特征，创新性地提出了 BG-t/BB 模型。在消费金额模型中，沿用了较为通用的伽马-伽马模型。虽然该模型只是在已有模型上进行的修改，但是模型的推导难度极大增加，因而最终完成 BG-t/BB 模型的构建，具有一定的理论价值。通过控制模型参数和其他输入数据不变而仅调整截断时长值，实现了对 CLV 变化趋势的呈现和掌握，从而成功地帮助运营商检验其交易规则设计的合理性。

(2) 针对互联网型的 c/t 型半契约型交易情景，构建了融合客户承诺度的 CLV 模型。在 c/t 型互联网型半契约型交易情景中，客户参与是客户承诺的外在表现，具体衡量因素采用了客户评论数据。首先，利用 Logit 回归验证了客户承诺对客户消费次数的积极影响，将客户承诺作为协变量引入客户消费次数的预测模型中。其次，利用经典的消费金额模型伽马-伽马模型预测了客户的消费金额。最后，利用客户消费次数模型和消费金额模型得到了基于承诺度的 c/t 互联网型半契约型交易情景下 CLV 数学模型。

(3) 构建了 $C_0 + c/T_0$ 型和 $C_0 + c/T_0 + t$ 型半契约型交易情景下 CLV 数学模型。$C_0 + c/T_0$ 型和 $C_0 + c/T_0 + t$ 型半契约型交易情景的共同特征是具有最低消费金额的限制，客户选择了最低消费金额，即对企业做出了承诺。本书首先利用双重差分模型验证了客户承诺对客户消费金额的积极影响，进而将客户承诺作为协变量引入消费金额模型中，改进了经典的伽马-伽马模型。其次，由于 $C_0 + c/T_0$ 型和 $C_0 + c/T_0 + t$ 型半契约型交易情景具有最短生存时长的限制，在消费次数方面具有记忆效应，本书利用隐马尔可夫模型构建了客户消费次数的预测模型。

最后利用客户消费次数模型和消费金额模型得到了基于承诺度的 $C_0 + c/T_0$ 型和 $C_0 + c/T_0 + t$ 型半契约型交易情景下的 CLV 数学模型。

(4) 构建了半契约型客户保留措施的目标决策损失函数。客户流失是企业存在的一种普遍现象,为了挽留流失客户,企业采取了多种多样的市场营销策略来定位目标客户,给予一定的挽留措施,其中最常用的目标决策方法是根据客户的流失率排序来决定目标客户。但是流失率高的客户不一定能够给企业带来更高的客户价值。在半契约型客户保留措施中,企业通过一定保留措施使客户做出最短生存时长的承诺,能够带给企业一定的收益。本书将半契约型客户保留措施的收益引入目标决策的损失函数中,考虑了不同客户对保留措施积极反应的异质性,并用随机梯度提升来优化损失函数。

(5) 系统识别及分析半契约型交易情景下的客户风险,并提出量化方法。在半契约型交易情景下,从客户行为的不确定性出发,对客户风险进行系统的形成机理推理,将其定义为客户违诺度,识别出两个风险因子及五个影响因素;并且基于 β 系数的思想对客户违诺度及风险因子进行量化,同时采用改进的贝叶斯网络构建度量模型,最后通过数据进行实证分析。

10.2　研究创新点

半契约型交易情景是现实生活中随着经济发展和互联网扩张逐渐丰富的一个新兴的交易场景,但是学术界对半契约型交易情景的研究还比较缺乏。研究的创新点如下。

(1) 发现了 "人为截断" 这一类半契约型交易情景,并完成其 CLV 建模。本书在 CBA 建模中有所突破,创新性地提出了 BG-t/BB 模型,成功地将客户生存时长被 "人为截断" 的特征添加到模型假设之中,使其符合半契约型交易情景的规则。由于其中一个子模型的假设发生了变化,不仅该子模型的推导过程发生变化,整个 CLV 模型的推导过程也发生变化。事实上,整个模型推导过程的复杂程度骤然上升。而本书就成功完成了模型推导,并取得了很好的实证效果,这是一项很有价值的研究成果。

(2) 定量研究客户承诺和 CLV 的关系,在新型互联网型半契约型交易情景中将客户承诺作为协变量引入客户消费次数的预测模型中。在以往的研究中,客户承诺和 CLV 的关系研究都是以定性研究的方式展开的,并没有定量研究。本书在对互联网型半契约型交易情景下 CLV 建模过程中,将客户参与作为客户承诺的外在形式来衡量,并将客户承诺作为协变量引入客户消费次数的预测模型中,进而结合客户消费金额的预测模型构建了 c/t 互联网型半契约型交易情景下 CLV 数学模型。结果表明客户承诺通过影响客户消费次数,对 CLV 具有正向影响作用。

(3) 在典型的半契约型交易情景中，利用双重差分模型研究客户承诺对客户消费金额的影响，并将客户承诺作为协变量，改进了经典的客户消费金额模型伽马-伽马模型。利用隐马尔可夫模型构建 $C_0 + c/T_0$ 型和 $C_0 + c/T_0 + t$ 型半契约情景下 CLV 数学模型。双重差分模型一般应用在应用经济学和社会科学领域，近年来也有学者利用双重差分模型解决管理领域的实际问题。本书利用双重差分模型研究了客户承诺对客户消费金额的影响，并将客户承诺作为协变量改进了经典的客户消费金额预测模型伽马-伽马模型。结果表明，客户承诺对客户消费金额具有正向影响作用。$C_0 + c/T_0$ 型和 $C_0 + c/T_0 + t$ 型半契约型交易情景下 CLV 建模在学术研究中尚处于空白，本书利用隐马尔可夫模型构建了 $C_0 + c/T_0$ 型和 $C_0 + c/T_0 + t$ 型半契约型交易情景下的客户消费次数模型，并结合改进的客户消费金额预测模型伽马-伽马模型构建了 $C_0 + c/T_0$ 型和 $C_0 + c/T_0 + t$ 型半契约型交易情景下 CLV 数学模型。

(4) 在半契约型交易情景下，系统识别和量化客户风险，开创了这一领域研究的先河。现有文献并没有专门研究半契约型交易情景客户的行为特征，本书通过具体分析半契约型交易情景下的客户购买行为和流失行为特征，识别出该情景下的客户风险综合表现。现有的文献对客户风险的量化多是通过主观综合评价或纯粹数据挖掘的方式进行的。本书研究的是客户群体内的单个客户层面的现金流风险，基于 β 系数的思想，构建量化模型衡量单个客户的客户违诺度及风险因子等与所在群体平均水平的相对大小。这种量化方式将定性分析与数据表现相结合，克服主观性或纯粹数据驱动的缺点。

(5) 在半契约型客户保留措施中，基于收益构建目标决策的损失函数，并考虑了不同客户对保留措施积极反应的异质性。客户流失是企业的一种普遍现象，在挽留流失客户的目标决策中，传统方法基本上只针对流失率 top 值来计算目标客户的收益，但是流失率高的客户不一定具有高的客户价值。半契约型客户保留措施的好处在于由于最低存活时长 T_0 的约束，保留下来的客户会带给企业一定的收益。本书将收益引入目标决策的损失函数中，并考虑了不同客户对保留措施积极反应的异质性。

10.3　研究局限性与展望

10.3.1　研究局限性

到目前为止，半契约型交易情景下的 CLV 建模依然是国际营销科学研究的难点，因此，本书的局限性和不足也是显而易见的。

(1) BG-t/BB 模型的适用范围相对有限且推导过程烦琐。BG-t/BB 模型的构建基于生存时长存在"人为截断"的特征，所以当某一交易情景中不具有该特征时，BG-t/BB 模型不再适用。这也是未来的研究趋势——模型更加个性化。但是本书建模的思路仍然可以借鉴，即首先寻找一个比较合适的通用模型，然后在其基础上进行改进。至于推导过程烦琐，这也超出了本书的预期。由于只是修改了 BG/BB 模型其中的一项假设，本以为模型中需要重新推导的部分难度不会太大，但是在实际推导过程中发现，模型的部分中间结果需要根据截断时长进行分段讨论，这极大增加了模型的复杂性，并最终导致一些输出结果无法得到精确的计算公式，不得不给出了近似计算公式并证明使用近似值对结果的影响不大。

(2) 由于数据原因，本书在互联网型半契约型交易情景下 CLV 建模过程中客户承诺的外在衡量只考虑了客户评论的因素，在实际中客户承诺的外在表现可以是多种多样的。在未来的研究中，可以获取更多的客户承诺外在表现数据来丰富客户承诺的衡量维度，同时可以在建模前清洗数据时考虑如何去除数据内生性的影响。

(3) $C_0 + c/T_0$ 型和 $C_0 + c/T_0 + t$ 型半契约型交易情景中由于最短存活时长 T_0 的存在，模型验证需要很长一段时间的数据，遗憾的是由于资源局限性本书未能获取到满足条件的验证数据，仅构建了数学模型。在未来的研究中，希望能够有更多的尝试和沟通来获取实证数据以验证本书所建立的 CLV 模型，并进一步构建优化模型，为企业如何设置最优的最短生存时长和最低消费金额提供管理建议。

(4) 同样由于数据资源局限，本书的成果主要还是在理论层面，实证的支持是不够的。例如，由于未能获取到目标决策的实证数据，仅构建了基于收益的半契约型客户保留措施的损失函数。在未来的研究中，希望能够找到有效的数据来验证损失函数的改进给企业带来切实的好处，并进一步为企业如何设置更好的半契约型客户保留措施提供管理建议。

(5) 本书关于客户风险部分的研究，在理论基础方面还显得较为薄弱，实证上也明显不足。对半契约型交易情景的客户风险量化是目前研究的空白点，本书提出的量化方式依据对半契约型交易情景下客户风险的定义与特征分析，虽有理论基础，但缺乏直接的文献支撑。因此，量化方式的数据验证非常重要。由于数据限制，仅对最低购买金额-最短期限类型和最短期限类型两类半契约子情景进行验证，缺乏对其他类型的适用性的考察。

10.3.2 研究展望

基于 CLV 建模的客户管理理论及实践一直是近几年国际营销学术研究以及企业实践的热点。但是，目前这一领域的研究还多是在非契约型交易情景以及契约型交易情景下展开的，对于半契约型交易情景下的 CLV 建模还处于尝试探索的初级阶段，仅有 Borle 等 (2008) 对此进行了探索性的研究。虽然本书在半契约型交易情景下的 CLV 建模及营销决策研究方面做了较多探索，但是上述研究存在局限性，研究成果的理论性大于实践性，而实践中半契约型交易情景存在于各行各业之中，因此有必要拓展半契约型交易情景下 CLV 建模及营销决策适用的行业范围。基于此，半契约型交易情景下 CLV 建模以及决策理论的多样化将是这一领域今后研究的重要方向之一。

参 考 文 献

曹国, 许娟, 沈利香, 2012. 基于 ERFM 和二元 logistic 的商业银行零售客户流失模型研究 [J]. 财会通讯, (33): 147-149.

陈明亮, 2003. 客户全生命周期利润预测方法的研究 [J]. 科研管理, 24(4): 102-109.

范琳琳, 2010. 基于 CLV 和活跃度的客户细分模型及其应用研究 [D]. 西安: 西安工业大学.

冯兵, 罗新星, 龚克, 2006. 客户关系的不确定性分析与理性思考 [J]. 技术经济, 25(3): 68-70.

管绍贤, 2008. 决策树在保险客户风险分析中的应用 [J]. 绥化学院学报, 28(4): 173-174.

梁巧桥, 2013. 营销中的客户风险管理研究 [J]. 时代经贸, (17): 42-44.

齐佳音, 舒华英, 2005. 客户价值评价、建模及决策 [M]. 北京: 北京邮电大学出版社.

冉建荣, 2009. 基于混合模型的电信客户流失预测方法研究 [D]. 成都: 电子科技大学.

任剑锋, 张新祥, 2012. 电子商务客户流失的建模与预测研究 [J]. 计算机仿真, 29(5): 363-366.

邵景波, 唐桂, 张明立, 2010. 顾客资产测量模型的改进及其在服务业中的应用 [J]. 中国软科学, (5): 161-168.

田广, 张林林, 罗海娟, 等, 2014. 顾客终身价值计量模型分析: 基于顾客推介价值的新解 [J]. 中国市场, (38): 10-13, 49.

田敏, 2004. 基于客户潜在价值的 B2B 客户购买增长实证研究 [D]. 杭州: 浙江大学.

汪涛, 徐岚, 2002. 顾客资产的构成与测量 [J]. 经济管理, 24(24): 48-52.

王海伟, 2007. 非契约型客户资产风险形成及度量研究 [D]. 哈尔滨: 哈尔滨工业大学.

王黎莎, 2011. 组织沟通模型及沟通效果测评 [J]. 中国集体经济, (4): 95-96.

王泽华, 虞晓君, 李怀祖, 等, 2003. 营销渠道成员关系承诺价值研究 [J]. 商业研究, (9): 27-30.

王志君, 2013. 基于神经网络的客户流失预警研究 [D]. 长春: 吉林大学.

吴昊, 王纯, 周立娟, 2013. BG/NBD 模型的手机阅读业务客户价值预测实证研究 [J]. 计算机系统应用, 22(3): 166-169.

张会荣, 陈云, 2011. 基于 SMC 模型的航空公司常旅客活跃度分析 [J]. 生产力研究, (9): 93-95.

张顺全, 唐璎璋, 吴全益, 2014. 线上消费者再购行为之探讨: 概率分配和回归因子模型方法的比较 [J]. 数据分析, 9(5): 23-46.

郑浩, 2006. 基于顾客忠诚的顾客资产管理研究 [D]. 济南: 山东大学.

周黎安, 陈烨, 2005. 中国农村税费改革的政策效果: 基于双重差分模型的估计 [J]. 经济研究, 40(8): 44-53.

朱蒂助, 张秋菊, 2010. 电子商务客户流失三阶段预测模型 [J]. 中国软科学, (6): 186-192.

Abe M, 2009. "Counting your customers" one by one: a hierarchical Bayes extension to the Pareto/NBD model[J]. Marketing Science, 28(3): 541-553.

Ajzen I, 1991. The theory of planned behavior[J]. Organizational Behavior and Human Decision Processes, 50(2): 179-211.

Alderman H, Ndiaye B, Linnemayr S, et al, 2009. Effectiveness of a community-based intervention to improve nutrition in young children in Senegal: a difference in difference analysis [J]. Public Health Nutrition, 12(5): 667-673.

Allen N J, Meyer J P, 1990. The measurement and antecedents of affective, continuance and normative commitment to the organization[J]. Journal of Occupational and Organizational Psychology, 63(1): 1-18.

Allenby G M, Leone R P, Jen L, 2012. A dynamic model of purchase timing with application to direct marketing[J]. Journal of the American Statistical Association, 94(446): 365-374.

Ashenfelter O, Card D, 1985. Using the longitudinal structure of earnings to estimate the effect of training programs [J]. The Review of Economics and Statistics, 67(4): 648-660.

Aurier P, N'Goala G, 2010. The differing and mediating roles of trust and relationship commitment in service relationship maintenance and development[J]. Journal of the Academy of Marketing Science, 38(3): 303-325.

Bansal H S, Irving P G, Taylor S F, 2004. A three-component model of customer commitment to service providers[J]. Journal of the Academy of Marketing Science, 32(3): 234-250.

Bar-Haim A, 2007. Rethinking organizational commitment in relation to perceived organizational power and perceived employment alternatives[J]. International Journal of Cross Cultural Management, 7(2): 203-217.

Batislam E P, Denizel M, Filiztekin A, 2007. Empirical validation and comparison of models for customer base analysis[J]. International Journal of Research in Marketing, 24(3): 201-209.

Bauer H, Hammerschmidt M, Braehler M, 2003. The customer lifetime value concept and its contribution to corporate valuation [J]. Yearbook of Marketing and Customer Research,1: 47-67.

Bauer R A, 1960. Consumer behavior as risk taking//Hancock R S, Ed. Dynamic Marketing for a Changing World[C]. Proceedings of the 43rd. Conference of the American Marketing Association.

Becker H S, 1960. Notes on the concept of commitment[J]. American Journal of Sociology, 66(1): 32-40.

Berger P D, Nasr N I, 1998. Customer lifetime value: marketing models and applications[J]. Journal of Interactive Marketing, 12(1): 17-30.

Bijman J, Verhees F, 2011. Member or customer? Farmer commitment to supply cooperatives [C].International Conference on the Economics and Management of Networks, Limassol Cyprus: 1-3.

Blattberg R C, Deighton J, 1996. Manage marketing by the customer equity test[J]. Harvard Business Review, 74(4): 136-144.

Blattberg R C, George E I, 2012. Estimation under profit-driven loss functions[J]. Journal of Business & Economic Statistics, 10(4): 437-444.

Borle S, Singh S S, Jain D C, 2008. Customer lifetime value measurement[J]. Management Science, 54(1): 100-112.

Borle S, Singh S S, Jain D C, et al, 2016. Analyzing recurrent customer purchases and unobserved defections: a Bayesian data augmentation scheme[J]. Customer Needs and Solutions, 3(1): 11-28.

Buhl H U, Heinrich B, 2008. Valuing customer portfolios under risk-return-aspects: A model-based approach and its application in the financial services industry [J]. Academy of Marketing Science Review, 12(5): 1-33.

Bult J R, 1993. Semiparametric versus parametric classification models: an application to direct marketing[J]. Journal of Marketing Research, 30(3): 380-390.

Bult J R, Wittink D R, 1996. Estimating and validating asymmetric heterogeneous loss functions applied to health care fund raising[J]. International Journal of Research in Marketing, 13(3): 215-226.

Card D, 1990. The impact of the Mariel boatlift on the Miami labor market [J]. Industrial and Labor Relations Review, 43(2):245-257.

Card D, Krueger A, 1993. Minimum wages and employment: A case study of the fast food industry in New Jersey and Pennsylvania [J]. American Economic Review, 84(4): 772-793.

Chang S H, Wang K Y, Chih W H, 2012. Building customer commitment in business-to-business markets [J]. Industrial Marketing Management, 41(6): 940-950.

Chang W L, Wu Y X, 2011. A framework for CRM E-services: From customer value perspective[J].Lecture Notes in Business Information Processing, 52(2):235-242.

Chatfield C, Goodhardt G J, 2012. A consumer purchasing model with erlang interpurchase times[J]. Journal of the American Statistical Association, 68(344): 828-835.

Chijoriga M M ,2011. Application of multiple discriminant analysis (MDA) as a credit scoring and risk assessment model [J]. International Journal of Emerging Markets, 6(2): 132-147.

Crosby L A, Johnson S L, 2001. Branding and your CRM strategy [J]. Marketing Management, 10(2): 67.

Deschacht N, Goeman K, 2015. The effect of blended learning on course persistence and performance of adult learners: A difference-in-differences analysis [J]. Computers & Education, 87(C): 83-89.

Duflo E, 2000. Schooling and labor market consequences of school construction in Indonesia: Evidence from an unusual policy experiment [J]. American Economic Review, 91(4): 795-813.

Dwyer F R, 1997. Customer lifetime valuation to support marketing decision making[J]. Journal of Direct Marketing, 11(4): 6-13.

Ehrenberg A S C, 1959. The pattern of consumer purchases [J]. Applied Statistics, 8(1): 26-41.

Eissa N, Liebman J B, 1996. Labor supply response to the earned income tax credit [J]. The Quarterly Journal of Economics, 111(2): 605-637.

Elbeltagi I, Agag G, 2016. E-retailing ethics and its impact on customer satisfaction and repurchase intention: A cultural and commitment-trust theory perspective [J]. Internet Research, 26(1): 288-310.

Fader P S, Hardie B G S, Lee K L, 2005a. Counting your customers the easy way: An alternative to the Pareto/NBD model [J]. Marketing Science, 24(2): 275-284.

Fader P S, Hardie B G S, Lee K L, 2005b. RFM and CLV: Using iso-value curves for customer base analysis[J]. Journal of Marketing Research, 42(4): 415-430.

Fader P S, IIardie B G S, Shang J , 2010. Customer-base analysis in a discrete-time noncontractual setting[J]. Marketing Science, 29(6): 1086-1108.

Fader P S, Hardie B G, 2007. How to project customer retention[J]. Journal of Interactive Marketing, 21(1): 76-90.

Fader P S, Hardie B G, 2009. Probability models for customer-base analysis[J]. Journal of Interactive Marketing, 23(1): 61-69.

Fader P S, Hardie B G, 2010. Customer base valuation in a contractual setting: The perils of ignoring heterogeneity[J]. Maketing Science, 29(1):85-93.

Fader P S, Hardie B G, Jerath K, 2007. Estimating CLV using aggregated data: The Tuscan Lifestyles case revisited[J]. Journal of Interactive Marketing, 21(3): 55-71.

Friedman J H, 2001. Greedy function approximation: A gradient boosting machine[J]. The Annals of Statistics, 29(5): 1189-1232.

Garvey G, Hanka G R, 1999. Capital structure and corporate control: The effect of anti-takeover statutes on firm leverage [J]. The Journal of Finance, 54(2): 519-546.

Glady N, Baesens B, Croux C, 2009. Modeling churn using customer lifetime value[J]. European Journal of Operational Research, 197(1): 402-411.

Goldfarb A, Tucker C E, 2015. Standardization and the effectiveness of online advertising[J]. Management Science, 61(11): 2707-2719.

Grossman S J, Hart O D, 1986. The costs and benefits of ownership: A theory of vertical and lateral integration[J]. Journal of Political Economy, 94(4): 691-719.

Gruber J, Madrian B C, 1994. Limited insurance portability and job mobility: The effects of public policy on job-lock [J]. Industrial and Labor Relations Review, 48(1): 86-102.

Gupta S, Lehmann D, 2005. Managing Customers as Investments[M]. Philadelphia: Wharton School Publishing.

Gustafsson A, Johnson M D, Roos I, 2005. The effects of customer satisfaction, relationship commitment dimensions, and triggers on customer retention[J]. Journal of Marketing, 69(4): 210-218.

Haynes J, 1895. Risk as an economic factor[J]. The Quarterly Journal of Economics, 9(4): 409-449.

Heckman J J, Payner B S, 1989. Determining the impact of federal anti-discrimination policy on the economic status of blacks: A study of South Carolina [J]. American Economic Review, 79(1): 138-177.

Heitz C, Ruckstuhl A, Dettling M, 2010. Customer lifetime value under complex contract structures[C]//Morin JH, Ralyté J, Snene M, International Conference on Exploring Services Science. Berlin, Heidelberg: Springer: 276-281.

Helsen K, Schmittlein D C, 1993. Analyzing duration times in marketing: Evidence for the effectiveness of hazard rate models[J]. Marketing Science, 12(4): 395-414.

Hogan J E, Lehmann D R, Merino M, et al, 2002. Linking customer assets to financial performance[J]. Journal of Service Research, 5(1): 26-38.

Holloway R J , Hancock R S, 1973. Marketing in a changing environment[M]. Hoboken: John Wiley and Sons.

Hoppe D, Wagner U, 2007. The case for a central variant of the Beta-geometric/NBD model [J]. Marketing Journal of Research and Management, 3(2): 75-90.

Hsieh Y C, Chiu H C, Chiang M Y, 2005. Maintaining a committed online customer: A study across search-experience-credence products [J]. Journal of Retailing, 81(1): 75-82.

Izogo E E, 2017. Customer loyalty in telecom service sector: the role of service quality and customer commitment[J]. The TQM Journal, 29(1): 19-36.

Jaakkola T, Globerson S D, 2010. Learning Bayesian network structure using Lprelaxations [C]. Proceedings of the 13th International Conference on Artificial Intelligence and Statistics, 1721-1727.

Jai T M C, Burns L D, King N J, 2013. The effect of behavioral tracking practices on consumers' shopping evaluations and repurchase intention toward trusted online retailers[J]. Computers in Human Behavior, 29(3): 901-909.

Jain D, Singh S S, 2002. Customer lifetime value research in marketing: A review and future directions[J]. Journal of Interactive Marketing, 16(2): 34-46.

Jamal Z, Bucklin R E, 2006. Improving the diagnosis and prediction of customer churn: A heterogeneous hazard modeling approach[J]. Journal of Interactive Marketing, 20(3/4): 16-29.

Jerath K, Fader P S, Hardie B G S, 2011. New perspectives on customer "death" using a generalization of the Pareto/NBD model [J]. Marketing Science, 30(5): 866-880.

Jussila I, Byrne N, Tuominen H, 2012. Affective commitment in co-operative organizations: What makes members want to stay? [J]. International Business Research, 5(10): 110.

Kaplan L, 2004. Skills development in tourism: South Africa's tourism-led development strategy[J]. Geo Journal, 60(3): 217-227.

Keaveney S M, 1995. Customer switching behavior in service industries: An exploratory study[J]. Journal of Marketing, 59(2): 71-82.

Kotler P, 1974. Marketing during periods of shortage [J]. Journal of Marketing, 38(3): 20-29.

Kumar V, George M, 2007. Measuring and maximizing customer equity: A critical analysis[J]. Journal of the Academy of Marketing Science, 35(2): 157-171.

Kumar V, Ramani G, Bohling T, 2004. Customer lifetime value approaches and best practice applications[J]. Journal of Interactive Marketing, 18(3): 6072.

Kumar V, Shah D, Venkatesan R, 2006. Managing retailer profitability: One customer at a time![J]. Journal of Retailing, 82(4): 277-294.

Kumar V, Venkatesan R, Bohling T, et al, 2008. Practice prize report: The power of CLV: Managing customer lifetime value at IBM[J]. Marketing Science, 27(4): 585-599.

Kumar V, Venkatesan R, Reinartz W, 2006. Knowing what to sell, when, and to whom[J]. Harvard Business Review, 84(3): 131-137, 150.

Lai I K W, 2015. The roles of value, satisfaction, and commitment in the effect of service quality on customer loyalty in Hong Kong style tea restaurants[J]. Cornell Hospitality Quarterly, 56(1): 118-138.

Lariviere B, Keiningham T L, Cooil B, et al, 2014. A longitudinal examination of customer commitment and loyalty[J]. Journal of Service Management, 25(1): 75-100.

Lawrence G J, 1980. Multiple mating-type specificities in the flax rust *Melampsora lini*[J]. Science, 209(4455): 501503.

Lewis G, 2017. The moderating effect of basic psychological needs satisfaction on perceptions of organizational politics and work outcomes [M]. Las Cruces: New Mexico State University.

Liu S Q, Mattila A S, 2015. "I want to help" versus "I am just mad" how affective commitment influences customer feedback decisions [J]. Cornell Hospitality Quarterly, 56(2): 213-222.

Markowitz H ,1952. Portfolio selection [J]. The Journal of Finance, 7(1): 77-91.

Meyer B D, Viscusi W K, Durbin D L, 1995. Workers' compensation and injury duration: Evidence from a natural experiment[J]. The American Economic Review, 85(3): 322-340.

Meyer J P, Herscovitch L, 2001. Commitment in the workplace: toward a general model[J]. Human Resource Management Review, 11(3): 299-326.

Moe W W, Fader P S, 2004. Capturing evolving visit behavior in clickstream data[J]. Journal of Interactive Marketing, 18(1): 5-19.

Neslin S A, Gupta S, Kamakura W, et al, 2006. Defection detection: Measuring and understanding the predictive accuracy of customer churn models[J]. Journal of Marketing Research, 43(2): 204-211.

Netzer O, Lattin J M, Srinivasan V, 2008. A hidden Markov model of customer relationship dynamics [J]. Marketing Science, 27(2): 185-204.

Pfeifer P E, Haskins M E, Conroy R M, 2005. Customer lifetime value, customer profitability, and the treatment of acquisition spending [J]. Journal of Managerial Issues, 17(1): 11-25.

Ping R A, 1994. Does satisfaction moderate the association between alternative attractiveness and exit intention in a marketing channel?[J]. Journal of the Academy of Marketing Science, 22(4): 364-371.

Poterba J M, Venti S F, Wise D A, 1995. Do 401(k) contributions crowd out other personal saving? [J]. Journal of Public Economics, 58(1): 1-32.

Poulsen G, 1982. The non-wood products of African forests[J]. Unasylva, 34(137): 1521.

Qu Q X, Wang L, Qin L J, et al, 2017. The impact of information disclosure on market liquidity: evidence from firms' use of Twitter[J]. Physica A: Statistical Mechanics and Its Applications, 465: 644-654.

Reichheld F F, 1996. The Loyalty Effect[M]. Boston: Harvard Business School Press.

Reichheld F F, Sasser W E Jr, 1990. Zero defections: quality comes to services[J]. Harvard Business Review, 68(5): 105-111.

Reinartz W J, Kumar V, 2000. On the profitability of long-life customers in a noncontractual setting: an empirical investigation and implications for marketing[J]. Journal of Marketing, 64(4): 17-35.

Reinartz W J, Kumar V, 2003. The impact of customer relationship characteristics on profitable lifetime duration[J]. Journal of Marketing, 67(1): 77-99.

Rossiter W S, 1908. A common sense view of the immigration problem [J]. The North American Review, 188(634): 360-371.

Ryals L, 2003. Making customers pay: Measuring and managing customer risk and returns[J]. Journal of Strategic Marketing, 11(3): 165-175.

Ryals L, 2006. Profitable relationships with key customers: how suppliers manage pricing and customer risk[J]. Journal of Strategic Marketing, 14(2): 101-113.

Ryals L J, Knox S, 2007. Measuring and managing customer relationship risk in business markets[J]. Industrial Marketing Management, 36(6):823-833.

Ryals L J, Knox S, 2005. Measuring risk-adjusted customer lifetime value and its impact on relationship marketing strategies and shareholder value[J]. European Journal of Marketing, 39(5/6): 456-472.

Sääksjärvi M, Hellén K, Gummerus J, et al, 2007. Love at first sight or a long-term affair?[J]. Journal of Relationship Marketing, 6(1): 45-61.

Schmittlein D C, Morrison D G, Colombo R, 1987. Counting your customers: Who are they and what will they do next? [J]. Management Science, 33(1): 1-24.

Schmittlein D C, Peterson R A, 1994. Customer base analysis: an industrial purchase process application [J]. Marketing Science, 13(1): 41-67.

Seetharaman P B, Chintagunta P K, 2003. The proportional hazard model for purchase timing[J]. Journal of Business & Economic Statistics, 21(3): 368-382.

Shukla P, Banerjee M, Singh J, 2016. Customer commitment to luxury brands: Antecedents and consequences[J]. Journal of Business Research, 69(1): 323-331.

Siber I, 1997. War and the changes in social distance toward the ethnic minorities in Croatia[J]. Politicka misao, 34(5): 3-26.

Sirdeshmukh D, Ahmad N B, Khan M S, et al, 2018. Drivers of user loyalty intention and commitment to a search engine: an exploratory study[J]. Journal of Retailing and Consumer Services, 44: 71-81.

Stewart J, Walsh K, 1992. Change in the management of public services[J]. Public Administration, 70(4): 499-518.

Stewart K, 1998. The customer exit process: A review and research agenda[J]. Journal of Marketing Management, 14(4): 235-250.

Stone R N, Grønhaug K, 1993. Perceived risk: further considerations for the Marketing Discipline[J]. European Journal of Marketing, 27(3): 39-50.

Su L J, Swanson S R, Chinchanachokchai S, et al, 2016. Reputation and intentions: the role of satisfaction, identification, and commitment[J]. Journal of Business Research, 69(9): 3261-3269.

Tarasi C O, Bolton R N, Hutt M D, et al, 2011. Balancing risk and return in a customer portfolio[J]. Journal of Marketing, 75(3): 1-17.

Thomas J S, Blattberg R C, Fox E J, 2004. Recapturing lost customers[J]. Journal of Marketing Research, 41(1): 31-45.

Vardaman J M, Allen D G, Otondo R F, et al, 2016. Social comparisons and organizational support: implications for commitment and retention[J]. Human Relations, 69(7): 1483-1505.

Venkatesan R, Kumar V, 2004. A customer lifetime value framework for customer selection and resource allocation strategy[J]. Journal of Marketing, 68(4): 106-125.

Venkatesan R, Kumar V, Bohling T, 2007. Optimal customer relationship management using Bayesian decision theory: an application for customer selection[J]. Journal of Marketing Research, 44(4): 579-594.

Verbeke W, Dejaeger K, Martens D, et al, 2012. New insights into churn prediction in the telecommunication sector: a profit driven data mining approach[J]. European Journal of Operational Research, 218(1): 211-229.

Verhoef P, Doorn J, Dorotic M, 2007. Customer value management: An overview and research agenda[J]. Marketing Journal of Research and Management, 2: 51-88.

Wu C C, Chen H L, 2000. Counting your customers: Compounding customer's in-store decisions, interpurchase time and repurchasing behavior[J]. European Journal of Operational Research, 127(1): 109-119.

Wübben M, Wangenheim F V, 2008. Instant customer base analysis: Managerial heuristics often "get it right"[J]. Journal of Marketing, 72(3): 82-93.

Zeithaml V A, Berry L L, Parasuraman A, 1996. The behavioral consequences of service quality[J]. Journal of Marketing, 60(2): 31-46.

Zhang C L, Zhu X N, 2009. Customer relationship risk identification in knowledge-intensive business service based on knowledge gaps[C]//2009 6th International Conference on Service Systems and Service Management. June 8-10, 2009. Xiamen, China. IEEE, 676681.

后 记

不知不解，不觉难；一知半解，方起步

从 2010 年春天开始申请国家自然科学基金研究项目"半契约情景下的客户终生价值建模及营销决策研究"(项目编号：71171023)，到如今研究成果的书稿整理，时间整整过去了 12 年。如果从我的博士论文关于 CLV 的研究算起，时间已经过去了 20 年。

这 20 年间，我带领着研究生不断在 CLV 建模领域探索，半契约情景下的 CLV 研究是最辛苦的部分。当这个书稿整理完成的时候，心中不是满满的喜悦，而是发现才刚刚撕开了一个充满挑战的研究领域；心中不是对既往研究方法的自信，而是突然醒悟到或许可以试试新的方法，如是否从传统的概率模型中跳脱出来，尝试基于数据驱动的方法？我持续跟踪康涅狄格大学 V. Kumar 教授团队在这一领域的卓越工作，但是非常遗憾的是，我们国内在这一领域的研究依然很少，创新性的工作就更少了。就我自己的团队而言，这些年来已经很少有学生愿意在这个比较基础的领域开展研究选题，我个人也因为其他领域更为热点的研究工作而中断了这一方向的研究。过去的时间中，科研工作还比较容易获得企业的数据支持；现在，由于数据越来越重要而敏感，因此研究工作进一步获得企业数据支持的难度也在增加。

2010 年春天，当我撰写国家自然科学基金研究项目"半契约情景下的客户终生价值建模及营销决策研究"申请书时，笃定这一领域是可以做出开创性的研究工作的；12 年之后，我依然坚信这一点。尽管我们的研究工作还很不完善，只是在这一领域做了一知半解的研究，但是我愿意将这个一知半解的研究公开出来，希望有更加专业、更年轻的学者，在我们工作的基础上做出优秀的研究成果。

不知不解，不觉难；一知半解，方起步。故此，诚恳地希望在本书出版之后，得到同行直率的批评指正，更期待有年轻的一代在这一方向上继续前行！

齐佳音

2022 年 5 月